BALLE-FRANCHE

PAR

GUSTAVE AIMARD

I

UN CAMPEMENT DE CHASSE.

L'Amérique est la terre des prodiges ! tout y acquiert des proportions gigantesques qui effrayent l'imagination et confondent la raison.

Trois hommes étaient assis sur le bord du fleuve. (P. 2, col. 1.)

Montagnes, rivières, lacs et fleuves, tout est taillé sur un patron sublime.

Voici un fleuve de l'Amérique septentrionale, non comme le Rhône, le Danube ou le Rhin dont les rives sont couvertes de villes, de plantations ou de vieux châteaux qui s'écroulent émiettés par les siècles, dont les sources et les tributaires sont des ruisseaux insignifiants, dont les eaux resserrées dans un lit trop étroit se précipitent, impatientes de se perdre au sein des mers; mais profond et silencieux, large comme un bras de l'Océan, calme et sévère comme la grandeur, il roule majestueusement ses eaux grossies par d'innombrables rivières, baignant mollement les bords d'un millier d'îles qu'il a formées de son limon.

Ces îles, couvertes de hautes futaies, exhalent un parfum âcre ou délicieux que la brise emporte au loin. Rien ne trouble leur solitude, que l'appel doux et plaintif de la colombe ou la voix rauque et stridente du tigre qui s'ébat sous l'ombrage.

Çà et là les arbres tombés de vétusté, ou déracinés par l'ouragan, s'assemblent sur les eaux; alors unis par les lianes, cimentés par la vase, ces débris des forêts deviennent des îles flottantes; de jeunes arbrisseaux y prennent racine; le *Peitia* et le Nénufar y étalent leurs roses jaunes, les serpents, les oiseaux, les caïmans viennent se reposer et se jouer sur ces radeaux verdoyants et vont avec eux s'engloutir dans l'Océan.

Ce fleuve n'a pas de nom!...

D'autres sous la même zone s'appellent: *Néobraska, Platte, Missouri.*

Lui il est simplement *Méchq-Chèbé*, le vieux père des eaux, le fleuve par excellence! le Mississipi enfin!

Vaste et incompréhensible comme l'infini, plein de terreurs secrètes, comme le Gange et l'Irawadé, il est pour les nombreuses nations indiennes qui habitent ses rives le type de la fécondité, de l'immensité, de l'éternité!...

Le 10 juin 1834, entre dix et onze heures du matin, trois hommes étaient assis sur les bords du fleuve un peu au-dessus de son confluent avec le Missouri, et déjeunaient d'une tranche d'elk rôti, en causant gaiement entre eux.

L'endroit où ils se trouvaient était on ne peut plus pittoresque. C'était un accore du fleuve, gracieusement dessiné, formé de monticules émaillés de fleurs.

Les inconnus avaient choisi pour leur halte le sommet du monticule le plus élevé d'où la vue embrassait un panorama splendide.

D'abord d'épais rideaux de verdure qui ondulaient au loin sous le souffle de la brise; sur les îles du fleuve des troupes innombrables de flamants aux ailes roses, perchés sur leurs longues jambes, des pluviers, des cardinaux qui voletaient de branche en branche, tandis que de monstrueux alligators se vautraient nonchalamment dans la vase.

Entre les îles, des nappes argentées faisaient miroiter les rayons du soleil. Au milieu de ces reflets de lumière éblouissante, des poissons de toutes sortes se jouaient au ras de l'eau et traçaient des sillons étincelants.

Puis enfin, aussi loin que le regard pouvait s'étendre, la cime des arbres qui bordaient la prairie et dont le vert sombre tranchait à peine au-dessus de l'horizon.

Mais les trois hommes dont nous avons parlé semblaient se soucier fort médiocrement des beautés naturelles qui les environnaient, complétement absorbés par le soin d'assouvir un véritable appétit de chasseurs.

Leur repas ne fut pas long, du reste, il dura à peine quelques minutes, puis, lorsque les derniers morceaux eurent été dévorés, l'un alluma sa pipe indienne, le second sortit un cigare de sa poche, ils s'étendirent sur l'herbe et se mirent à digérer avec cette béatitude qui caractérise les fumeurs, en suivant d'un œil noyé de langueur les flots de fumée bleuâtre qui s'élevaient en longues spirales, à chaque bouffée qu'ils aspiraient. Quant au troisième, il s'appuya le dos à un tronc d'arbre, croisa les bras sur sa poitrine et s'endormit tout prosaïquement.

Nous profiterons de l'instant de répit que nous laissent ces personnages pour les présenter au lecteur et lui faire faire plus ample connaissance avec eux.

Le premier était un demi-sang canadien de cinquante ans à peu près, il se nommait *Balle-Franche.*

La vie de cet homme s'était entièrement écoulée dans la prairie parmi les Indiens, dont il connaissait à fond toutes les ruses.

Comme la plupart de ses compatriotes, Balle-Franche était d'une taille élevée, il avait plus de six pieds anglais; son corps était maigre et efflanqué, ses membres noueux mais garnis de muscles durs comme des cordes; son visage osseux et jaune, taillé en biseau, avait une expression de franchise et de jovialité peu communes, et ses petits yeux gris, percés comme avec une vrille, pétillaient d'intelligence: ses pommettes saillantes, son nez recourbé sur sa large bouche garnie de dents longues et blanches, son menton pointu, lui formaient la physionomie la plus singulière et en même temps la plus sympathique qui se puisse imaginer.

Son costume n'avait rien qui le distinguât de celui des autres coureurs des bois, c'est-à-dire que c'était un bizarre assemblage des modes indiennes et européennes adoptées généralement par tous les chasseurs et trappeurs blancs de la prairie.

Ses armes se composaient d'un couteau, d'une paire de pistolets et d'un riffle américain en ce moment jeté sur l'herbe, mais placé cependant à portée de sa main.

Son compagnon était un homme de trente à trente-deux ans au plus, qui paraissait en avoir à peine vingt-cinq, d'une taille haute et bien prise.

Ses yeux bleus, au regard doux et voilé comme celui d'une femme, les épaisses touffes de ses cheveux blonds qui s'échappaient en larges boucles sous les ailes de son chapeau de Panama et ondoyaient en désordre sur ses épaules, la blancheur de sa peau qui tranchait avec le teint olivâtre et bronzé du chasseur, indiquaient surabondamment qu'il n'avait pas vu le jour sous le chaud climat de l'Amérique.

En effet, ce jeune homme était Français, il se nommait Charles-Édouard de Beaulieu et descendait de l'une des plus anciennes familles de Bretagne.

Les comtes de Beaulieu ont fait deux croisades.

Mais, sous cette enveloppe légèrement efféminée, Charles de Beaulieu cachait un courage de lion que rien ne pouvait émouvoir, ni même étonner. Adroit à tous les exercices du corps, il était en outre doué d'une force prodigieuse, et la peau fine de ses mains blanches et aristocratiques, aux ongles roses, recouvrait des nerfs d'acier.

Le costume du comte aurait avec raison semblé extraordinaire, dans un pays éloigné de toute civilisation, à ceux qui auraient eu le loisir de l'examiner.

Il portait un habit de chasse de drap vert galonné, coupé à la française et boutonné sur la poitrine; une culotte de peau de daim jaune safran serrée aux hanches par un ceinturon de cuir verni supportant de magnifiques kukennreiters, une cartouchière et un couteau de chasse à fourreau d'acier bruni à poignée admirablement ciselée; ses jambes étaient emprisonnées dans des bottes à l'écuyère montant au-dessus du genou.

Ainsi que son compagnon, il avait placé sur l'herbe, à portée de sa main, une carabine à canon rayé; cette arme, richement damasquinée et portant le nom de Lepage, devait être d'un prix fabuleux.

Le comte de Beaulieu, dont le père avait suivi les princes en émigration et les avait servis activement d'abord dans l'armée de Condé et ensuite dans toutes les machinations royalistes qui s'ourdirent sans relâche pendant l'ère impériale, était un royaliste ultra. Resté orphelin de bonne heure, possesseur d'une immense fortune, il avait été admis comme lieutenant dans les mousquetaires d'abord, puis dans les gardes du corps.

Après la chute du roi Charles X, le comte, dont la carrière se trouva brisée, sentit un immense découragement s'emparer de lui, et un dégoût invincible de la vie le saisit au cœur. L'Europe lui devint odieuse, il résolut de la quitter pour toujours.

Après avoir confié l'administration de sa fortune à un homme sûr, le comte de Beaulieu s'embarqua pour les États-Unis.

Mais la vie américaine, étroite, mesquine et égoïste, n'était pas faite pour lui, le jeune homme ne comprenait pas plus les Américains que ceux-ci ne le comprenaient. Avide d'émotions, le cœur ulcéré par les petites bassesses et les petites lâchetés qu'il voyait chaque jour commettre en sa présence par les descendants des pèlerins de Plymouth, un jour il se résolut, pour échapper au spectacle affligeant qu'il avait sans cesse devant les yeux, de s'enfoncer dans l'intérieur des terres et de visiter ces savanes et ces prairies immenses, d'où les premiers maîtres du sol ont été repoussés à force de fourberies et de trahison par leurs astucieux spoliateurs.

Le comte avait amené de France avec lui un vieux serviteur de sa famille, dont les ascendants, depuis plusieurs siècles, avaient sans interruption servi les Beaulieu.

Avant de s'embarquer, le comte avait communiqué ses projets à Ivon Kergollec en le laissant libre de rester ou de le suivre; le choix du domestique n'avait pas été long, il avait simplement répondu que son maître avait le droit de faire ce que bon lui semblait sans le consulter, et quant à lui son devoir étant de le suivre partout, il n'y faillirait pas. Cependant lorsque le comte résolut de visiter les prairies, il crut devoir informer son serviteur de sa résolution, la réponse fut la même que la première fois.

Ivon avait quarante-cinq ans environ, il résumait dans sa personne le type hardi, naïf et rusé à la fois du paysan breton; il était petit et trapu, mais ses membres bien attachés, sa poitrine large, dénotaient une grande vigueur. Son visage couleur de brique, était éclairé par deux petits yeux qui pétillaient de finesse et brillaient comme des escarboucles.

Ivon Kergollec, dont la vie s'était constamment écoulée paisible et calme sous les lambris dorés de l'hôtel de Beaulieu, avait pris les habitudes tranquilles et régulières des valets de chambre de grande maison; n'ayant jamais eu occasion de faire preuve de courage, il ignorait complètement s'il était doué de cette qualité, et bien que depuis plusieurs mois déjà, à la suite de son maître, il se fût trouvé dans des circonstances dangereuses, il en était encore au même point, c'est-à-dire qu'il doutait entièrement de lui-même et avait l'intime conviction qu'il était poltron comme un lièvre; aussi rien n'était plus curieux à la suite d'une rencontre avec les Indiens, que de voir Ivon après avoir combattu comme un lion et fait des prodiges de valeur, s'excuser humblement auprès de son maître de s'être si mal comporté, n'ayant pas été habitué à se battre.

Il va sans dire que le comte l'excusait, en riant comme un fou, et en lui disant pour le consoler, car le pauvre diable était réellement fort malheureux de cette couardise supposée, que la première fois probablement il ferait mieux, et que peu à peu il s'accoutumerait à cette vie si différente de celle qu'il avait menée jusqu'alors.

A ces consolations le digne serviteur hochait la tête d'un air triste et répondait avec un accent des plus convaincus :

« Non, non, monsieur le comte, jamais je ne pourrai avoir du courage, je le sens, c'est plus fort que moi, voyez-vous, je suis un poltron, je ne le sais que trop. »

Ivon Kergollec était revêtu d'une livrée complète, seulement, vu les circonstances, il était, ainsi que ses compagnons, armé jusqu'aux dents, et sa carabine reposait sur le sol à portée de sa main.

Trois chevaux magnifiques, pleins de feu et de race, entravés à l'amble à quelques pas des voyageurs que nous venons de faire connaître au lecteur, broyaient à pleine bouche et d'un air insouciant les pois grimpants et les jeunes pousses des arbres.

Nous avons oublié de signaler deux habitudes assez singulières de M. de Beaulieu : la première consistait à avoir toujours placé dans l'arcade sourcilière droite un charmant lorgnon, retenu à son cou par un ruban noir, puis il portait continuellement des gants glacés, lesquels, nous devons en convenir, au grand regret du gentilhomme, commençaient à beaucoup se défraichir et se détériorer.

Maintenant, par quelle étrange combinaison du hasard ces hommes de naissance, d'habitude et d'éducation si disparates, se trouvaient-ils réunis à cent ou deux cents lieues de toute habitation civilisée, sur la rive d'un fleuve sinon complétement inconnu, du moins inexploré jusqu'alors, assis amicalement sur l'herbe et partageaient fraternellement un déjeuner plus que frugal?

C'est ce que nous allons en quelques mots expliquer au lecteur, en racontant succinctement une scène qui s'était passée dans les prairies six mois environ avant l'époque où commence cette histoire.

Balle-Franche était un homme déterminé, qui, excepté le temps qu'il avait passé comme engagé au service de la société des pelleteries, avait toujours chassé et trappé seul, méprisant trop les Indiens pour les craindre, et trouvant à les braver cette volupté que l'homme courageux éprouve sans pouvoir s'en rendre compte, lorsque, seul et sous l'œil de Dieu, il lutte, livré à ses propres forces, contre un danger terrible et inconnu.

Les Indiens le connaissaient et le redoutaient de longue date. Maintes fois ils avaient eu maille à partir avec lui, et presque toujours ils s'étaient tout meurtris échappés de ses mains en laissant bon nombre des leurs sur le sol.

Aussi avaient-ils juré au chasseur une de ces bonnes haines indiennes que rien ne peut assouvir, si ce n'est le supplice de celui qui en est l'objet.

Mais comme ils savaient à quel homme ils avaient affaire, et qu'ils ne se souciaient nullement d'augmenter le nombre des victimes que déjà il avait sacrifiées, avec cette patience qui caractérise leur race, ils se résolurent à attendre le moment propice pour s'emparer de leur ennemi, et jusque-là à se borner à surveiller avec soin tous ses mouvements, afin, si l'occasion se présentait, de ne pas la laisser échapper.

Balle-Franche chassait en ce moment sur les bords du Missouri.

Se sachant observé, et soupçonnant instinctivement un piége, il prenait toutes les précautions que lui suggéraient son esprit inventif et la connaissance approfondie qu'il possédait des ruses indiennes.

Un jour qu'il explorait les rives du fleuve, il lui sembla apercevoir, à une légère distance devant lui, un mouvement presque imperceptible dans un taillis épais.

Il s'arrêta, s'allongea sur le sol et se mit à glisser doucement dans la direction du buisson.

Tout à coup la forêt sembla tressaillir jusque dans ses repaires les plus inexplorés : une nuée d'Indiens surgit de terre, s'élança du haut des arbres, bondit de derrière les rochers, et le chasseur, littéralement enseveli sous une masse d'ennemis, fut réduit à la plus complète immobilité avant même d'avoir pu essayer de faire un geste pour se défendre.

Balle-Franche fut désarmé en un clin d'œil; puis un chef s'avança vers lui, et lui tendant la main :

« Que mon frère se relève, dit-il froidement, les guerriers Peaux-Rouges l'attendent.

— Bon, bon, répondit en grommelant le chasseur; tout n'est pas fini encore, Indien, et j'aurai ma revanche. »

Le chef sourit.

« Mon frère est comme l'oiseau moqueur, dit-il avec ironie, il parle trop. »

Balle-Franche se mordit les lèvres pour ne pas laisser passer quelque injure qui lui montait à la bouche; il se leva et suivit ses vainqueurs.

Il était prisonnier des Piekanns, la plus guerrière tribu des Pieds-Noirs.

Le chef qui s'était emparé de lui était son ennemi personnel.

Ce chef se nommait *Natah-Otann* — l'ours gris. — C'était un homme de vingt-cinq ans au plus, d'une physionomie fine, intelligente et empreinte de loyauté. Sa taille haute, ses membres bien proportionnés, la grâce de ses mouvements et son apparence martiale en faisaient un homme remarquable. Ses longs cheveux noirs séparés avec soin retombaient en désordre sur ses épaules. Comme tous les guerriers renommés de sa tribu, il portait derrière la tête une peau d'hermine et au cou un collier de griffes d'ours entremêlées de dents de bison, parure fort chère et très en honneur chez les Indiens. Sa chemise en peau de bison, à manches courtes, était garnie autour du col d'une manière de rabat en drap écarlate, ornée de franges et de soie de porc-épic; les coutures de ce vêtement étaient bordées avec des cheveux provenant de scalps; le tout rehaussé de petites bandes de peau d'hermine. Ses moksens, chacun d'une couleur différente, étaient surchargés de broderies très-fines. Son manteau, en peau de bison, était bariolé à l'intérieur d'une multitude de dessins informes, cherchant à retracer les hauts faits du jeune guerrier.

Natah-Otann tenait dans la main droite un éventail tout d'une aile d'aigle, et pendu au poignet de cette main par une gance, le fouet à manche court et à longue lanière particulier aux Indiens des prairies; en bandoulière, son arc et ses flèches assemblées dans un étui de peau de jaguar; à sa ceinture, sa gibecière, sa corne à poudre, son long couteau de chasse et son casse-tête. Son bouclier pendait sur sa hanche gauche. Son fusil était placé en travers du cou de son cheval qui portait en guise de selle une superbe peau de panthère.

L'aspect de ce sauvage enfant des bois, dont le manteau et les longues plumes flottaient au vent, caracolant sur un coursier aussi indompté que lui-même, avait quelque chose de saisissant et de grand à la fois.

Natah-Otann était le premier sachem de la tribu.

Il fit signe au chasseur de monter sur un cheval qu'un de ses guerriers tenait en bride, et toute la troupe se dirigea au galop vers le camp de la tribu.

Natah-Otann chassait en ce moment le bison dans les plaines du Missouri; il avait depuis deux mois quitté les villages de sa nation avec cent cinquante guerriers d'élite.

La route se fit silencieusement. Le chef ne parut nullement s'occuper de son prisonnier. Celui-ci, libre en apparence et monté sur un excellent coureur, n'essaya pas un instant de fuir. D'un coup d'œil il avait jugé la position, reconnu que les Indiens ne le perdaient pas de vue, et que s'il cherchait à s'échapper, il serait immédiatement repris.

Les Piekanns avaient établi leur camp sur le versant d'une colline boisée.

Pendant deux jours ils semblèrent avoir oublié leur prisonnier, auquel ils n'adressèrent pas une fois la parole.

Le soir du second jour, Balle-Franche se promenait de long en large en fumant insoucieusement son calumet.

Natah-Otann s'approche de lui :

« Mon frère est-il prêt? lui dit-il.

— A quoi? répondit le chasseur en s'arrêtant et en laissant échapper une énorme bouffée de tabac.

— A mourir, reprit laconiquement le chef.

— Parfaitement.

— Bon; mon frère mourra demain.

— Vous croyez, » répondit le chasseur avec un grand sang-froid.

L'Indien le regarda un instant d'un air étonné; puis il reprit :

« Mon frère mourra demain.

— J'ai parfaitement entendu, chef, reprit à son tour le Canadien avec un sourire; et je vous répète, vous croyez?

— Que mon frère regarde, » fit le sachem avec un geste significatif.

Le chasseur hocha la tête.

« Bah! dit-il insoucieusement, je vois que tous les préparatifs sont faits, et faits en conscience même; mais qu'est-ce que cela prouve? Je ne suis pas encore mort, je suppose.

— Non; mais mon frère le sera bientôt.

— Nous verrons demain, » répondit Balle-Franche en haussant les épaules.

Et laissant là le chef ébahi, il se coucha au pied d'un arbre et s'endormit.

Le sommeil du chasseur était si réel que, le lendemain au point du jour, les Indiens furent contraints de l'éveiller.

Le Canadien ouvrit les yeux, bâilla deux ou trois fois à se démettre la mâchoire et se leva.

Les Peaux-Rouges le conduisirent au poteau de torture où il fut solidement attaché.

« Eh bien! lui demanda en ricanant Natah-Otann, que pense mon frère, à présent?

— Eh! fit Balle-Franche avec ce magnifique aplomb qui ne se démentait pas, croyez-vous donc déjà que je sois mort?

— Non; mais mon frère le sera dans une heure.

— Bah! reprit insoucieusement le Canadien, il peut se passer bien des choses dans une heure. »

Natah-Otann se retira intérieurement émerveillé de la contenance intrépide de son prisonnier.

Mais, après avoir fait quelques pas, le chef se ravisa, et revint auprès de Balle-Franche.

« Que mon frère écoute, dit-il; un ami lui parle.

— Allez, chef, répondit le chasseur, je suis tout oreilles.

— Mon frère est un homme fort; son cœur est grand, reprit Natah-Otann; c'est un guerrier redoutable.

— Vous en savez quelque chose, n'est-ce pas, chef? » répondit le Canadien.

Le sachem réprima un mouvement de mauvaise humeur.

« L'œil de mon frère est infaillible; son bras est sûr, reprit-il.

— Dites tout de suite où vous voulez en venir, chef, et ne vous perdez pas ainsi dans vos circonlocutions indiennes. »

Le chef sourit.

« Là Balle-Franche est seul, dit-il d'une voix douce, sa hutte est solitaire, pourquoi un si grand guerrier n'a-t-il pas une compagne? »

Le chasseur fixa un regard profond sur son interlocuteur.

« Qu'est-ce que cela vous fait? » répondit-il.

Natah-Otann continua :

« La nation des Pieds-Noirs est puissante, dit-il; les jeunes femmes de la tribu des Piekanns sont belles. »

Le Canadien l'interrompit vivement.

« Assez, chef, lui dit-il; malgré tous les biais que vous avez employés pour en venir à me faire votre singulière proposition, je vous ai deviné; jamais je ne prendrai pour compagne une femme indienne. Ainsi, dispensez-vous de plus longues offres, qui n'auraient aucun résultat satisfaisant. »

Natah-Otann fronça les sourcils.

« Chien des visages pâles! s'écria-t-il en frappant du pied avec colère; ce soir mes jeunes hommes feront des sifflets de guerre avec tes os, et moi je boirai de l'eau de feu dans ton crâne! »

Sur cette menace terrible, le chef quitta définitivement le chasseur, qui le regarda s'éloigner en haussant les épaules et en murmurant à voix basse :

« Le dernier mot n'est pas dit encore!... ce n'est pas la première fois que je me trouve dans une position désespérée, toujours j'en ai échappé!... Il n'y a pas de raisons pour qu'aujourd'hui je sois plus malheureux!... Hum! cela me servira de leçon; une autre fois je serai plus prudent! »

Cependant le chef avait donné l'ordre de commencer le supplice; les préparatifs s'achevaient rapidement.

Balle-Franche suivait d'un œil curieux, et absolument comme s'il avait été désintéressé dans la question, tous les mouvements des Indiens.

« Oui, oui, reprit-il, mes gaillards, je vous vois; vous préparez tous les instruments de mon supplice; voici le bois vert destiné à m'enfumer comme un jambon; vous taillez les brochettes que vous m'enfoncerez sous les ongles. Eh ! eh! ajouta-t-il d'un air parfaitement satisfait, vous commencez par le tir du fusil; voyons si vous êtes adroits! Oh! la bonne fête pour vous, allez-vous vous réjouir, un brave chasseur blanc à martyriser !... Le diable sait quelles sont les idées baroques qui peuvent passer dans vos cervelles indiennes ; seulement hâtez-vous, sinon, il est bien possible que j'en réchappe! »

Pendant ce monologue, une vingtaine de guerriers, les plus adroits de la tribu, avaient pris leurs fusils et s'étaient placés à cent pas à peu près du prisonnier.

Le tir commença.

Les balles arrivaient toutes à quelques lignes à peine du chasseur, qui, à chaque coup, remuait la tête comme un barbet mouillé, à la grande joie de l'assistance.

Ce divertissement durait depuis vingt minutes environ, et menaçait de se continuer longtemps encore à cause du plaisir qu'il procurait aux Pieds-Noirs, lorsque tout à coup un cavalier bondit au milieu de la clairière, dispersa à coups de fouet les Indiens qui se trouvaient sur son passage, et, profitant de la stupeur causée par sa présence imprévue, il s'élança vers le prisonnier, mit pied à terre, coupa tranquillement les liens qui l'attachaient, lui mit en main une paire de pistolets et remonta à cheval.

Tout cela s'était passé en moins de temps qu'il ne nous en a fallu pour l'écrire.

« Pardieu! s'écria joyeusement Balle-Franche, j'étais bien sûr que je ne mourrais pas encore cette fois ! »

Les Indiens ne sont pas hommes à se laisser longtemps dominer par un sentiment quel qu'il soit; le premier moment de surprise passé, ils enveloppèrent les deux hommes en criant, en gesticulant et en brandissant leurs armes avec fureur.

« Allons! allons! faites place, canailles! cria le nouveau venu d'un ton de commandement, en cinglant de rudes coups de fouet ceux qui avaient l'imprudence de trop s'approcher de lui. Allons, venez, ajouta-t-il en se tournant vers le chasseur.

— Je ne demande pas mieux, répondit celui-ci; mais cela ne me semble pas facile.

— Bah! essayons toujours, reprit l'inconnu en fixant tranquillement un lorgnon dans son œil droit.

— Essayons! » répondit Balle-Franche.

Cet inconnu, arrivé si providentiellement pour le chasseur, n'était autre que le comte Charles-Édouard de Beaulieu, que le lecteur a déjà sans doute reconnu.

« Holà ! cria le comte d'une voix forte, venez ici, Ivon.

— Me voici, monsieur le comte, » répondit une voix partant de la forêt.

Et un second cavalier, bondissant dans la clairière, vint froidement se ranger auprès du premier.

Celui-ci était Ivon Kergollec, valet de chambre du comte.

Il y avait quelque chose d'étrange dans le groupe formé par ces trois hommes impassibles au milieu d'une centaine d'Indiens qui hurlaient autour d'eux.

Le comte, le lorgnon à l'œil, fièrement campé sur son cheval, le regard superbe et la lèvre dédaigneuse, faisait jouer les batteries de son fusil.

Balle-Franche, un pistolet de chaque main, se préparait à vendre chèrement sa vie, tandis que le domestique attendait tranquillement l'ordre de charger les sauvages.

Les Indiens, furieux de l'audace des blancs, s'excitaient, avec force cris et gestes, à tirer une prompte vengeance des imprudents qui étaient venus si étourdiment se livrer entre leurs mains.

« Ils sont fort laids, ces Indiens, dit le comte. Maintenant que vous voilà libre, mon ami, nous n'avons plus rien à faire ici ; partons. »

Et il fit un geste pour s'ouvrir passage.

Les Pieds-Noirs firent un mouvement en avant.

« Prenez garde ! s'écria Balle-Franche.

— Allons donc ! reprit le comte en haussant les épaules ; est-ce que ces drôles prétendraient me barrer le passage, par hasard ? »

Le chasseur le regarda de l'air d'un homme qui ne sait pas au juste s'il a affaire à un fou ou à un être doué de raison, tant cette réponse lui semblait extraordinaire.

Le comte fit sentir l'éperon à son cheval.

« Eh! murmura Balle-Franche, il va se faire tuer ; c'est égal, c'est un rude homme : je ne l'abandonnerai pas. »

En effet, le moment était critique ; les Indiens, réunis en masse serrée, se préparaient à tenter une charge désespérée contre les trois hommes :

Charge qui serait probablement décisive, car les Européens, sans abri et offrant leurs corps entiers à découvert aux coups de leurs ennemis, ne pouvaient prétendre leur échapper.

C'était cependant la conviction du comte. Sans remarquer les gestes et les cris hostiles des Peaux-Rouges, le lorgnon toujours à l'œil, il s'avança vers eux.

Depuis l'apparition du comte, le sachem indien, comme frappé de stupeur à sa vue, n'avait pas fait un geste et était demeuré les yeux fixés sur lui, en proie à une émotion extraordinaire.

Soudain, au moment où les guerriers Pieds-Noirs épaulaient leurs fusils ou ajustaient leurs flèches aux arcs, Natah-Otann sembla prendre une résolution subite; il se jeta en avant, et, levant sa robe de bison :

« Arrêtez!.... » cria-t-il d'une voix forte.

Les Indiens, dociles à la voix de leur chef, obéirent immédiatement.

Le sachem fit trois pas, s'inclina respectueusement devant le comte, et lui dit d'une voix soumise :

« Que mon père pardonne à ses enfants, ils ne le connaissaient pas; mais mon père est grand, son pouvoir est immense, sa bonté infinie; il oubliera ce que leur conduite a eu d'offensant pour lui. »

Balle-Franche, étonné de cette harangue, la traduisit au comte en lui avouant naïvement qu'il n'y comprenait rien.

« Pardieu! répondit le comte en souriant, ils ont peur.

— Hum! grommela le chasseur, cela n'est pas clair, il y a autre chose! c'est égal, agissons de ruse. »

Alors il se tourna vers Natah-Otann :

« Le grand chef pâle est satisfait du respect de ses enfants rouges pour lui, dit-il, il leur pardonne. »

Natah-Otann fit un mouvement de joie.

Les trois hommes passèrent entre les rangs des Indiens, qui s'ouvrirent pour leur faire place, et s'enfoncèrent dans la forêt sans que leur retraite eût été troublée en aucune façon.

« Ouf! fit Balle-Franche dès qu'il se vit en sûreté, m'en voilà hors; mais, ajouta-t-il en secouant la tête, il y a là-dessous quelque chose d'extraordinaire que je ne puis comprendre.

— Maintenant, mon ami, lui dit le comte, vous êtes libre d'aller où bon vous semblera. »

Le chasseur réfléchit un instant.

« Bah! répondit-il au bout de quelques minutes, je vous dois la vie bien que je ne vous connaisse pas; vous me faites l'effet d'un bon compagnon.

— Vous me flattez, dit le comte en souriant.

— Ma foi, non, je dis ce que je pense; si vous y consentez, nous resterons ensemble au moins jusqu'à ce que j'aie soldé la dette que j'ai contractée envers vous, en vous sauvant la vie à mon tour. »

Le comte lui tendit la main.

« Merci, mon ami, fit-il avec émotion; j'accepte votre offre.

— Va comme il est dit! » s'écria joyeusement le chasseur en serrant la main qui lui était tendue.

Le contrat était passé.

Balle-Franche, lié d'abord au comte par la reconnaissance, se prit bientôt à éprouver pour lui une affection toute paternelle. Mais, pas plus que le premier jour, il ne comprenait rien aux façons du jeune homme, qui agissait en toutes circonstances comme il l'aurait fait en France, et déjouait sans cesse, par sa téméraire initiative et la franchise de ses actions, l'expérience consommée du chasseur.

Cela fut poussé si loin que le Canadien, superstitieux comme toutes les natures primitives, en arriva bientôt à se persuader que la vie du comte était protégée par un charme, tant il l'avait vu de fois sortir sain et sauf de positions où tout autre à sa place aurait infailliblement succombé.

Aussi rien ne lui semblait-il plus impossible avec un tel compagnon, et les propositions les plus extraordinaires que lui faisait le comte lui semblaient-elles toutes simples, d'autant plus que toujours, par un hasard incompréhensible et contre toute prévision, le succès couronnait toutes leurs entreprises.

Les Indiens semblaient, par un accord tacite, avoir renoncé à lutter avec eux, ou seulement à se rencontrer sur leur passage; si parfois ils en apercevaient, ceux-ci, à quelque nation qu'ils appartinssent, se confondaient en marques de respect envers le comte, et ne lui adressaient la parole qu'avec une expression de terreur mêlée d'amour dont le chasseur cherchait vainement l'explication, sans que nul des Peaux-Rouges voulût ou pût la lui donner.

Cet état de choses durait depuis six mois déjà au moment où nous avons rencontré les trois hommes assis et déjeunant sur les bords du Mississipi.

Nous reprendrons maintenant notre histoire au point où nous l'avons laissée, terminant ici ces explications indispensables pour l'intelligence de ce qui va suivre.

II

DÉCOUVERTE D'UNE PISTE.

Nos personnages seraient sans doute restés longtemps encore plongés dans l'état de béatitude où ils se trouvaient, si un léger bruit parti du fleuve n'était venu soudain les rappeler un peu brusquement aux exigences de leur position.

« Qu'est-ce? » demanda le comte en faisant avec l'ongle tomber la cendre de son regalia.

Balle-Franche se glissa parmi les buissons, regarda un instant, puis revint nonchalamment reprendre sa place.

« Rien, dit-il, deux alligators qui se jouent au milieu de la vase.

— Ah! » fit le comte.

Il y eut un instant de silence pendant lequel le chasseur calcula mentalement la longueur de l'ombre des arbres sur le sol.

« Il est midi passé, dit-il.

— Vous croyez, reprit le jeune homme.

— Je ne le crois pas, j'en suis sûr, monsieur le comte. »

M. de Beaulieu se redressa.

« Mon cher Balle-Franche, dit-il, je vous ai prié plusieurs fois déjà de ne me plus m'appeler ni monsieur, ni comte, nous ne sommes pas à Paris, que diable, dans un salon du faubourg Saint-Germain. A quoi bon se trouver dans le désert, au milieu de cette grande nature, si ces dénominations aristocratiques doivent me poursuivre jusqu'ici? Qu'Ivon dise monsieur le comte, je le comprends lui, c'est un ancien serviteur auquel il serait trop difficile de faire perdre cette habitude, mais vous, c'est autre chose, vous êtes mon ami, mon compagnon; nommez-moi Charles ou Édouard, comme il vous plaira, mais plus de monsieur le comte entre nous, je vous en prie.

— Bon, répondit le chasseur, je tâcherai, monsieur le comte.

— Que le diable vous emporte! vous recommencez encore, s'écria le jeune homme en riant, tenez, faites mieux, s'il vous en coûte trop de me donner mon nom de baptême, eh bien ! appelez-moi comme les Indiens.

— Oh ! se récria le chasseur.

— Quel sobriquet m'ont-ils donné déjà, Balle-Franche, je l'ai oublié.

— Oh ! je n'oserai jamais, monsieur....

— Hein ?

— Édouard, veux-je dire.

— Bien, ceci est déjà mieux, dit le jeune homme, en souriant, mais je tiens à ce que vous me disiez ce sobriquet.

— Ils vous nomment l'*œil de verre*.

— L'œil de verre, c'est cela ? reprit le jeune homme en riant de tout son cœur ; ma foi il n'y a que les Indiens pour avoir de pareilles idées.

— Oh ! reprit Balle-Franche, les Indiens ne sont pas ce que vous supposez, ils ont la ruse du démon.

— Bah ! laissez donc, Balle-Franche, je vous ai toujours soupçonné d'avoir un faible pour les Peaux-Rouges.

— Pouvez-vous dire cela, moi qui suis leur ennemi acharné, moi qui les combats depuis bientôt quarante ans.

— Pardieu ! c'est justement parce que vous êtes leur ennemi acharné et que vous les combattez depuis quarante ans, que vous les défendez.

— Moi ! comment cela ? dit le chasseur étonné de cette conclusion à laquelle il était loin de s'attendre.

— Eh ! mon Dieu, par une raison toute simple : nul ne veut avoir à lutter contre des ennemis indignes de lui, il est donc naturel que vous cherchiez à réhabiliter ceux que vous avez passé votre vie à combattre. »

Le chasseur secoua la tête.

« Monsieur Édouard, dit-il d'un air pensif, les Peaux-Rouges sont des gens que l'on ne connaît bien qu'après de longues années ; ils ont tout à la fois la ruse de l'Opposum de leurs forêts, la prudence du serpent et le courage du couguar ; dans quelques années d'ici vous ne les mépriserez pas autant que vous le faites aujourd'hui.

— Vive Dieu ! mon compagnon, se récria vivement le comte, j'espère avant un an avoir quitté les prairies. Oh ! oh ! je suis pour la vie civilisée, moi, il me faut Paris avec ses boulevards, son Opéra, ses bals et ses fêtes ! Non, non, le désert n'est nullement mon fait. »

Le chasseur secoua une seconde fois la tête, puis il reprit avec un accent mélancolique, qui malgré lui frappa le jeune homme, et semblant plutôt se parler à lui-même que répondre aux paroles du comte :

« Oui, oui, c'est ainsi que sont les Européens ; lorsqu'ils arrivent dans la prairie, ils regrettent la vie civilisée, le désert ne s'apprécie que peu à peu : mais lorsqu'on a respiré les senteurs des savanes, que pendant de longues nuits on a écouté le murmure du vent dans les arbres centenaires, les hurlements des bêtes fauves dans les forêts vierges, que l'on a foulé les sentes inexplorées des prairies, que l'on a admiré cette nature grandiose qui ne doit rien à l'art, où le doigt de Dieu est empreint à chaque pas en caractères ineffaçables, lorsqu'on a assisté aux scènes sublimes qui, d'instants en instants, surgissent devant soi, alors peu à peu on se prend à aimer ce monde inconnu si plein de mystères et de péripéties étranges, les yeux s'ouvrent à la vérité, malgré soi on devient croyant, on répudie les mensonges de la civilisation, et transformé peu à peu, respirant par tous les pores l'air pur des montagnes et des prairies, on éprouve des émotions pleines de charmes inconnus, d'enivrantes voluptés, et ne reconnaissant plus d'autres maîtres que ce Dieu devant lequel on se trouve si petit, on oublie tout pour vivre à jamais de la vie nomade et rester au désert, parce que c'est là seulement où l'on se sent libre, heureux, homme enfin !... Oh ! vous aurez beau dire, monsieur le comte, quoi que vous fassiez, le désert vous tient maintenant, vous avez goûté de ses joies, de ses douleurs, il ne vous lâchera pas ! ce n'est pas sitôt que vous reverrez la France ni Paris !... le désert saura vous retenir malgré vous. »

Le jeune homme avait écouté avec une émotion dont il ne pouvait se rendre compte cette longue tirade du chasseur ; tout bas dans son for intérieur, il reconnaissait, à travers l'exagération du coureur des bois, la justesse de son raisonnement, et se sentait effrayé d'être obligé de lui donner si pleinement raison.

Le comte, ne sachant que répondre et reconnaissant tacitement qu'il était battu, changea brusquement de conversation.

« Hum ! fit-il, vous disiez donc, mon ami, qu'il est midi passé.

— Midi et quart à peu près, » répondit le chasseur.

Le comte consulta sa montre.

« C'est juste, dit-il.

— Oh ! reprit le chasseur en désignant le soleil du doigt, voilà la seule et vraie horloge, celle-là n'avance ni ne retarde jamais, car c'est Dieu qui la règle. »

Le jeune homme baissa affirmativement la tête.

« Nous remettons-nous en route, dit-il.

— A quoi bon, en ce moment ? répondit le Canadien, rien ne nous presse.

— C'est vrai. Mais êtes-vous sûr que nous ne nous sommes pas égarés ?

— Égarés ! s'écria le chasseur avec un bond de surprise et presque de colère, non, non, cela n'est pas possible, je vous réponds que nous serons avant huit jours au lac Itasca.

— C'est réellement de ce lac que sort le Mississipi ?

— Oui, car quoi qu'on en dise, le Missouri n'est que la branche principale de ce fleuve, les savants auraient mieux fait de s'en assurer par eux-mêmes avant d'affirmer que le Missouri et le Mississipi sont deux rivières séparées.

— Que voulez-vous, Balle-Franche, fit le comte en riant, les savants de tous les pays sont les

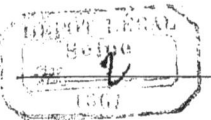

mêmes; comme ils sont fort paresseux de leur nature, ils s'en rapportent les uns aux autres, et de là le nombre infini d'absurdités qu'ils mettent en circulation avec un aplomb superbe. Il faut en prendre son parti.

— Les Indiens ne s'y trompent pas, eux.

— C'est juste, mais les Indiens ne sont pas des savants.

— Non, ils se bornent à voir par eux-mêmes et à n'assurer que ce dont ils sont sûrs.

— C'est ce que je voulais dire, dit le comte.

— Si vous m'en croyez, monsieur Édouard, nous resterons ici encore quelques heures, afin de laisser passer le plus fort de la chaleur, puis lorsque le soleil sera sur son déclin, nous nous remettrons en route.

— Parfaitement; reposons-nous donc. Du reste Ivon semble être complétement de notre avis, car il n'a pas bougé. »

En effet, le Breton dormait à poings fermés.

Le comte s'était levé; avant de se laisser retomber sur le sol, il jeta machinalement un regard sur l'immense plaine qui se déroulait calme et majestueuse à ses pieds.

« Eh! s'écria-t-il tout à coup, qu'y a-t-il là-bas? voyez donc, Balle-Franche. »

Le chasseur se leva et regarda dans la direction que lui indiquait le comte.

« Eh bien! ne voyez-vous rien? » fit le jeune homme.

Balle-Franche, la main placée en abat-jour sur ses yeux afin de les défendre de l'éclat du soleil, regardait attentivement sans répondre.

« Eh bien! reprit le

L'émigrant et ses fils escortent la voiture.
(Page 13, col. 2.)

comte au bout d'un instant.

— Nous ne sommes plus seuls, répondit le chasseur, là-bas il y a des hommes.

— Comment des hommes? nous n'avons relevé aucune trace d'Indiens.

— Je n'ai pas dit que ce fussent des Indiens, reprit Balle-Franche.

— Hum! je suppose qu'à cette distance il vous serait assez difficile de reconnaître ce que cela peut être. »

Balle-Franche sourit.

« Vous jugez toujours avec vos connaissances acquises dans le monde civilisé, monsieur Édouard, répondit-il.

— Ce qui veut dire? fit le jeune homme intérieurement piqué de l'observation.

— Ce qui veut dire, que vous vous trompez presque toujours.

— Pardieu, mon ami, vous me permettrez de vous faire observer, toute incrédulité à part, qu'il est impossible à cette distance de reconnaître quoi que ce soit, surtout quand on ne distingue rien, sinon un peu de fumée blanchâtre.

— N'est-ce pas assez? Croyez-vous donc que toutes les fumées se ressemblent!

— Voilà une distinction un peu bien subtile, et je vous avoue que pour moi toutes les fumées se ressemblent?

— Voici où est l'erreur, répondit le Canadien avec un grand sang-froid, et lorsque vous aurez passé quelques années dans les prairies, vous ne vous tromperez plus. »

M. de Beaulieu le regarda attentivement, persuadé qu'il se moquait de lui.

Celui-ci continua impassiblement:

« Ce que nous apercevons là-bas, ce n'est ni un feu d'Indiens ni un feu de chasseurs, c'est un feu d'hommes blancs qui ne sont pas encore accoutumés à la vie du désert.

— Oh! par exemple vous allez vous expliquer, n'est-ce pas?

— Je ne demande pas mieux; vous avouerez bientôt que j'ai raison. Écoutez bien, monsieur Édouard, car ceci est important à savoir.

— J'écoute, mon ami.

— Vous n'ignorez pas, reprit imperturbablement le chasseur, que ce que l'on est convenu d'appeler le désert est très-peuplé.

— C'est juste, dit le jeune homme en souriant.

— Bon, mais les ennemis les plus à craindre dans les prairies ne sont pas les bêtes fauves, ce sont les hommes; les Indiens et les chasseurs le savent si bien, qu'ils s'appliquent, autant que possible, à faire disparaître les traces de leur passage et à dissimuler leur présence.

— J'admets cela.

— Très-bien ; lorsque les Peaux-Rouges ou les chasseurs sont obligés d'allumer du feu, soit pour préparer leurs aliments, soit pour se garantir du froid, ils choisissent, avec le plus grand soin, le bois qu'ils veulent brûler, et ils ont la précaution de n'employer jamais que du bois sec.

— Hum! je ne vois pas pourquoi celui-là plutôt qu'un autre.

— Vous allez me comprendre, reprit le chasseur. Le bois sec ne produit qu'une fumée bleuâtre, qui se confond facilement avec l'azur du ciel, ce qui, à une faible distance, la rend invisible, au lieu que le bois vert, étant humide, dégage une vapeur blanche et épaisse qui de loin dénonce la présence de ceux qui ont allumé le feu; voilà pourquoi à la simple inspection de cette fumée, je vous ai dit tout à l'heure que les gens qui sont là-bas sont des blancs, et des blancs étrangers à la prairie, sans cela, ils n'auraient pas manqué de se servir de bois sec.

— Parbleu! s'écria le jeune homme, voilà qui est curieux, et j'en veux avoir le cœur net.

— Qu'allez-vous faire?

— Eh mais, je vais aller voir quels sont les gens qui ont allumé ce feu.

— Pourquoi vous déranger, puisque je vous le dis?

— C'est possible, mais ce que j'en fais, c'est pour ma satisfaction personnelle; depuis que nous vivons ensemble, vous me racontez des choses si extraordinaires, mon ami, que je ne serais pas fâché une fois pour toutes de savoir à quoi m'en tenir. »

Et sans plus écouter les observations du Canadien, le jeune homme réveilla son domestique.

« Que désirez-vous, monsieur le comte? dit celui-ci en se frottant les yeux.

— Les chevaux, vivement, Ivon. »

Le Breton se leva et brida les chevaux.

Le comte se mit en selle, le chasseur l'imita en secouant la tête et tous trois descendirent la colline au grand trot.

« Vous verrez, monsieur Édouard, disait Balle-Franche, vous verrez que j'ai raison.

— Je ne demande pas mieux, seulement je suis curieux de savoir ce qu'il en est.

— Allons donc, puisque vous le voulez; seulement permettez-moi de marcher en avant, nous ne savons à quelles gens nous allons avoir affaire, il est bon de se tenir sur ses gardes. »

Le Canadien prit la tête de la petite troupe.

Le feu que le comte avait aperçu du haut du monticule, n'était pas aussi rapproché qu'il le supposait; le chasseur était obligé de faire incessamment des détours dans les hautes herbes afin d'éviter les buissons et les taillis épais qui à chaque instant barraient le passage, ce qui allongeait encore la distance ; si bien qu'ils mirent près de deux heures avant d'atteindre l'endroit vers lequel ils se dirigeaient.

Lorsqu'ils arrivèrent enfin à peu de distance de ce feu qui intriguait si fort M. de Beaulieu, le Canadien s'arrêta en faisant signe à ses compagnons de l'imiter.

Ceux-ci obéirent.

Balle-Franche mit pied à terre, confia la bride de son cheval à Ivon et, saisissant sa carabine de la main droite :

« Je vais à la découverte, dit-il.

— Allez, » répondit laconiquement le jeune homme.

M. de Beaulieu était un homme d'un courage éprouvé, mais, depuis qu'il était dans les prairies, il avait compris une chose : c'est que le courage sans prudence est une folie, en face d'ennemis qui n'agissent jamais sans appeler la ruse et la trahison à leur aide; aussi, renonçant peu à peu à ses idées chevaleresques, il commençait à adopter le système du désert, sachant fort bien que, dans une embuscade, l'avantage reste presque toujours à celui qui le premier découvre les adversaires que le hasard lui amène.

Le comte attendit donc patiemment le retour du chasseur, qui s'était silencieusement glissé dans les buissons et avait disparu dans la direction du feu. Son attente fut assez longue.

Enfin, au bout d'une heure environ, les taillis s'agitèrent et Balle-Franche reparut à un point opposé à celui par lequel il était parti.

Le vieux coureur des bois avait été fort intrigué par l'apparition de ce feu lointain que le comte lui avait signalé du haut du monticule.

Dès qu'il s'était trouvé seul, mettant en pratique cet axiome : le plus court chemin d'un point à un autre est la ligne courbe, dont la vérité est prouvée dans la prairie, il avait fait un large détour, afin de tomber, si cela était possible, sur les traces des hommes qu'il allait observer, et, sur ces indices, reconnaître à peu près en face de quelles gens il allait se trouver.

Au désert, la rencontre que l'on redoute le plus est celle de l'homme. Tout inconnu est d'abord un ennemi; aussi s'accoste-t-on généralement à distance, le canon du fusil en avant et le doigt sur la détente.

Avec ce coup d'œil infaillible que l'habitude des savanes lui avait donné, Balle-Franche avait aperçu de loin une zone, où l'herbe était couchée et flétrie, cette zone marquait infailliblement l'endroit par lequel avaient passé les inconnus.

Le chasseur, toujours courbé afin de ne pas être dépisté, se trouva bientôt sur le bord d'un sillon large de quatre pieds, dont l'extrémité se perdait dans une forêt vierge peu distante!

Après s'être arrêté un instant pour reprendre haleine, le Canadien plaça la crosse de son rifle à terre et commença à étudier sérieusement les traces profondément creusées sur le sol.

Son investigation ne dura pas plus de dix minutes, puis il releva la tête en souriant, jeta son rifle sur l'épaule et regagna paisiblement la place où il avait laissé ses compagnons, sans même se donner la peine d'aller jusqu'au feu.

Ce bref examen lui avait suffi pour le renseigner complétement; il savait tout ce qu'il voulait savoir.

« Eh bien! Balle-Franche, quoi de nouveau? lui demanda le comte en l'apercevant.

— Les gens dont nous avons aperçu le feu, répondit le chasseur, sont des émigrants américains, des pionniers qui viennent planter leur tente au désert. C'est une famille composée de six individus, quatre hommes et deux femmes. Ils ont un chariot qui traîne leurs gros bagages, et emmènent avec eux un assez grand nombre de bestiaux.

— Remontez à cheval, Balle-Franche, allons souhaiter à ces braves gens la bienvenue du désert. »

Le chasseur resta immobile et pensif, appuyé sur son rifle.

« Eh bien! reprit le comte, ne m'avez-vous pas entendu, mon ami?

— Si, monsieur Édouard, je vous ai parfaitement entendu, mais parmi les traces de ces émigrants, j'en ai découvert d'autres qui m'ont paru suspectes, et je voudrais, avant de nous aventurer dans leur camp, battre les environs.

— De quelles traces parlez-vous, mon ami? demanda vivement le jeune homme.

— Hum! fit le chasseur, vous savez qu'à tort ou à raison les Peaux-Rouges se prétendent les rois des prairies et qu'ils ne veulent pas y souffrir la présence des blancs.

— Mais je trouve qu'ils sont parfaitement dans leur droit; depuis la découverte de l'Amérique, les blancs les ont peu à peu dépossédés de leurs territoires et refoulés au désert : ils défendent ce dernier refuge, et ils font bien.

— Je suis entièrement de votre avis, monsieur Édouard, le désert ne devrait appartenir qu'aux chasseurs et aux Indiens; malheureusement les Américains ne pensent pas ainsi, ce qui fait que tous les jours ils quittent les villes et s'enfoncent dans l'intérieur, s'établissant tantôt ici, tantôt là, et confisquant à leur profit les contrées les plus fertiles et les plus riches en gibier.

— Que pouvons-nous y faire, mon ami? répondit le comte en souriant; c'est un mal sans remède dont nous devons prendre notre parti, mais je ne devine pas encore où vous voulez en venir avec ces réflexions fort justes, sans doute, bien qu'elles me semblent un peu hors de propos en ce moment, et je serais charmé que vous vous expliquassiez plus clairement.

— C'est ce que je vais faire; eh bien! j'ai reconnu par certaines empreintes que les émigrants sont suivis à la piste par un parti indien qui n'attend probablement qu'une occasion pour les attaquer et les massacrer.

— Diable! fit le jeune homme, ceci est sérieux; vous avez averti sans doute ces braves gens du danger qui les menace?

— Moi!... pas du tout, je ne leur ai pas parlé, je ne les ai même pas vus.

— Comment! vous ne les avez pas vus?

— Non; aussitôt que j'ai eu reconnu les traces des Indiens, je me suis hâté de revenir afin de me concerter avec vous.

— Fort bien; mais alors si vous n'êtes pas allé jusqu'à leur camp, comment avez-vous pu reconnaître que ces voyageurs étaient des émigrants américains, qu'ils étaient six, quatre hommes et deux femmes; enfin, comment vous a-t-il été possible de me donner des renseignements si clairs et si précis sur eux?

— Oh! bien facilement, allez, répondit simplement le chasseur; le désert est un livre écrit tout entier par le doigt de Dieu; et pour l'homme habitué à y lire, il ne peut guère cacher de secrets; il m'a suffi de regarder les empreintes pendant quelques minutes pour tout deviner. »

M. de Beaulieu fixa sur le chasseur un regard étonné; bien que depuis plus de six mois il habitât les prairies, il ne pouvait encore comprendre cette espèce de divination dont le chasseur semblait doué à l'égard de faits qui, pour lui, demeuraient lettre morte.

« Mais, dit-il, peut-être ces Indiens dont vous avez relevé les traces sont-ils des chasseurs inoffensifs? »

Balle-Franche secoua la tête.

« Il n'y a pas de chasseurs inoffensifs parmi les Indiens, dit-il, surtout quand ils se mettent sur la piste des blancs. Ces Indiens appartiennent à trois races pillardes, que je suis étonné de voir réunies, ils méditent sans doute quelque expédition extraordinaire, dont le massacre des émigrants ne sera qu'un des moins intéressants épisodes.

— Quels sont ces Indiens?... les croyez-vous nombreux? »

Le chasseur réfléchit un instant.

« Le parti que j'ai découvert n'est probablement que l'avant-garde d'une troupe plus nombreuse, répondit-il; autant que j'ai pu en juger, ils ne sont tout au plus qu'une quarantaine; mais les guerriers Peaux-Rouges marchent avec la rapidité de l'antilope, on ne peut jamais les compter complétement; ce parti se compose de Comanches, de Pieds-Noirs et de Sioux ou Dacotahs, c'est-à-dire les trois tribus les plus guerrières de la prairie.

— Hum! fit le comte après un instant de réflexion, si ces démons en veulent réellement aux émigrants, ainsi que tout le fait supposer, les pauvres Américains me paraissent dans une fâcheuse position.

— A moins d'un miracle, ils sont perdus ! dit nettement le chasseur.

— Que faire ?... comment les avertir ?

— Monsieur Édouard, prenez garde à ce que vous allez tenter.

— Nous ne pouvons cependant pas laisser ainsi égorger, presque sous nos yeux, des hommes de notre couleur, ce serait une lâcheté.

— Oui, mais ce serait une folie insigne que de nous joindre à eux; réfléchissez donc que nous ne sommes que trois.

— Je le sais bien, dit le jeune homme tout pensif; cependant, je ne consentirai jamais à abandonner ces pauvres gens sans chercher à les défendre.

— Tenez, il n'y a qu'une chose à faire, et, qui sait, peut-être Dieu nous viendra-t-il en aide.

— Voyons, soyez bref, mon ami, le temps presse.

— Selon toutes probabilités, les Indiens ne nous ont pas encore dépistés, bien qu'ils doivent se trouver à une courte distance de nous; retournons à l'endroit où nous avons déjeuné, de cette place on domine toute la prairie. Les Indiens n'attaquent jamais leurs ennemis avant quatre heures du matin; tenons-nous cois; dès qu'ils tenteront leur assaut contre les émigrants, nous les attaquerons par derrière; surpris du secours imprévu qui arrivera aux Américains, il est probable qu'ils prendront la fuite; car l'obscurité de la nuit les empêchera de nous compter, et ils ne supposeront jamais que trois hommes soient assez fous pour les attaquer ainsi.

— Pardieu ! s'écria le comte en riant, voilà une bonne idée, Balle-Franche, et telle que je l'attendais d'un vaillant chasseur comme vous; regagnons promptement notre observatoire, afin d'être prêts à tout événement. »

Le Canadien sauta sur son cheval, et les trois hommes retournèrent sur leurs pas.

Mais, suivant son habitude, Balle-Franche, qui paraissait être un ennemi acharné de la ligne droite, leur fit faire un nombre infini de détours, dans le but évident de fourvoyer ceux que le hasard aurait amenés sur leur piste.

Ils arrivèrent au sommet du monticule au moment où le soleil finissait de disparaître à l'horizon.

Sous l'influence des derniers rayons de l'astre du jour, la dégradation des teintes imprimait aux objets des reflets changeants qui s'assombrissaient peu à peu. La brise du soir se levait et commençait à agiter avec de mystérieux murmures la cime houleuse des grands arbres. Les rauquements des tigres et des couguars se mêlaient déjà aux bramements des élans, aux mugissements des bisons et aux abois saccadés des loups rouges, dont on voyait les sombres silhouettes apparaître çà et là sur les rives du fleuve.

Le ciel s'assombrissait de plus en plus, et les étoiles commençaient à marquer de points brillants la voûte du ciel.

Les trois chasseurs s'assirent nonchalamment au sommet de la colline, à l'endroit même qu'ils avaient quitté, quelques heures auparavant, dans l'intention de n'y plus revenir, et ils firent les apprêts de leur souper.

Apprêts qui ne furent pas longs, car la prudence leur commandait impérieusement de ne pas allumer un feu qui aurait immédiatement dénoncé leur présence aux yeux invisibles qui probablement scrutaient en ce moment le désert dans tous les sens.

Tout en mangeant quelques pincées de *pennekans*[1], ils restaient les yeux fixés sur le camp des émigrants dont le feu était parfaitement visible dans la nuit.

« Hein! fit Balle-Franche, voilà des gens qui ignorent le premier mot de la vie du désert, sans cela ils se garderaient bien d'allumer un feu que les Indiens peuvent voir à dix lieues à la ronde.

— Bah ! cette espèce de phare nous guidera pour aller à leur secours, dit le comte.

— Dieu veuille que ce ne soit pas en vain ! »

Le repas achevé, le chasseur engagea le comte et son domestique à dormir pendant quelques heures.

« Quant à présent, dit-il, nous n'avons rien à redouter, laissez-moi veiller pour tous, mes yeux sont accoutumés à voir dans les ténèbres. »

Le comte ne se fit pas répéter l'invitation, il se roula dans son manteau et s'étendit sur le sol.

Deux minutes plus tard lui et Ivon dormaient profondément.

Balle-Franche s'était assis au pied d'un arbre et avait allumé sa pipe afin de charmer à sa manière les ennuis de sa faction.

Soudain, il pencha le corps en avant, colla son oreille contre terre, et parut écouter avec soin.

Son ouïe exercée avait saisi un bruit presque imperceptible d'abord, mais qui semblait se rapprocher peu à peu.

Le chasseur arma silencieusement son rifle et attendit.

Au bout d'un quart d'heure, environ, il se fit un léger froissement dans les broussailles, les branches s'écartèrent et un homme parut.

Cet homme était Natah-Otann, le sachem des Piekanns.

III

LES ÉMIGRANTS.

Lorsqu'il avait été à la découverte, la vieille expérience du chasseur ne lui avait pas fait défaut, et les traces qu'il avait relevées étaient bien celles d'une famille d'émigrants. Comme cette famille est appelée à jouer un certain rôle dans cette histoire, nous allons la faire connaître au lecteur et expliquer le plus brièvement possible par quelle suite d'événements elle se trouvait en ce moment campée dans les prairies du haut Mississipi, ou pour

[1]. Viande de bison séchée puis réduite en poudre.

parler comme les savants, sur les rives du Missouri.

L'histoire d'un émigrant est celle de la généralité.

Tous sont des gens qui, étant chargés d'une famille nombreuse, se trouvent embarrassés de mettre leurs enfants en position de se suffire à eux-mêmes, soit à cause de la mauvaise qualité de la terre qu'ils cultivent, soit parce qu'à mesure que la population s'accroît, cette terre finit en peu d'années par acquérir un prix excessif.

Le Mississipi est devenu depuis quelques années la grande route pour l'aller et le retour de tous les marchés des deux mondes.

Chaque navire qui vogue sur ses eaux apporte aux nouveaux établissements les moyens de se procurer soit par échange, soit à prix d'argent, les principales commodités de la vie.

Aussi les explorateurs se sont-ils étendus sur les deux rives du fleuve, qui sont devenues les grandes routes de l'émigration, par la perspective qu'elles offrent aux pionniers de posséder de bonnes terres et de les conserver nombre d'années sans avoir de redevance à payer à qui que ce soit.

Le mot patrie, dans le sens que nous y attachons en Europe, n'existe point pour l'Américain du nord; il n'en est pas comme nos paysans, attaché de père en fils au sol qui a servi de berceau à sa famille.

Il ne tient à la terre que pour ce qu'elle peut lui rapporter; mais, lorsqu'elle est épuisée par un rendement trop fort, que le colon a en vain essayé de lui redonner sa fertilité première, son parti est pris immédiatement.

Il se défait des choses embarrassantes ou trop coûteuses à emporter, ne garde que le strict nécessaire en domestiques, chevaux et ustensiles de ménage, fait ses adieux à ses voisins, qui lui serrent la main comme si le voyage qu'il va entreprendre est la chose la plus simple du monde, et au point du jour, par une belle matinée de printemps, il se met gaiement en route en saluant d'un dernier et indifférent regard cette contrée où pendant si longtemps lui et sa famille ont vécu. Déjà ses pensées sont tendues en avant, le passé n'existe plus pour lui, l'avenir seul lui sourit et soutient son courage.

Rien de simple, de primitif et de pittoresque à la fois comme le départ d'une famille de pionniers.

Les chevaux sont attelés aux charrettes déjà chargés des objets de literie et des plus petits enfants, tandis que sur les côtés, en dehors, sont accrochés les rouets, les métiers à tisser, et ballottant par derrière, un seau rempli de suif et de goudron.

Des haches sont placées sur les traverses de la voiture, et dans l'auge à manger des chevaux roulent pêle-mêle chaudrons et casseroles.

Les tentes et les provisions sont attachées solidement dessous la voiture, suspendues à des cordes.

Voilà la fortune mobilière de l'émigrant.

Le fils aîné ou un domestique enfourche le cheval de devant, la femme du pionnier s'assied sur l'autre.

L'émigrant et ses fils, le rifle sur l'épaule, marchent autour de la voiture, tantôt devant, tantôt derrière, suivis des chiens, touchant les bestiaux et veillant au salut commun.

Les voilà partis, voyageant à petites journées à travers des pays inexplorés, des routes affreuses que la plupart du temps ils sont contraints de tracer eux-mêmes; bravant le froid, le chaud, la pluie et le soleil; luttant contre les Indiens et les bêtes fauves; voyant à chaque pas se dresser devant eux des obstacles presque insurmontables; mais rien n'arrête les émigrants, aucun péril ne peut les retarder, aucune impossibilité ne parvient à les décourager.

Ils marchent toujours pendant des mois entiers, conservant intacte au fond du cœur cette foi en leur fortune que rien n'ébranle, jusqu'à ce qu'enfin ils atteignent un emplacement qui leur offre les conditions de confort qu'ils cherchent depuis si longtemps.

Mais, hélas! combien de familles parties pleines d'espoir et de courage des villes américaines ont disparu sans avoir laissé d'autres traces de leur passage dans la prairie, que leurs os blanchis et leurs meubles brisés!

Les Indiens, toujours en embuscade à l'entrée du désert, attaquent les caravanes, massacrent sans pitié les pionniers et emmènent en esclavage les femmes et les jeunes filles, se vengeant en détail, contre les émigrants, des atrocités dont pendant tant de siècles ils ont été victimes, et continuant à leur profit la guerre d'extermination que les blancs ont inaugurée à leur débarquement en Amérique et qui depuis cette époque n'a plus été interrompue.

John Brigh appartenait à la classe d'émigrants que nous venons de décrire.

Un jour, il y avait quatre mois de cela, il avait abandonné sa maison qui tombait en ruine, et chargeant le peu qu'il possédait sur une charrette, il s'était mis en route suivi de sa famille, composée de sa femme, sa fille, son fils et deux domestiques qui avaient voulu suivre leur fortune.

Depuis, ils ne s'étaient plus arrêtés.

Ils avaient résolûment marché en avant, se frayant à coups de hache un passage à travers les forêts vierges, et déterminés à s'enfoncer dans le désert aussi longtemps qu'ils ne trouveraient pas un endroit favorable pour établir un nouvel établissement.

A l'époque où se passe notre histoire, les émigrations étaient beaucoup plus rares qu'aujourd'hui, où, grâce à la découverte récente des gisements aurifères de la Californie et de la rivière Fraser, une fièvre d'émigration paraît à un tel point s'être emparée des masses, que le vieux monde semble dépeuplé de plus en plus au profit du nouveau. L'or est un aimant dont la force attire indistinctement jeunes ou vieux, hommes ou femmes, par l'espoir souvent trompé, hélas! d'acquérir en peu de temps, au prix de quelques fatigues, une fortune qui, pour ceux qui l'atteignent, ne compense pas les périls qu'elle a coûtés.

C'était donc de la part de John Bright une rare audace de s'aventurer ainsi sans secours possibles dans une contrée complètement inexplorée jusqu'alors, et dont les Indiens étaient les maîtres.

John Bright était né dans la Virginie. C'était un homme de cinquante ans environ, d'une taille moyenne, mais fortement charpenté et doué d'une vigueur peu commune ; ses traits n'avaient rien que de très-ordinaire, mais sa physionomie avait une rare expression de fermeté et de résolution.

Sa femme, de dix ans moins âgée que lui, était une douce et sainte créature sur le front de laquelle les fatigues et les inquiétudes avaient depuis longtemps creusé de profondes rides, sous lesquelles cependant un observateur aurait encore distingué les restes d'une rare beauté.

William Bright, le fils de l'émigrant, était une espèce de géant de plus de six pieds anglais, âgé de vingt-deux ans, taillé en Hercule, et dont la bonne grosse figure, encadrée dans d'épais cheveux plutôt roux que blonds, respirait la franchise et la jovialité.

Diana Bright, sa sœur, formait avec lui un complet contraste. C'était une mignonne créature de seize ans à peine, aux yeux d'un bleu profond comme l'azur du ciel, à l'apparence frêle et délicate, au front rêveur, à la bouche rieuse, qui tenait à la fois de la femme et de l'ange, et dont l'étrange beauté séduisait au premier aspect et subjuguait à la première parole qui tombait de ses lèvres rosées.

Diana était l'idole de la famille, idole chérie que chacun adorait et qui d'un sourire ou d'un regard se faisait obéir de ces rudes natures qui l'entouraient et ne semblaient vivre que pour satisfaire ses moindres caprices.

Sem et James, les deux domestiques, étaient de bons et braves paysans du Kentucky, d'une force extraordinaire, d'une adresse peu commune et cachaient beaucoup de finesse sous leur apparence naïve et même un peu niaise.

Ces braves gens, jeunes encore, puisque l'un avait vingt-six ans et l'autre trente à peine, avaient grandi dans la maison de John Bright, auquel ils avaient voué un dévouement sans bornes dont maintes fois déjà, depuis que le voyage était commencé, ils avaient donné des preuves.

Lorsque John avait abandonné sa maison pour se mettre à la recherche d'une autre terre plus fertile, il avait proposé à ces deux hommes de le quitter, ne voulant pas les exposer aux dangers de la vie précaire qui allait commencer pour lui ; mais tous deux à la fois avaient secoué négativement la tête, répondant à tout ce qu'il leur disait que leur devoir était de suivre leurs maîtres n'importe où ils iraient, et qu'ils étaient prêts à les accompagner jusqu'au bout du monde.

Devant une détermination si nettement exprimée, l'émigrant avait été obligé de céder et il avait répondu que, puisqu'il en était ainsi, ils le suivraient. Tout avait été dit entre le maître et les valets.

Aussi, ces deux honnêtes serviteurs n'étaient-ils pas considérés comme des domestiques, mais bien comme des amis, et traités en conséquence.

Du reste, il n'est tel que les périls communs pour rapprocher les distances, et depuis quatre mois la famille de John Bright avait été exposée à des dangers sans nombre.

L'émigrant menait avec lui un nombre assez considérable de bestiaux, ce qui faisait que, malgré les précautions qu'il prenait, la caravane laissait derrière elle d'assez larges traces qui devaient l'exposer à être incessamment attaquée par les Indiens. Cependant, jusqu'au moment où nous les avons rencontrés, aucun danger sérieux ne les avait réellement menacés.

Parfois ils s'étaient vus exposés à des alertes un peu vives, mais toujours les Indiens s'étaient tenus à une distance assez grande et s'étaient bornés à des démonstrations hostiles, il est vrai, mais non suivies d'effet.

Pendant les premières semaines de leur voyage, les émigrants, peu au fait de la vie des Peaux-Rouges qui voltigeaient incessamment sur les ailes de la caravane, avaient été en proie aux craintes les plus exagérées, s'attendant à chaque instant à être attaqués par ces féroces ennemis, sur le compte desquels ils avaient entendu raconter des récits capables de faire frissonner les plus braves ; mais peu à peu, ainsi que cela arrive toujours, ils s'étaient habitués à cette menace perpétuelle des Indiens, et bien que prenant les précautions les plus strictes pour leur sûreté, ils s'étaient pour ainsi dire blasés sur les dangers qu'ils redoutaient tant dans le principe, et en étaient presque arrivés à les mépriser, convaincus que leur attitude calme et résolue avait suffi pour leur en imposer et que les Peaux-Rouges n'oseraient pas se hasarder à en venir aux mains avec eux.

Cependant le jour où nous les avons rencontrés, à leur insu, une inquiétude vague s'était emparée d'eux ; ils avaient comme un pressentiment secret qu'un grand danger les menaçait.

Les Indiens qui d'ordinaire, ainsi que nous l'avons dit, les accompagnaient en caracolant à portée de fusil de leur petite troupe, s'étaient tout à coup faits invisibles. Depuis leur départ du dernier campement, ils n'en avaient pas aperçu un seul, bien qu'instinctivement, par une espèce d'intuition sinistre, ils se doutassent que, pour être invisibles, ils n'en étaient pas moins là et peut-être en plus grand nombre que les autres fois.

Aussi la journée s'écoula-t-elle triste et silencieuse pour les émigrants ; ils marchaient côte à côte, l'œil et l'oreille au guet, le doigt sur la détente, du reste, sans oser se communiquer leurs craintes respectives, mais, selon l'expression espagnole, s'avançant la barbe sur l'épaule, en hommes qui s'attendent à être attaqués à chaque instant.

Cependant la journée se passa sans que le moindre incident parût corroborer leurs appréhensions.

Au coucher du soleil, la caravane se trouva au

pied de l'un des nombreux monticules dont nous avons parlé plus haut et dont un si grand nombre bordent en cet endroit les rives du fleuve.

John Bright fit signe à son fils qui conduisait la charrette de s'arrêter, de mettre pied à terre et de venir le joindre.

Tandis que les deux femmes regardaient avec inquiétude autour d'elles, les quatre homme groupés à quelques pas en arrière causaient vivement entre eux.

« Enfants, dit John Bright à ses compagnons attentifs, la journée est finie, le soleil descend là-bas derrière les montagnes, il est temps de songer au repos de la nuit, nos bestiaux sont fatigués, nous-mêmes nous avons besoin de reprendre des forces pour nos travaux de demain ; je crois donc, sauf meilleur avis, que nous ferons bien de profiter du peu de temps qui nous reste pour établir notre camp.

— Oui, répondit James, nous avons devant nous un monticule au sommet duquel il nous est facile de nous établir.

— Et, interrompit William, dont nous pourrons en quelques heures faire une forteresse presque imprenable.

— Nous aurons un rude travail pour faire gravir le monticule à la charrette, dit le père en secouant la tête.

— Bah ! fit Sem, pas autant que vous le supposez, maître Bright, nous en serons quittes pour prendre un peu de peine, voilà tout.

— Comment cela ?

— Eh ! reprit le domestique, nous n'avons qu'à décharger la charrette.

— C'est vrai, dès qu'elle sera vide, il sera facile de la faire arriver au sommet du monticule.

— Hum ! observa William, croyez-vous donc, père, qu'il soit bien nécessaire de nous donner toute cette peine : une nuit est bientôt passée, et nous ferions bien, je crois, de rester simplement où nous sommes ; la position est excellente, nous n'avons que quelques pas à faire pour atteindre les bords du fleuve et mener boire nos bestiaux.

— Non, nous ne devons pas rester ici, la place est trop découverte, nous n'aurions aucun abri si les Indiens nous attaquaient.

— Les Indiens ! fit le jeune homme en riant, nous n'en avons pas vu un seul de toute la journée.

— Oui, ce que vous dites est juste, William, les Peaux-Rouges ont disparu ; eh bien, vous dirai-je toute ma pensée ?... c'est justement cette disparition que je ne comprends pas qui m'inquiète.

— Pourquoi donc, père ?

— Parce que s'ils se sont tenus cachés, c'est qu'ils préparent quelque embuscade et qu'ils ne veulent pas que nous sachions dans quelle direction ils se trouvent.

— Allons donc, père ! vous croyez cela ? répondit le jeune homme d'un ton léger.

— J'en suis convaincu ! » dit sérieusement l'émigrant.

Les deux domestique baissèrent affirmativement la tête.

« Vous me pardonnerez, père, répondit le jeune homme, si je ne partage pas votre opinion. Pour moi, je crois être certain, au contraire, que ces démons rouges qui nous suivent depuis si longtemps ont fini par comprendre qu'ils n'auraient rien à gagner avec nous que des coups, et, en hommes prudents, ils ont renoncé à nous suivre plus longtemps.

— Non, non, vous vous trompez, mon fils, ce n'est pas cela.

— Voyons, père, reprit le jeune homme avec une certaine animation, permettez-moi de vous faire une observation qui, je le crois, vous rangera de mon avis.

— Faites, mon fils, nous sommes ici pour émettre librement nos opinions et nous ranger à la meilleure ; l'intérêt commun est en jeu, il s'agit du salut de tous ; dans une circonstance aussi grave, je ne me pardonnerais pas de négliger un bon avis, n'importe de qui il me viendrait : parlez donc sans crainte.

— Vous savez, mon père, répondit le jeune homme, que les Indiens comprennent l'honneur autrement que nous, c'est-à-dire que, lorsque le succès d'une expédition ne leur est pas clairement démontré, ils n'ont pas honte d'y renoncer, parce que ce qu'ils recherchent d'abord, c'est le profit.

— Je sais tout cela, mon fils, mais je ne vois pas encore où vous voulez en venir.

— Vous allez me comprendre. Voici près de deux mois que, depuis le lever du soleil, au moment où nous nous mettons en route, jusqu'à son coucher, qui est ordinairement celui où nous nous arrêtons, les Peaux-Rouges nous suivent pour ainsi dire pas à pas sans qu'un seul instant il nous ait été possible de nous délivrer de ces voisins incommodes auxquels aucun de nos mouvements n'ont échappé.

— C'est juste, dit John Bright ; mais que concluez-vous de cela, mon fils ?

— Mon Dieu ! une chose bien simple : ils ont reconnu que nous étions continuellement sur nos gardes et que s'ils essayaient de nous attaquer ils seraient battus ; alors ils se sont retirés, voilà tout.

— Malheureusement, mon fils, vous oubliez une chose.

— Laquelle ?

— Celle-ci : les Indiens, généralement moins bien armés que les blancs, redoutent de les attaquer, surtout lorsqu'ils supposent qu'ils auront affaire à des gens presque aussi nombreux qu'eux, et en sus abrités derrière des chariots et des balles de marchandises ; mais ici ce n'est nullement le cas : depuis qu'ils nous surveillent, les Indiens ont eu maintes fois l'occasion de nous compter, ce qu'ils ont fait depuis longtemps déjà.

— Oui ! fit Sem.

— Or, ils savent que nous ne sommes que quatre ; ils sont au moins cinquante, s'ils ne sont pas plus nombreux encore ; que peuvent, malgré tout leur courage, quatre hommes contre un nombre aussi considérable d'ennemis ? Rien ! Les Peaux-Rouges le savent, et ils agiront en conséquence, c'est-à-dire que, lorsque l'occasion se présentera, ils ne manqueront pas de la saisir.

Que de familles ont disparu! (Page 13, col. 2.)

— Mais.... fit le jeune homme.
— Une autre considération à laquelle vous n'avez pas fait attention, reprit vivement John Bright, c'est que les Indiens, quel que soit le nombre de leurs ennemis, ne les abandonnent jamais sans avoir une fois au moins tenté de les surprendre.
— En effet, répondit William, cela m'étonne de leur part; du reste, je me range de votre avis, mon père; ces précautions que nous allons prendre ne serviraient-elles qu'à rassurer ma mère et ma sœur, qu'il serait bon de ne pas les négliger.
— Bien parlé, mon fils, dit l'émigrant; mettons-nous à l'œuvre sans tarder. »

Le groupe se rompit, et les quatre hommes, jetant leur fusil sur l'épaule, s'occupèrent activement des préparatifs du campement.

Sem réunit les bestiaux au moyen des chiens, et les conduisit boire au fleuve.

Pendant ce temps John s'était approché de la charrette.

« Eh bien! mon ami, lui demanda sa femme, pourquoi cette halte et cette longue discussion? Se passerait-il quelque chose de nouveau?
— Rien absolument qui doive vous effrayer, Lucy, répondit l'émigrant; nous allons camper, voilà tout.
— Ah! mon Dieu! je ne sais pourquoi, mais je craignais qu'il ne fût arrivé quelque malheur.
— Au contraire, nous sommes plus tranquilles que nous ne l'avons été depuis longtemps.
— Comment cela, père? demanda Diana en sortant son charmant visage de dessous l'abri en toile au fond duquel elle était blottie.
— Ces vilains Indiens qui vous effrayaient tant, Diana, ma chère, se sont enfin déterminés à nous quitter; nous n'en avons pas vu un seul pendant tout le cours de la journée.
— Ah! tant mieux! s'écria vivement la jeune fille en frappant avec joie ses mains mignonnes l'une contre l'autre. J'avoue que je ne suis pas brave, et que ces affreux hommes rouges me causaient des frayeurs terribles.
— Eh bien! vous ne les verrez plus, je l'espère,

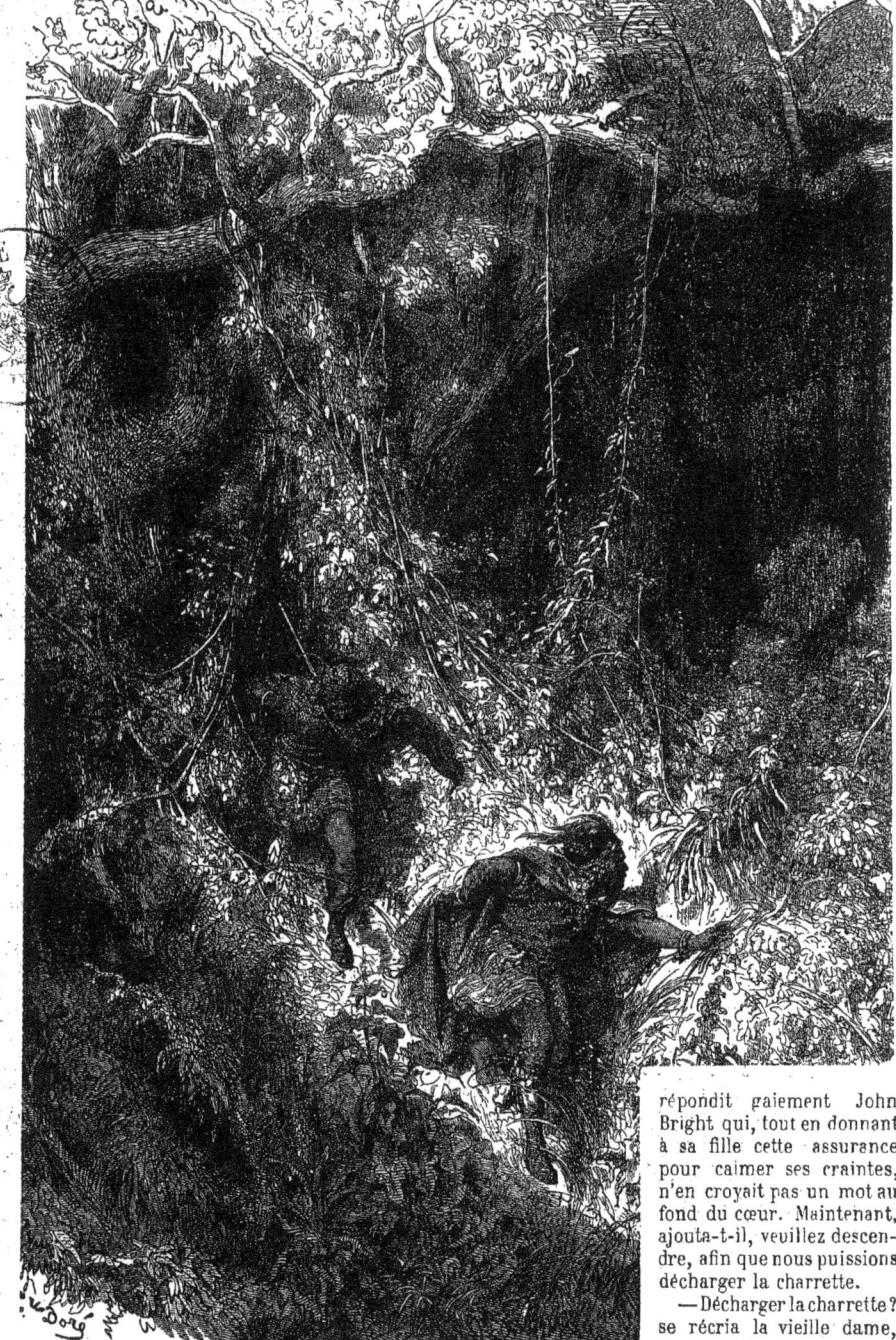

Natah-Otann marchait sans bruit à travers les broussailles. (Page 19, col. 2.)

répondit gaiement John Bright qui, tout en donnant à sa fille cette assurance pour calmer ses craintes, n'en croyait pas un mot au fond du cœur. Maintenant, ajouta-t-il, veuillez descendre, afin que nous puissions décharger la charrette.

— Décharger la charrette? se récria la vieille dame, pourquoi donc?

— Il est possible, répondit son mari qui ne voulait pas découvrir la raison véritable, que nous restions quelques jours ici afin de faire reposer les bestiaux.

— Ah! fort bien, » dit-elle.

Et elle descendit, suivie de sa fille.

A peine les deux femmes eurent-elles mis pied à terre, que les hommes commencèrent à décharger la voiture.

Ce travail dura près d'une heure. Sem avait eu le temps de ramener les bestiaux de l'abreuvoir et de les parquer au sommet du monticule.

« C'est donc là que nous campons? dit mistress Bright.

— Oui, répondit son mari.

— Venez, Diana, » dit la dame.

Les deux femmes se chargèrent de quelques ustensiles de cuisine, et montèrent sur la colline, où, après avoir allumé du feu, elles se mirent en devoir de préparer le souper.

Dès que la charrette fut déchargée, les deux domestiques, aidés de William, la poussèrent par derrière, tandis que John Bright, restant en tête de l'attelage pour le diriger, commença à fouetter les chevaux.

La pente était assez rapide.

Mais, grâce à la vigueur des animaux et à l'impatience des hommes qui, à chaque pas, plaçaient des rouleaux derrière les roues, la charrette arriva enfin en haut.

Le reste n'était plus rien.

En moins d'une heure le camp fut établi de la manière suivante :

Les émigrants formèrent, avec des ballots et des arbres qu'ils abattirent, un vaste cercle, au centre duquel les bestiaux furent attachés, puis ils dressèrent une tente pour abriter les femmes.

Lorsque cela fut fait, John Bright jeta un regard satisfait autour de lui.

Sa famille était provisoirement à l'abri d'un coup de main; grâce à la façon dont les ballots et les arbres avaient été disposés, les émigrants pouvaient tirer à l'abri contre les ennemis qui les attaqueraient et se défendre assez longtemps avec succès.

Le soleil était couché déjà depuis une heure, lorsque ces différentes installations furent terminées.

Le souper était prêt.

Les Américains s'assirent en cercle autour du feu, et mangèrent avec cet appétit d'hommes habitués au danger, et que les plus grandes inquiétudes n'ont pas le pouvoir de leur enlever.

Après le repas, John Bright dit la prière, ainsi qu'il faisait chaque soir avant de se livrer au repos; les assistants, debout et le front découvert, écoutèrent avec recueillement cette prière; puis, lorsqu'elle fut terminée, les deux dames entrèrent sous la tente préparée pour elles.

Maintenant, dit John Bright, veillons avec soin; la nuit est noire, la lune se lève tard, et vous savez que c'est surtout le matin, moment où le sommeil est le plus profond, que les Indiens choisissent pour attaquer leurs ennemis. »

Le feu fut couvert, afin que sa lueur ne dénonçât pas la position exacte du camp, et les deux domestiques s'étendirent côte à côte sur l'herbe, où ils ne tardèrent pas à s'endormir, tandis que le père et le fils, debout chacun d'un côté opposé du camp, veillaient au salut commun.

IV

NATAH-OTANN (L'OURS GRIS).

Tout était calme dans la prairie, aucun bruit ne troublait le silence du désert.

A la subite apparition de Natah-Otann, quelle que fût l'émotion qu'éprouvât Balle-Franche, il fut impossible à l'Indien de s'en apercevoir.

Le visage du chasseur demeura calme, et aucun muscle ne bougea.

« Ah! dit-il, que le sachem des Piekanns soit le bienvenu; vient-il en ami ou en ennemi?

— Natah-Otann vient s'asseoir au feu de ses frères pâles, et fumer le calumet avec eux, répondit le chef en jetant un regard perçant autour de lui.

— Bon; si le chef veut attendre un instant, j'allumerai le feu.

— Balle-Franche peut l'allumer, le chef l'attendra; il est venu pour causer avec les visages pâles, la conversation sera longue. »

Le Canadien regarda fixement le Peau-Rouge; mais ainsi que lui l'Indien était impassible; il était impossible de rien lire sur ses traits.

Le chasseur ramassa quelques brassées de bois sec, battit le briquet et bientôt une flamme claire jaillit et éclaira le monticule.

L'Indien s'approcha du feu, s'accroupit devant, sortit son calumet de sa ceinture et se mit tranquillement à fumer.

Balle-Franche ne voulant pas demeurer en reste avec lui, l'imita de tout point avec une indifférence parfaitement jouée, et les deux hommes restèrent quelques minutes à s'envoyer réciproquement des bouffées de fumée au visage.

Natah-Otann rompit enfin le silence.

« Le chasseur pâle est un guerrier, dit-il, pourquoi cherche-t-il donc à se cacher comme le rat d'eau? »

Balle-Franche ne jugea pas à propos de répondre à cette insinuation, et continua à fumer philosophiquement, tout en jetant un regard de côté à son interlocuteur.

« Les Pieds-Noirs ont l'œil de l'aigle, reprit Natah-Otann; leurs yeux perçants voient tout ce qui se passe dans la prairie. »

Le Canadien fit un geste d'assentiment, mais ne répondit pas encore.

Le chef continua :

« Natah-Otann a vu les traces de ses amis les visages pâles, son cœur a tressailli de plaisir dans sa poitrine et il est venu vers eux. »

Balle-Franche retira lentement le tuyau de la pipe de sa bouche, et, tournant la tête vers l'Indien, il l'examina avec soin un instant et répondit enfin :

« Je répète à mon frère qu'il est le bienvenu : je sais que c'est un grand chef, je suis heureux de le voir.

— Ooah ! fit l'Indien avec un fin sourire ; mon frère est-il aussi satisfait qu'il le dit de ma présence ?

— Pourquoi non, chef ?

— Mon frère garde rancune aux Pieds-Noirs de l'avoir attaché au poteau de torture. »

Le Canadien haussa dédaigneusement les épaules et répondit froidement :

« Allons donc, chef, moi garder rancune à vous ou à votre nation ! pourquoi le supposez-vous ? La guerre est la guerre ; je n'ai pas de reproches à vous faire. Vous avez voulu me tuer, je vous ai échappé ; nous sommes quittes.

— Bon ! mon frère dit-il vrai ? a-t-il réellement oublié ? demanda le chef avec une certaine vivacité.

— Pourquoi non ? répondit négligemment le Canadien ; je n'ai pas la langue fourchue, les paroles que prononce ma bouche viennent de mon cœur ; je n'ai pas oublié les traitements que vous m'avez fait souffrir, je mentirais si je le disais ; mais je les ai pardonnés.

— *Oché !* mon frère est un grand cœur ; il est généreux.

— Non ; seulement je suis un homme qui connaît les mœurs indiennes, voilà tout ; vous n'avez fait ni plus ni moins de ce que font les autres Peaux-Rouges en pareil cas ; je ne puis vous en vouloir de ce que vous avez agi selon votre nature. »

Il y eut un silence ; les deux hommes s'étaient remis à fumer.

Ce fut encore l'Indien qui le premier reprit la parole.

« Ainsi, mon frère est un ami ? dit-il.

— Et vous ? » demanda le chasseur, répondant à une question par une autre.

Le chef se leva d'un geste plein de majesté ; il écarta les plis de son manteau de bison.

« Un ennemi viendrait-il ainsi ? » répondit-il d'une voix douce.

Le Canadien ne put réprimer un mouvement de surprise : le Pied-Noir était sans armes, sa ceinture était vide ; il n'avait même pas son couteau à scalper, cette arme dont les Indiens ne se séparent jamais.

Balle-Franche lui tendit la main.

« Touchez là, chef, lui dit-il, vous êtes un homme de cœur ; maintenant parlez, je vous écoute ; et d'abord voulez-vous boire un coup d'eau de feu ?

— L'eau de feu est une mauvaise conseillère, répondit le chef en souriant ; elle rend les Indiens fous ; Natah-Otann n'en boit pas.

— Allons, allons, je vois que je m'étais trompé à votre égard, chef, cela me fait plaisir ; parlez, mes oreilles sont ouvertes.

— Ce que j'ai à dire à Balle-Franche, d'autres oreilles ne doivent pas l'entendre.

— Mes amis dorment profondément, vous pouvez parler sans crainte, et puis, lors même qu'ils seraient éveillés, vous savez qu'ils ne comprennent pas votre langue. »

L'Indien secoua la tête.

« L'Œil-de-Verre sait tout, répondit-il, le chef ne parlera pas devant lui.

— Comme il vous plaira, chef ; seulement je vous ferai observer que moi je ne n'ai rien à vous dire ; vous êtes donc libre de parler ou de vous taire. »

Natah-Otann sembla hésiter un instant, puis il reprit :

« Balle-Franche suivra son ami sur les bords du fleuve, et là il écoutera les paroles du chef pied-noir.

— Hum ! fit le chasseur ; et qui veillera sur mes compagnons pendant mon absence ? Non, non, ajouta-t-il, chef, je ne puis faire cela. Les Peaux-Rouges ont la ruse de l'opossum ; pendant que je serai près du fleuve, mes amis peuvent être surpris. Qui me répondra de leur sécurité ? »

L'Indien se leva.

« La parole d'un chef, » dit-il d'une voix fière, avec un geste rempli de majesté.

Le Canadien le regarda attentivement.

« Écoutez, Peau-Rouge, dit-il, je ne doute pas de votre loyauté, ne prenez pas en mauvaise part ce que je vais vous dire.

— J'écoute mon frère, répondit l'Indien.

— Je dois veiller sur mes compagnons. Puisque vous voulez absolument me parler en secret, je consens à vous suivre, mais à une condition, c'est que je ne quitterai pas mes armes ; de cette façon, s'il arrivait une de ces choses trop communes dans la prairie, et que la prudence humaine ne peut prévoir, je serai en mesure de faire face au danger et de vendre chèrement ma vie ; si ce que je vous propose vous convient, je suis prêt à vous suivre, sinon non.

— Bon ! fit l'Indien en souriant, mon frère pâle a raison : un vrai chasseur n'abandonne jamais ses armes ; que la Balle-Franche suive son ami.

— Allons donc ! » répondit résolument le Canadien en jetant son rifle sur son épaule.

Natah-Otann commença à descendre le monticule, glissant sans bruit à travers les broussailles et les halliers.

Le Canadien marchait littéralement dans ses pas.

Bien que le chasseur feignît la sécurité la plus parfaite, cependant il ne laissait pas, malgré cela, de surveiller avec soin les environs, et de prêter l'oreille au moindre bruit.

Mais tout était calme et silencieux dans le désert.

Après avoir marché pendant une dizaine de minutes, les deux hommes arrivèrent sur le bord du fleuve.

Le Méchachébé roulait majestueusement ses eaux sur un lit de sable jaune d'or, parfois quelques ombres vagues apparaissaient sur le rivage : c'étaient des bêtes fauves qui venaient boire au fleuve.

A deux lieues au plus en avant, au sommet d'une

colline, brillaient les dernières flammes d'un feu mourant, qui apparaissaient par intervalles entre les branches des arbres.

Natah-Otann s'arrêta à l'extrémité d'une espèce de petit promontoire dont la pointe s'avançait assez loin dans l'eau. Cet endroit était entièrement dénué de plantes; le regard pouvait, à une assez grande distance, s'étendre sur la prairie et apercevoir les moindres mouvements du désert.

« Ce lieu convient-il au chasseur? demanda le chef.

— Parfaitement, répondit Balle-Franche en posant la crosse de son rifle à terre et appuyant les mains croisées sur l'extrémité du canon ; je suis prêt à entendre la communication que veut me faire mon frère. »

L'Indien marchait de long en large sur le sable, les bras croisés et la tête basse, comme un homme qui réfléchit profondément.

Le chasseur le suivait de l'œil, attendant, impassible, qu'il lui plût de s'expliquer.

Il était facile de comprendre que Natah-Otann mûrissait dans sa tête un de ces projets hardis comme les Indiens en imaginent souvent, mais il ne savait comment entrer en matière.

Le chasseur résolut d'en finir.

« Voyons, dit-il, mon frère m'a fait quitter mon camp, il m'a invité à le suivre ; j'ai consenti à le faire. Maintenant que selon son désir nous sommes loin des oreilles humaines, ne veut-il plus parler? alors, qu'il me le dise, je retournerai auprès de mes compagnons. »

L'Indien s'arrêta devant lui.

« Non, dit-il, que mon frère reste. L'heure est venue d'une explication entre nous. Mon frère aime l'OEil-de-Verre. »

Le chasseur regarda son interlocuteur d'un air narquois.

« A quoi bon cette question? demanda-t-il. Que j'aime ou n'aime pas celui qu'il lui plaît d'appeler OEil-de-Verre, cela, je suppose, doit lui être fort indifférent.

— Un chef ne perd pas son temps en vains discours, dit péremptoirement l'Indien, les paroles que souffle sa poitrine sont toujours simples et vont droit au but; que mon frère réponde donc aussi clairement que je l'interroge.

— Je ne vois pas grand inconvénient à le faire : oui, j'aime l'OEil-de-Verre, je l'aime non-seulement parce qu'il m'a sauvé la vie, mais encore parce que c'est une des plus loyales natures que j'aie jamais connues.

— Bon! dans quel but l'OEil-de-Verre parcourt-il la prairie, mon frère le sait sans doute?

— Ma foi non; je vous avoue, chef, que mon ignorance est complète à ce sujet. Seulement je suppose que fatigué de la vie des villes, il est venu ici sans autre but que celui de retremper son âme par les sublimes aspects de la nature et les grandioses mélodies du désert. »

L'Indien secoua la tête. Les idées métaphysiques et les tournures de phrases poétiques du chasseur étaient de l'hébreu pour lui, il ne comprenait pas.

« Natah-Otann est un chef, dit-il, il n'a pas la langue fourchue, les paroles que souffle sa poitrine sont claires comme le sang de ses veines. Pourquoi le chasseur ne lui parle-t-il pas sa langue?

— Je réponds à ce que vous me demandez, chef, et voilà tout. Croyez-vous donc que je me suis amusé à interroger mon ami sur ses intentions? elles ne me regardent pas, je ne me reconnais pas le droit de chercher dans le cœur d'un homme les motifs qui le font agir.

— Bon! Mon frère parle bien, sa tête est grise, son expérience est longue.

— Ceci est possible, chef; dans tous les cas, nous ne sommes pas assez amis, vous et moi, pour que nous nous confiions nos pensées sans restriction, je suppose; voilà plus d'une heure que vous me tenez là pour ne me rien dire, ainsi le mieux est de nous séparer.

— Pas encore.

— Pourquoi donc? Croyez-vous que je suis comme vous, moi, et qu'au lieu de dormir la nuit comme tout bon chrétien doit le faire, je m'amuse à courir la prairie comme un jaguar en quête d'une proie? »

L'Indien se mit à rire.

« Ooah! fit-il, mon frère est très-habile, rien ne lui échappe.

— Pardieu! il n'y a pas grande habileté à deviner ce que vous faites ici.

— Bon! que mon frère écoute alors.

— Je le veux bien, mais à la condition que vous mettrez de côté une fois pour toutes vos circonlocutions indiennes au milieu desquelles vous cachez si adroitement le fond de votre pensée.

— Mon frère ouvrira les oreilles, les paroles de son ami arriveront jusqu'à son cœur.

— Voyons, finissons-en.

— Puisque mon frère aime l'OEil-de-Verre, il lui dira de la part de Natah-Otann qu'un grand danger le menace.

— Ah! fit le Canadien en lançant un regard soupçonneux à son interlocuteur, et quel est ce danger?

— Je ne puis m'expliquer davantage.

— Fort bien, dit en ricanant Balle-Franche, le renseignement est bon, quoique pas très-explicite, et que faut-il que nous fassions pour conjurer ce grand danger qui nous menace?

— Mon frère réveillera son ami, ils monteront à cheval, et, aussi vite qu'ils pourront marcher, ils s'éloigneront et ne s'arrêteront qu'après avoir traversé le fleuve.

— Hum! et lorsque nous aurons fait cela, nous n'aurons plus rien à craindre?

— Plus rien.

— Voyez-vous cela? dit ironiquement le chasseur; et quand faut-il que nous partions?

— Tout de suite.

— De mieux en mieux! »

Balle-Franche fit quelques pas d'un air pensif, puis il revint se placer en face du chef dont les yeux brillaient dans l'ombre comme ceux d'un chat tigre, et qui suivait attentivement tous ses mouvements.

« Ainsi, reprit-il, vous ne pouvez pas me découvrir la raison qui nous oblige à partir?

— Non.
— Il vous est aussi impossible, n'est-ce pas, de me renseigner sur l'espèce de danger qui nous menace?
— Oui.
— C'est votre dernier mot? »
L'Indien baissa affirmativement la tête.
« Eh bien! puisqu'il en est ainsi, dit tout à coup Balle-Franche en frappant le sol de la crosse de son rifle, je vais vous le dire, moi.
— Vous?
— Oui, écoutez-moi bien, cela ne sera pas long et vous intéressera, je l'espère. »
Le chef sourit avec ironie.
« Mes oreilles sont ouvertes, dit-il.
— Tant mieux, car je vous les remplirai de nouvelles, qui peut-être ne vous plairont pas.
— J'écoute, répéta l'Indien impassible.
— Ainsi que vous me l'avez dit il y a un instant, et, entre parenthèses, cette confidence de votre part était inutile, car je vous connais de longue date, dans la prairie les Peaux-Rouges ont des regards d'aigle, ce sont des oiseaux de proie à la vue desquels rien n'échappe.
— Après.
— M'y voici; vos éclaireurs ont découvert, ce qui n'était pas difficile, la piste d'une famille d'émigrants; cette piste, vous la suivez depuis longtemps déjà, afin de ne pas manquer votre coup; supposant que le moment était arrivé d'en finir, vous vous êtes réunis, Comanches, Sioux et Pieds-Noirs, tous démons de même race, afin de donner cette nuit même l'assaut aux gens que, depuis tant de jours, vous espionnez et dont vous convoitez les richesses, que vous supposez grandes, n'est-ce pas cela? »
Le visage de Natah-Otann ne dénonça aucune émotion, il demeura impassible, bien qu'il fût intérieurement inquiet et furieux de se voir si bien deviné.
« Il y a du vrai dans ce que dit le chasseur, répondit-il froidement.
— Tout est vrai, s'écria Balle-Franche.
— Peut-être, mais je ne vois pas là dedans pour quelle raison je serais venu avertir mon frère.
— Ah! vous ne le voyez pas, qu'à cela ne tienne, je vous expliquerai tout. Vous êtes venu me trouver, parce que vous savez fort bien que l'OEil-de-Verre, ainsi que vous le nommez, n'est pas homme à laisser impunément commettre en sa présence le crime que vous méditez. »
Le Pied-Noir haussa les épaules.
« Un guerrier, si brave qu'il soit, peut-il tenir tête à cinq cents? dit-il.
— Non, certes, reprit Balle-Franche; mais il peut leur imposer par sa présence, user de son ascendant sur eux pour les obliger à renoncer à leurs projets, et c'est ce que fera sans doute l'OEil-de-Verre, pour des raisons que j'ignore. Tous vous avez pour lui un respect et une vénération incompréhensibles, et comme vous craignez au premier coup de feu de le voir arriver au milieu de vous, terrible comme l'ange exterminateur, vous cherchez à l'éloigner sous un prétexte peut-être plausible pour tout autre, mais qui, sur lui, ne produira pas d'autre effet que de l'engager, au contraire, à se mêler de cette affaire. Voyons, est-ce bien tout, vous ai-je complètement démasqué? Répondez.
— Mon frère sait tout, je le répète, sa sagesse est grande.
— Maintenant, vous n'avez rien à ajouter, n'est-ce pas? Eh bien, alors, bonsoir.
— Un instant.
— Encore?
— Il le faut.
— Voyons, terminons vite.
— Mon frère a parlé en son nom, et pas en celui de l'OEil-de-Verre; qu'il réveille son ami et lui communique notre conversation, peut-être s'est-il trompé.
— Je ne crois pas, chef, répondit le chasseur en secouant la tête.
— C'est possible, insista l'Indien, mais que mon frère fasse ce que je lui demande.
— Vous y tenez beaucoup, chef?
— Beaucoup.
— Je ne veux pas vous mécontenter pour si peu de chose, mais vous reconnaîtrez bientôt que j'ai raison.
— C'est possible; j'attendrai une demi-heure la réponse de mon frère.
— Très-bien; mais où faudra-t-il vous la porter!
— Nulle part, s'écria vivement l'Indien; si j'ai raison, mon frère imitera le cri de la pie à deux reprises; si je me suis trompé, ce sera celui de la chouette.
— Fort bien. C'est convenu; à bientôt, chef. »
L'Indien s'inclina avec grâce.
« Que le Wacondah soit avec mon frère, » dit-il.
Après s'être ainsi courtoisement salués, les deux hommes se séparèrent.
Le Canadien jeta insoucieusement son rifle sur l'épaule et reprit à grands pas le chemin de son campement, tandis que l'Indien le suivait attentivement des yeux, tout en restant insensible en apparence; mais aussitôt que le chasseur eut disparu, le chef s'allongea sur le sable, se glissa dans l'ombre comme un serpent et disparut à son tour dans les halliers, en suivant, bien qu'à une assez longue distance, la même direction que Balle-Franche.
Celui-ci ne se croyait pas suivi; il ne faisait donc nulle attention à ce qui se passait autour de lui, et il regagna son campement sans avoir rien remarqué d'extraordinaire.
Si le Canadien n'avait pas eu l'esprit préoccupé, et que sa vieille expérience n'eût pas été endormie pour un moment, certes il lui eût été facile de reconnaître, avec cette pénétration qui le distinguait, que le désert ne jouissait pas de sa tranquillité ordinaire; il aurait senti des bruissements insolites dans les feuilles, et peut-être aurait-il aperçu des yeux briller dans l'ombre des hautes herbes.
Il arriva bientôt au campement; le comte et Ivon dormaient profondément.

Balle-Franche hésita quelques secondes à réveiller le jeune homme dont le sommeil était si paisible; cependant, réfléchissant que la moindre imprudence pouvait avoir des conséquences terribles, dont il était impossible de calculer les suites, il se pencha vers lui et le toucha légèrement à l'épaule.

Quelque faible qu'eût été cet attouchement, il suffit pour réveiller le comte.

Il ouvrit les yeux, se leva sur son séant, et regardant le vieux chasseur :

« Est-ce qu'il y a du nouveau, Balle-Franche ? lui demanda-t-il.

— Oui, monsieur le comte, répondit sérieusement le Canadien.

— Oh! oh! comme vous êtes lugubre, mon ami, fit le jeune homme en riant; que se passe-t-il donc?

— Rien encore; mais peut-être bientôt aurons-nous maille à partir avec les Peaux-Rouges.

— Tant mieux, cela nous échauffera, car il fait un froid de loup, répondit-il en grelottant; mais comment le savez-vous?

— Pendant votre sommeil j'ai reçu une visite.

— Ah!

— Oui.

— Et quelle est la personne qui a choisi ce moment assez mal trouvé pour vous rendre cette visite?

— Le sachem des Pieds-Noirs.

— Natah-Otann?

— Lui-même.

— Ah çà, mais il est donc somnambule pour s'amuser à se promener ainsi la nuit dans le désert?

— Il ne se promène pas, il guette.

— Oh! je m'en doute; ne me laissez pas plus longtemps en suspens; racontez-moi ce qui s'est passé entre vous. Natah-Otann n'est pas homme à se déranger sans avoir de fortes raisons pour cela, et je brûle de les connaître.

— Vous allez en juger. »

Sans autre préliminaire, le chasseur raconta dans les plus grands détails la conversation qu'il avait eue avec le chef.

« Hum! c'est sérieux cela, dit le comte, lorsque Balle-Franche eut terminé son récit. Ce Natah-Otann est un ténébreux coquin dont vous avez percé à jour les intentions; vous avez parfaitement fait de lui répondre catégoriquement. Pour qui ce drôle me prend-il? Se figure-t-il, par hasard, que je lui servirai de complice? Qu'il s'avise d'attaquer les pauvres diables d'émigrants qui sont là-bas, et vive Dieu! je vous jure, Balle-Franche, qu'il y aura du sang de répandu entre nous si vous m'aidez.

— En doutez-vous?

— Non, mon ami, je vous remercie; avec vous et mon poltron d'Ivon nous suffirons pour les mettre en fuite.

— Monsieur le comte m'appelle, dit le Breton en relevant la tête.

— Non, non, Ivon, mon ami; je dis seulement que bientôt il faudra nous battre. »

Le Breton poussa un soupir et murmura en se recouchant :

« Ah! si j'avais autant de courage que de bonne volonté, monsieur le comte; mais hélas! vous le savez, je suis un insigne poltron, et je vous serai plutôt nuisible qu'utile.

— Vous ferez ce que vous pourrez, mon ami, cela suffira. »

Ivon soupira sans répondre. Balle-Franche avait écouté en riant ce colloque. Le Breton avait toujours le privilège de l'étonner, il ne comprenait rien à cette singulière organisation.

Le comte se retourna vers lui.

« Ainsi, c'est convenu? dit-il.

— Convenu, répondit le chasseur.

— Alors donnez le signal, mon ami.

— La chouette, n'est-ce pas?

— Pardieu! » fit le comte.

Balle-Franche approcha ses doigts de sa bouche, et, ainsi que cela avait été arrêté avec Natah-Otann, il imita à deux reprises le cri de la chouette avec une perfection rare.

À peine le second cri avait-il fini de retentir qu'un grand bruit s'opéra dans les broussailles, et avant que les trois hommes eussent le temps de se mettre en défense, une vingtaine d'Indiens s'élancèrent brusquement sur eux, les désarmèrent en un clin d'œil et les réduisirent à la plus complète impossibilité de résister.

Le comte de Beaulieu haussa les épaules, s'appuya contre un arbre, et plaçant son lorgnon sur son œil :

« C'est fort drôle, dit-il.

— Pas tant que cela, » murmura Ivon à part lui.

Parmi ces Indiens, qu'il était facile de reconnaître pour des Pieds-Noirs, se trouvait Natah-Otann.

Après avoir fait disparaître les armes des blancs, afin qu'ils ne pussent à leur tour s'en rendre maîtres par surprise, il s'avança vers le chasseur.

« J'avais averti la Balle-Franche, » dit-il.

Le chasseur sourit avec mépris.

« Vous m'aviez averti à la mode des Peaux-Rouges, répondit-il.

— Que veut dire mon frère?

— Je veux dire que vous m'avez averti qu'un danger nous menaçait, et non pas que vous méditiez une trahison.

— C'est la même chose, dit impassiblement l'Indien.

— Balle-Franche, mon ami, ne discutez donc pas avec ces drôles, » fit le comte.

Et se tournant avec hauteur vers le chef :

« En somme, que nous voulez-vous? demanda-t-il.

Depuis son arrivée dans la prairie, en contact perpétuel avec les Indiens, le comte avait presque, sans s'en apercevoir, appris leur langue qu'il parlait assez couramment.

« Nous ne voulons vous faire aucun mal; seulement nous prétendons vous empêcher de vous mêler de nos affaires, répondit respectueusement Natah-

Otann ; nous serions désespérés d'être obligés d'avoir recours à des moyens violents. »

Le jeune homme se mit à rire.

« Vous êtes des imbéciles. Je saurai vous échapper malgré vous.

— Que mon frère essaye.

— Lorsque le moment sera arrivé ; quant à présent, ce n'est pas la peine. »

Tout en parlant de ce ton léger, le jeune homme sortit son étui de sa poche, choisit un cigare, et prenant une allumette chimique dans sa boîte, il se baissa et la frotta contre une pierre.

Les Indiens, fort intrigués de savoir ce qu'il faisait, suivaient ses mouvements avec anxiété.

Tout à coup ils poussèrent un cri de terreur et reculèrent brusquement de plusieurs pas.

L'allumette avait pris feu au frottement ; une charmante flamme bleue se balançait à son extrémité. Le comte faisait nonchalamment tourner le léger morceau de bois entre ses doigts, en attendant que tout le soufre fût consumé.

Il ne remarqua pas la terreur des Indiens.

Ceux-ci, par un mouvement aussi prompt que la pensée, se baissèrent, et ramassant chacun le premier morceau de bois qu'il rencontra à ses pieds, ils commencèrent tous à frotter ces morceaux de bois contre les pierres.

Le comte, étonné, les regarda, ne comprenant pas encore ce qu'ils faisaient.

Natah-Otann sembla hésiter un instant ; un sourire d'une expression étrange passa rapide comme l'éclair sur ses traits sombres ; mais reprenant presque aussitôt sa froide impassibilité, il fit un pas en avant, et s'inclinant respectueusement devant le comte :

« Mon père dispose du feu du soleil, » lui dit-il avec toute l'apparence d'une crainte mystérieuse en lui montrant l'allumette.

Le jeune homme sourit ; il avait tout deviné.

« Qui de vous, dit-il avec hauteur, oserait lutter avec moi ? »

Les Indiens se regardèrent interdits.

Ces hommes si intrépides, habitués à braver les dangers les plus terribles, étaient vaincus par ce pouvoir incompréhensible que possédait leur prisonnier.

Comme tout en causant avec le chef, le comte n'avait pas surveillé son allumette, celle-ci s'était consumée sans qu'il pût s'en servir ; il la jeta.

Les Indiens se précipitèrent dessus, afin de s'assurer que la flamme était bien réelle.

Sans paraître attacher d'importance à cette action, le comte choisit une seconde allumette dans sa boîte et renouvela son expérience.

Son triomphe fut complet.

Les Peaux-Rouges, terrifiés, tombèrent à genoux en le suppliant de leur pardonner. Désormais il pouvait tout oser. Ces natures primitives, atterrées à la vue des deux miracles qu'ils lui avaient vu faire, le considéraient comme un être supérieur à eux et lui étaient complétement acquis.

Balle-Franche riait dans sa barbe de la simplicité des Indiens.

Le jeune homme profita habilement de son triomphe.

« Vous voyez ce que je puis, dit-il.

— Nous le voyons, répondit Natah-Otann.

— Quand voulez-vous attaquer les émigrants ?

— Lorsque la lune sera couchée, les guerriers de notre tribu donneront l'assaut à leur camp.

— Et vous ?

— Nous devions garder notre frère.

— Croyez-vous encore que cela soit possible ? » demanda fièrement le jeune homme.

Les Peaux-Rouges frissonnèrent sous l'éclat de son regard.

« Notre frère nous pardonnera, répondit le chef, nous ne le connaissions encore qu'imparfaitement.

— Et maintenant ?

— Maintenant, nous savons qu'il est notre maître ; qu'il commande, nous obéirons.

— Prenez garde, dit-il d'un ton qui les fit frissonner, car je vais mettre votre obéissance à une rude épreuve.

— Nos oreilles sont ouvertes pour recueillir les paroles de notre frère.

— Approchez-vous. »

Les Pieds-Noirs firent quelques pas en hésitant, ils n'étaient pas encore complétement rassurés.

« Et maintenant, écoutez-moi attentivement, dit-il, et lorsque vous aurez reçu mes ordres, prenez garde à bien les exécuter. »

V

L'INCONNUE.

Nous sommes contraints maintenant de retourner au camp des Américains.

Ainsi que nous l'avons dit, John Bright et son fils veillaient à la garde du camp.

Le pionnier n'était pas tranquille.

Bien que ne possédant pas encore toute l'expérience qu'exige la vie du désert, malgré cela les quatre mois qui venaient de s'écouler en marches pénibles et en alertes continuelles, lui avaient donné une certaine habitude de vigilance qui, dans les circonstances où il se trouvait, pouvait lui être fort utile, non pas pour prévoir une attaque, mais au moins pour la repousser.

Du reste, la situation de son camp était excellente, d'autant mieux choisie que de l'endroit où il avait planté sa tente, il dominait la prairie à une grande distance et pouvait facilement surveiller l'approche de l'ennemi.

Le père et le fils s'étaient couchés auprès du feu, se levant de temps en temps l'un après l'autre pour aller jeter un coup d'œil sur le désert et s'assurer que rien ne menaçait leur tranquillité.

John Bright veillait à la garde du camp. (Page 23, col. 2.)

John Bright était un homme doué d'une volonté de fer, d'un courage de lion; jusque-là ses combinaisons n'avaient pas réussi, et il avait juré, coûte que coûte, de se faire une position honorable.

Il descendait d'une vieille famille de squatters.

Le squatter est une individualité particulière de l'Amérique et que l'on chercherait vainement autre part.

Disons en quelques mots ce que c'est.

Sur les terres appartenant aux États-Unis, qui n'ont encore été ni arpentées ni mises en vente, se trouvent des corps nombreux de population qui les ont occupées avec le désir de les acquérir le jour de la vente.

Ces habitants sont appelés *squatters*.

Nous ne voulons pas dire qu'ils forment l'élite des émigrants de l'ouest, nous savons cependant que, dans certains endroits, ils se sont constitués en gouvernement régulier et ont élu des magistrats pour veiller à l'exécution des lois draconiennes qu'eux-mêmes ont élaborées pour assurer la tranquillité des territoires qu'ils ont envahis.

Mais à côté de ces squatters quasi-honnêtes, et qui courbent tant bien que mal leur tête sous un frein souvent bien dur, il existe une autre classe de squatters qui comprennent la possession de la terre dans son sens le plus large, c'est-à-dire que lorsque, ce qui arrive souvent, dans leurs pérégrinations vagabondes le hasard les fait rencontrer un terrain en friche qui soit à leur convenance, ils s'y installent sans plus ample information, s'y établissent sans plus se soucier du propriétaire que s'il n'existait pas, et quand

Elle se tenait accroupie devant le feu. (Page 27, col. 2.)

celui-ci arrive avec ses engagés pour travailler sa terre et la mettre en rapport, il est tout étonné de la trouver aux mains d'un individu qui, s'appuyant sur cet axiome élastique que possession vaut titre, refuse de la lui rendre, et qui, s'il insiste, le chasse à coups de rifle et de revolver, cette *ultima ratio* des pionniers.

Nous connaissons une bonne histoire d'un gentleman qui, parti de New-York avec deux cents engagés pour défricher une forêt vierge dont il avait fait l'acquisition quelque dix ans auparavant, et dont il n'avait jamais songé à tirer parti jusque-là, trouva, lorsqu'il fut arrivé sur sa concession, une ville entière de quatre mille âmes, bâtie sur l'emplacement de sa forêt vierge, dont il ne restait plus un arbre. Après maints pourparlers et discussions sans nombre, ledit gentleman s'estima fort heureux de pouvoir s'en aller sain et sauf et sans payer de dommages-intérêts à ses spoliateurs qu'il s'était pendant un instant bercé de l'espoir de déposséder.

Mais on ne dépossède pas plus un squatter qu'on ne parvient à faire lâcher à un Yankee le dollar sur lequel il a une fois mis la main.

Nous citons cet exemple entre dix mille plus étranges encore que celui-là.

John Bright appartenait à la première des deux classes que nous venons de décrire. Lorsqu'il avait atteint vingt ans, son père lui avait remis une hache, un rifle avec vingt charges de poudre et une *bowie-knife* en lui disant :

« Écoute, garçon, maintenant te voilà grand et fort ; il serait honteux pour toi de rester plus longtemps à ma charge. J'ai tes six frères à nourrir, l'Amérique est grande, le terrain ne manque pas ; va avec Dieu, et que je n'entende plus parler de toi. Avec les armes que je te donne et l'éducation que tu as reçue, si tu le veux, ta fortune sera bientôt faite ; surtout évite les contestations désagréables, et tâche de ne pas te faire pendre. »

Après cette belle allocution, le père avait embrassé tendrement son fils, l'avait mis dehors par les épaules et lui avait fermé la porte au nez.

Depuis cette époque John Bright n'avait plus entendu parler de son père ; il est juste d'ajouter que le digne garçon n'avait jamais cherché à avoir de ses nouvelles.

Pour lui la vie avait été rude dans les commencements ; mais, grâce à son caractère et à une certaine élasticité de principes, seul héritage que lui eût donné sa famille, il était parvenu tant bien que mal à vivre et à élever ses enfants sans trop souffrir lui-même.

Seulement est-ce en raison de l'isolement dans lequel il avait passé sa jeunesse, est-ce pour toute autre cause que nous ignorons, John Bright adorait sa femme et ses enfants, et sous aucun prétexte n'aurait consenti à se séparer d'eux.

Lorsque la fatalité l'avait obligé à partir du territoire qu'il occupait et à en chercher un autre, il s'était mis gaiement en route, soutenu par l'amour de sa famille, dont aucun des membres n'était ingrat pour les sacrifices qu'il s'imposait, et il avait résolu d'aller si loin cette fois que personne ne viendrait jamais le déposséder : car, avouons-le, il avait été obligé de céder la place au légitime propriétaire ; ce qu'il avait fait sur la simple exhibition des actes de propriété, sans songer un instant à résister, conduite qui avait été fort blâmée par tous ses voisins.

John Bright voulait voir sa famille heureuse. Il veillait sur elle avec la tendresse jalouse d'une poule pour ses poussins.

Aussi ce soir-là une inquiétude extrême le dévorait sans qu'il pût en expliquer la cause ; la disparition des Indiens ne lui semblait pas naturelle : autour de lui tout paraissait trop calme, le silence du désert lui semblait trop profond ; il ne pouvait demeurer en place, et, malgré les observations de son fils, qui l'engageait à prendre du repos, à chaque instant il se levait pour aller jeter un regard par-dessus les retranchements.

William avait pour son père une tendresse extrême, mêlée de respect. L'état dans lequel il·le voyait le chagrinait d'autant plus que rien ne venait en apparence autoriser cette inquiétude extraordinaire.

« Mon Dieu! père, lui dit-il, ne vous tourmentez donc pas ainsi ; vous faites réellement peine à voir : supposez-vous donc les Indiens assez fous pour venir nous attaquer par un clair de lune comme celui-ci ? Voyez ! on distingue les objets comme en plein jour ; si nous le voulions, je suis certain que nous pourrions lire même la Bible à ses rayons argentés.

— Vous avez raison pour le moment présent, William, mon fils, les Peaux-Rouges sont trop fins pour venir ainsi affronter nos rifles pendant le clair de lune ; mais dans une heure la lune sera couchée, alors les ténèbres les protégeront suffisamment pour qu'ils puissent arriver jusqu'au pied des barricades sans être découverts.

— Bah ! ne croyez pas qu'ils l'essayent, cher père ! Depuis qu'ils nous espionnent, ces diables rouges nous ont vus d'assez près pour savoir qu'avec nous ils n'ont à récolter que des coups.

— Hum ! je ne suis pas de votre avis : nos bestiaux seraient pour eux une richesse ; je ne me soucie pas de les leur abandonner, d'autant plus, que nous serions obligés de retourner aux plantations pour nous en procurer d'autres, ce qui serait, avouez-le, fort désagréable pour nous.

— C'est vrai ; mais nous n'en serons pas réduits à cette extrémité.

— Dieu le veuille ! mon fils ; mais n'avez-vous rien entendu ? »

Le jeune homme prêta attentivement l'oreille.

« Non, » dit-il au bout d'un instant.

L'émigrant soupira.

« J'ai visité les bords de la rivière ce soir, dit-il, j'ai rarement vu une position plus favorable pour un établissement. La forêt vierge, qui s'étend derrière nous, nous fournirait un bois de chauffage excellent, sans compter les magnifiques planches que l'on en tirerait ; il y a là aux environs plusieurs centaines d'acres de terre qui, par leur proximité de l'eau, seraient, j'en suis convaincu, d'un excellent rapport.

— Seriez-vous donc dans l'intention de vous fixer ici, mon père ?

— Auriez-vous quelque répugnance à y rester, dites-le moi ?

— Moi ! aucunement ; pourvu que nous puissions vivre et travailler ensemble, peu m'importe l'endroit où nous nous arrêterons. Ce lieu me semble tout aussi bon qu'un autre, d'autant plus qu'il est assez éloigné des plantations pour que nous ne craignions pas d'en être dépossédés, du moins d'ici à longues années.

— C'est aussi ce que je suppose. »

En ce moment un léger frémissement parcourut les hautes herbes.

« Pour cette fois je suis convaincu que je ne me trompe pas, s'écria l'émigrant. J'ai entendu quelque chose.

— Et moi aussi, » dit le jeune homme en se levant vivement et en saisissant son rifle.

Les deux hommes s'élancèrent du côté des retranchements.

Ils n'aperçurent rien de suspect.

La prairie était toujours aussi calme.

« C'est quelque bête fauve qui va à l'abreuvoir ou qui en revient, dit William pour rassurer son père.

— Non, non, répondit celui-ci en hochant la

tête, ce n'est pas le bruit que fait un animal quelconque ; c'est l'écho du pas d'un homme, j'en suis sûr.

— Le plus simple est d'aller voir.

— Allons. »

Les deux hommes escaladèrent résolûment les retranchements, et, se tournant le dos, ils firent, le canon du rifle en avant, le tour du camp, fouillant avec soin les buissons et s'assurant qu'ils ne recélaient aucun ennemi.

« Eh bien ? s'écrièrent-ils en même temps, lorsqu'ils se rencontrèrent.

— Rien, et vous ?

— Rien.

— C'est étrange ! murmura John Bright, le bruit était pourtant assez distinct.

— C'est vrai ; mais je vous répète, père, que ce n'était pas autre chose qu'un animal qui a bondi aux environs. Par une nuit aussi calme que celle-ci, le moindre bruit s'entend à une grande distance ; du reste, nous sommes bien certains à présent que personne ne se tient caché auprès de nous.

— Rentrons, » dit l'émigrant tout pensif.

Ils se mirent en devoir d'escalader les retranchements du camp ; mais tous deux s'arrêtèrent soudain comme d'un commun accord en retenant avec peine un cri d'étonnement, presque d'effroi.

Ils venaient d'apercevoir un être humain, dont à cette distance il était impossible de distinguer nettement les contours ; cet être était accroupi devant le feu.

« Pour cette fois, j'en aurai le cœur net, s'écria l'émigrant en s'élançant d'un bond prodigieux dans le camp.

— Moi aussi ! » murmura son fils en imitant son exemple.

Mais lorsqu'ils furent en face de leur étrange visiteur, leur étonnement redoubla.

Malgré eux ils s'arrêtèrent à l'examiner avec curiosité, sans songer d'abord à l'interroger ni à lui demander comment il s'était introduit dans leur camp, et de quel droit il l'avait fait.

Autant qu'on pouvait le supposer, l'être extraordinaire qu'ils avaient devant eux était une femme ; mais les années, le genre de vie qu'elle menait, et peut-être les chagrins, avaient sillonné son visage d'un tel réseau de rides croisées et enchevêtrées les unes dans les autres, qu'il était impossible de lui appliquer un âge quelconque ni de savoir si elle avait été belle jadis.

Ses grands yeux noirs, surmontés d'épais sourcils qui se croisaient au-dessus de la naissance de son nez recourbé, profondément enfoncés sous l'orbite, brillaient d'un feu sombre ; ses pommettes saillantes et violacées, sa bouche large garnie de dents éblouissantes et bordée de lèvres minces, son menton carré, lui donnaient au premier abord un aspect qui était loin d'éveiller la sympathie et d'appeler la confiance. De longs cheveux noirs pailletés de feuilles et de brins d'herbe tombaient en désordre sur ses épaules.

Elle portait un costume qui aurait aussi bien convenu à un homme qu'à une femme. Il se composait d'une longue robe en cuir de bison, à manches ouvertes, serrée aux hanches par une ceinture garnie de verroteries. Cette robe, cousue avec des cheveux attachés de distance en distance, avait le bas frangé de plumes et bizarrement découpé ; elle ne descendait que jusqu'aux genoux. Ses *mitasses*, ou culottes, étaient serrées aux chevilles et montaient un peu au-dessus du genou, où elles étaient retenues par des jarretières de cuir de bison. Ses *humpès*, ou souliers, étaient unis et sans ornements.

Elle avait des anneaux de fer aux poignets, deux ou trois colliers de grains de verre au cou et des pendants d'oreille.

A sa ceinture pendaient d'un côté une poire à poudre, une hache et un bowie-knife, de l'autre un sac à balles et une longue pipe indienne. Elle avait jeté en travers sur ses genoux un assez beau fusil de fabrique anglaise.

Elle se tenait accroupie devant le feu, qu'elle regardait fixement, le menton dans la paume de la main.

A l'arrivée des Américains elle ne se dérangea même pas, et sembla ne pas s'être aperçue de leur présence.

Après l'avoir examinée attentivement pendant assez longtemps, John Bright s'approcha d'elle, et lui touchant légèrement l'épaule :

« Soyez la bienvenue, femme, lui dit-il ; il paraît que vous avez froid et que le feu ne vous déplaît pas ? »

Elle releva lentement la tête en se sentant touchée, et, fixant sur son interlocuteur un regard sombre dans lequel il était facile de distinguer un peu d'égarement, elle répondit en anglais d'une voix creuse avec un accent guttural :

« Les visages pâles sont fous ; ils se croient toujours dans leurs villes ; ils ne pensent jamais que dans la prairie les arbres ont des oreilles et les feuilles ont des yeux pour voir et entendre tout ce qui se dit et se fait. Les Indiens Pieds-Noirs enlèvent fort adroitement la chevelure. »

Les deux hommes se regardèrent à ces paroles, dont ils redoutaient de deviner le sens, bien qu'elles parussent assez obscures.

« Avez-vous faim ? voulez-vous manger ? reprit John Bright, ou bien est-ce la soif qui vous presse ? Je puis, si vous le désirez, vous donner un bon coup d'eau de feu pour réchauffer votre corps. »

La femme fronça les sourcils.

« L'eau de feu est bonne pour les squaws indiennes, dit-elle. A quoi me servirait-il d'en boire ? d'autres viendront qui l'auront bientôt épuisée. Savez-vous combien d'heures vous avez encore à vivre ? »

L'émigrant tressaillit malgré lui à cette espèce de menace.

« Pourquoi me parler ainsi ? répondit-il. Avez-vous à vous plaindre de moi ?

— Peu m'importe, reprit-elle ; je ne suis pas du nombre des vivants, moi, puisque mon cœur est mort ! »

Elle tourna la tête dans tous les sens par un mouvement lent et solennel en examinant le paysage avec soin.

« Tenez, continua-t-elle en désignant de son bras décharné un tertre de gazon peu éloigné, c'est là qu'il est tombé, c'est là qu'il repose. Sa tête avait été fendue en deux par un coup de hache pendant son sommeil.... pauvre James!... Cet endroit est un lieu mauvais; ne le savez-vous pas? Les vautours et les corbeaux s'y reposent seuls à de longs intervalles. Pourquoi donc êtes-vous venus ici? êtes-vous fatigués de vivre?... Les entendez-vous? ils approchent; bientôt ils seront ici. »

Le père et le fils échangèrent un regard.

« Elle est folle! Pauvre créature! murmura John Bright.

— Oui, voilà ce qu'ils disent tous dans la prairie, s'écria-t-elle avec une certaine animation dans la voix. Ils m'ont appelée *Ohmahanck-Chiké* (la vilaine de la terre) comme leur mauvais génie et ils me craignent. Vous aussi vous me croyez folle, n'est-ce pas? Ah! ah! ah!... »

Elle éclata d'un rire strident qui se termina par un sanglot; elle cacha sa tête dans ses mains et pleura.

Les deux hommes se sentaient émus malgré eux.

Cette douleur étrange, ces paroles incohérentes, tout éveillait leur intérêt en faveur de cette pauvre créature qui semblait si malheureuse. La pitié se faisait jour dans leurs cœurs; ils la considéraient silencieusement sans oser la troubler.

Au bout de quelques instants elle releva la tête, passa le revers de sa main droite sur ses yeux pour les sécher et reprit la parole. L'expression égarée de son regard avait disparu; le son de sa voix lui-même n'était plus le même; enfin, comme par enchantement, le plus complet changement s'était opéré dans sa personne.

« Pardonnez-moi, dit-elle tristement, les paroles extravagantes que j'ai pu prononcer. La solitude dans laquelle je vis, les chagrins dont le lourd fardeau m'accable depuis si longtemps, troublent parfois ma raison; et puis le lieu où nous sommes me rappelle des scènes terribles dont le souvenir cruel ne sortira jamais de ma mémoire.

— Madame, je vous assure.... balbutia John Bright sans savoir ce qu'il disait, tant sa surprise était grande.

— Maintenant l'accès est passé, interrompit-elle avec un sourire doux et mélancolique qui donnait à sa physionomie une expression tout autre que celle que les Américains avaient remarquée jusqu'alors. Voilà deux jours que je vous suis afin de vous venir en aide; les Peaux-Rouges se préparent à vous attaquer. »

Les deux hommes tressaillirent; et, oubliant tout pour ne songer qu'au danger pressant, ils jetèrent un regard inquiet autour d'eux.

« Vous le savez? s'écria John Bright.

— Je sais tout, répondit-elle; mais rassurez-vous, vous avez encore deux heures avant que d'entendre résonner à vos oreilles leur horrible cri de guerre;

c'est plus qu'il ne vous en faut pour vous mettre en sûreté.

— Oh! nous avons de bons rifles et un coup d'œil sûr, dit William en serrant son arme dans ses mains nerveuses.

— Que peuvent faire quatre rifles, si bons qu'ils soient, contre deux ou trois cents tigres altérés de sang comme ceux contre lesquels vous aurez à combattre? Vous ne connaissez pas les Peaux-Rouges, jeune homme.

— C'est vrai, murmura-t-il, mais que faire? dites-le vous-même.

— Où se réfugier, où trouver du secours dans ces immenses solitudes? ajouta John Bright en jetant un regard désolé autour de lui.

— Ne vous ai-je pas dit que je voulais vous venir en aide? reprit-elle vivement.

— Oui, madame, vous nous l'avez dit, mais je cherche vainement de quel secours vous pouvez nous être? »

Elle sourit avec mélancolie.

« C'est votre bon ange qui vous a amenés dans l'endroit où vous êtes. Pendant que je vous suivais des yeux aujourd'hui, j'ai tremblé que vous ne campiez pas ici. Venez! »

Les deux hommes, subjugués par l'ascendant que cette créature bizarre avait en quelques instants pris sur eux, la suivirent sans répliquer.

Après avoir fait tout au plus une dizaine de pas, elle s'arrêta et se retourna vers eux :

« Regardez, leur dit-elle en étendant son bras décharné dans la direction du nord-ouest; là, à deux lieues à peine, couchés dans les hautes herbes, se trouvent vos ennemis. J'ai entendu leurs projets, j'ai pris part sans qu'ils soupçonnassent ma présence à leurs conseils. Ils n'attendent pour vous attaquer que le coucher de la lune. Il vous reste à peine une heure.

— Ma pauvre femme, murmura John Bright.

— Il m'est impossible de vous sauver tous, le tenter serait une folie; mais je puis, si vous le voulez, essayer de soustraire votre femme et votre fille au sort qui les menace.

— Parlez! parlez!

— Cet arbre, au pied duquel nous nous tenons, bien qu'ayant en apparence toute la sève de la jeunesse, est intérieurement rongé, de sorte que l'écorce seule le tient debout. Votre femme et votre fille, munies de quelques provisions, descendront dans l'intérieur de cet arbre, elles attendront là en sûreté que le danger soit passé. Quant à vous....

— Quant à nous, qu'importe, interrompit vivement John Bright, nous sommes des hommes habitués aux périls, notre sort est entre les mains de Dieu.

— Bien, mais ne vous désespérez pas, tout n'est pas perdu encore. »

L'Américain secoua la tête.

« Vous l'avez dit vous-même, madame, que peuvent quatre hommes résolus contre une légion de démons comme ceux qui nous menacent! Mais il ne s'agit pas de cela en ce moment; je ne vois pas le trou par lequel ma femme et ma fille pourront s'introduire dans l'arbre.

— Il est à vingt ou vingt-cinq pieds de hauteur, caché dans les branches et le feuillage.

— Dieu soit loué! elles seront à l'abri.

— Oui, mais hâtez-vous de les prévenir, tandis que votre fils et moi nous préparerons tout. »

John Bright, convaincu de la nécessité de se presser, s'éloigna en courant.

L'inconnue et William construisirent alors avec cette dextérité que donne seule l'approche d'un grand danger, une espèce d'échelle assez commode qui devait servir aux deux femmes, non-seulement pour monter sur l'arbre, mais encore pour descendre dans l'intérieur.

John Bright avait éveillé sa femme et sa fille, appelé ses serviteurs; en quelques mots il avait mis tout son monde au fait de ce qui se passait; puis chargeant les deux femmes de provisions de bouche, de fourrures et d'objets indispensables, il les conduisait à l'endroit où l'inconnue les attendait.

« Voilà ce que je possède de plus précieux, dit John Bright; si je le sauve, c'est à vous seule que je le devrai! »

Les deux dames voulurent remercier leur mystérieuse protectrice.

Mais celle-ci leur imposa silence par un geste brusque et péremptoire.

« Plus tard, plus tard, dit-elle : si nous échappons, nous aurons tout le temps nécessaire pour nous congratuler réciproquement; mais dans ce moment, nous avons autre chose de plus important à faire que de nous adresser des compliments : il s'agit de se mettre en sûreté. »

Les deux femmes reculèrent toutes froissées de cet accueil brutal, en jetant un regard curieux et presque effrayé sur cette créature étrange.

Mais celle-ci, toujours impassible, ne sembla s'apercevoir de rien; elle expliqua, en quelques paroles nettes et brèves, le moyen qu'elle avait trouvé pour les soustraire aux regards, leur recommanda de rester silencieuses dans le creux de l'arbre, où du reste elles ne seraient pas trop à l'étroit et pourraient marcher, puis elle leur ordonna de monter.

L'inconnue exerçait, à son insu peut-être, un tel ascendant sur ceux qui l'approchaient, les émigrants reconnaissaient si bien la nécessité d'une prompte obéissance, que les deux femmes, après avoir embrassé John Bright et son fils, commencèrent à monter résolûment les échelons de l'échelle improvisée.

Elles arrivèrent en quelques secondes à une énorme branche, sur laquelle, suivant l'avis de l'inconnue qui les avait suivies, elles s'arrêtèrent un instant.

John Bright jeta alors dans l'intérieur de l'arbre, par le trou qui, de cette hauteur, était parfaitement visible, puisqu'il se trouvait à deux pieds à peine au-dessus de la branche, les fourrures et les vivres qui avaient été apportés.

Puis l'échelle fut placée et les deux femmes se glissèrent par le trou.

« Nous vous laissons l'échelle qui nous est inutile, dit alors l'inconnue, mais prenez bien garde de ne pas sortir sans m'avoir revue; la moindre imprudence dans cette circonstance pourrait vous coûter la vie. Du reste, rassurez-vous, votre emprisonnement ne sera pas long, il durera à peine quelques heures; maintenant bon courage. ».

Les femmes voulurent encore une fois lui exprimer leur reconnaissance; mais, sans rien écouter, elle fit signe à John Bright de la suivre et descendit rapidement de l'arbre.

Aidée par les Américains, elle se hâta de faire disparaître les traces qui auraient dénoncé le passage des deux femmes.

Lorsque l'inconnue se fut assurée par un dernier regard que tout était en ordre et que rien ne viendrait trahir celles qui étaient cachées si miraculeusement, elle poussa un long soupir, et suivie des deux hommes, elle alla se placer aux retranchements.

« Maintenant, dit-elle, veillons attentivement autour de nous, car ces démons rampent probablement dans l'ombre à quelques pas; vous êtes de francs et loyaux Américains; montrez à ces Indiens maudits ce que vous savez faire.

— Qu'ils viennent, murmura sourdement John Bright.

— Ils ne tarderont pas, » reprit-elle, et elle désigna du doigt plusieurs points noirs presque imperceptibles, mais qui grossissaient et semblaient se rapprocher du camp à vue d'œil.

VI

LA DÉFENSE DU CAMP.

Les Peaux-Rouges ont une façon de se battre qui déconcerte tous les moyens employés par la tactique européenne.

Pour bien comprendre leur système, il faut d'abord bien savoir ceci, c'est que les Indiens ne placent point le point d'honneur là où nous le mettons.

Ceci bien entendu, le reste est bien facile à admettre.

Nous nous expliquons.

Les Indiens, lorsqu'ils entreprennent une expédition, n'ont qu'un but, le succès.

Pour eux, tout se résume là. Tous les moyens sont bons pour l'atteindre.

Doués d'un courage incontestable, téméraire parfois jusqu'à l'excès, ne s'arrêtant devant rien, ne se rebutant devant aucune difficulté; malgré cela, lorsque le succès de leur expédition leur semble compromis, que par conséquent le but est manqué, ils reculent aussi facilement qu'ils s'étaient avancés d'abord, ne trouvant nullement leur honneur compromis de battre en retraite et d'abandonner le champ de bataille à un ennemi plus fort qu'eux, ou se tenant bien sur ses gardes.

Aussi leur système de guerre est-il des plus simples.

Ils ne procèdent que par surprises.

Les Peaux-Rouges suivront des mois entiers leur ennemi à la piste, avec une patience que rien n'égale, sans se relâcher un seul instant de leur surveillance, l'épiant de nuit et de jour, tout en ayant soin de ne pas se laisser surprendre eux-mêmes; puis, lorsque l'occasion se présente enfin, qu'ils croient le moment arrivé de mettre à exécution le projet dont ils ont depuis longtemps calculé toutes les chances pour et contre, ils agissent avec une vigueur et une *furia* qui déconcertent fort souvent ceux qu'ils attaquent; mais, si après le premier choc ils sont repoussés, s'ils reconnaissent que ceux auxquels ils ont affaire ne se sont pas laissé intimider et sont en mesure de leur résister, alors, à un signal donné, ils disparaissent comme par enchantement et recommencent sans honte à épier le moment d'être plus heureux.

John Bright, d'après les conseils de l'inconnue, s'était placé avec ses domestiques et son fils de façon à pouvoir surveiller attentivement la prairie de tous les côtés.

L'inconnue et lui s'étaient embusqués à l'angle qui regardait le fleuve, et attendaient appuyés sur leur rifle.

John Bright ne put résister plus longtemps à son impatience, sans prononcer une parole, il abandonna son poste, sauta sur son mustang et le lança droit devant lui.

La prairie présentait en ce moment un aspect singulier.

La brise qui, au coucher du soleil, s'était levée avec une certaine force, mourait doucement en courbant à peine les cimes touffues des grands arbres.

La lune, presque éclipsée, ne répandait sur le paysage qu'une lueur incertaine et tremblotante qui, au lieu de dissiper les ténèbres, les rendait, pour ainsi dire, visibles par les contrastes frappants de l'obscurité et des rayons pâles et fugitifs de l'astre sur son déclin.

Parfois, un rauquement sourd et un glapissement saccadé s'élevaient dans le silence et venaient, comme un sinistre appel, rappeler aux émigrants qu'autour d'eux veillaient invisibles d'implacables et féroces ennemis.

La pureté de l'atmosphère était si grande que le moindre bruit s'entendait à une longue distance, et qu'il était facile de distinguer au loin les énormes masses de granit qui tachetaient le sol de points noirs.

L'émigrant, malgré sa longue habitude du désert, n'aperçut rien de suspect; le doute entra dans son cœur, il regagna le camp au petit pas, mit pied à terre et, reprenant son poste auprès de l'inconnue :

« Savez-vous de bonne source que nous devons être attaqués cette nuit? lui demanda-t-il à voix basse.

— J'ai assisté au dernier conseil des chefs, » répondit-elle nettement.

L'émigrant lui lança un regard investigateur, que celle-ci surprit et comprit immédiatement ; elle haussa les épaules avec dédain.

«'Prenez garde, lui dit-elle avec une certaine emphase, ne laissez pas, pour un mot, pénétrer le doute dans votre âme; quel intérêt aurais-je à vous tromper?

— Je ne sais, répondit-il avec un accent rêveur, mais je me demande de même quel intérêt vous pouvez avoir à me défendre.

— Aucun; puisque vous placez la question sur ce terrain, que m'importe à moi que vos richesses soient pillées, votre femme, votre fille, et vous-même scalpés? Cela m'est fort indifférent; mais est-ce donc ainsi seulement qu'il faut envisager la chose? Croyez-vous que, pour moi, les intérêts matériels soient pour beaucoup, qu'ils aient un grand poids sur mon esprit! Si telle est votre opinion, tout est dit entre nous, je me retire, vous laissant sortir comme vous pourrez du mauvais pas dans lequel vous vous êtes mis. »

En prononçant ces paroles, elle avait jeté son rifle sur l'épaule et fait un brusque mouvement pour escalader la palissade.

John Bright l'arrêta vivement.

« Vous ne me comprenez pas, dit-il : tout homme à ma place agirait ainsi que je fais ; ma position est affreuse, vous-même le reconnaissez ; vous vous êtes introduite dans mon camp, sans qu'il me soit possible de deviner comment. Cependant jusqu'à présent je vous ai, chose que vous ne pouvez nier, témoigné la plus entière confiance ; pourtant je ne sais qui vous êtes ni quel mobile vous fait agir. Vos paroles, loin de m'éclairer, me plongent au contraire dans une incertitude plus grande ; il y va, pour moi, du salut de toute ma famille qui risque d'être massacrée sous mes yeux, du peu que je possède, enfin ; réfléchissez sérieusement à tout cela, et je vous défie ensuite de me désapprouver si je ne vous témoigne pas toute la confiance à laquelle vous avez droit sans doute, lorsque je ne sais pas encore qui vous êtes.

— Oui, répondit-elle après un instant de réflexion, vous avez raison ; le monde est ainsi fait, qu'il faut toujours que les gens déclinent d'abord leurs noms et qualités : l'égoïsme règne si bien en maître sur toute la surface du globe que, même pour rendre service à quelqu'un, on a besoin d'un certificat d'honnêteté; car nul ne veut admettre le désintéressement du cœur, cette aberration des âmes généreuses, que les gens positifs taxent de folie! Malheureusement il faut, malgré vous, m'admettre pour ce que je parais, au risque de me voir m'éloigner, toute confidence de ma part serait superflue. Vous me jugerez sur mes actes, la seule preuve que je puisse et veuille vous donner de la pureté de mes intentions : libre à vous d'accepter ou de refuser mon concours ; après les événements vous me remercierez ou me maudirez, à votre choix. »

John Bright était plus perplexe que jamais ; les explications de l'inconnue ne faisaient qu'épaissir le nuage mystérieux qui l'enveloppait, au lieu de mettre un point lumineux dans ces ténèbres.

Cependant, malgré lui, il se sentait porté vers elle.

Après quelques minutes de sérieuses réflexions, il releva la tête, frappa brusquement le canon de son rifle de la main droite, et, regardant son interlocutrice bien en face :

« Écoutez, lui dit-il d'une voix ferme et profondément accentuée, je ne chercherai pas plus longtemps à savoir si vous venez de Dieu ou du diable, si vous êtes un espion de nos ennemis ou un ami dévoué ; les événements, ainsi que vous me l'avez dit, décideront bientôt la question. Seulement, souvenez-vous de ceci : je surveillerai avec soin vos moindres gestes, vos moindres paroles. Au premier mot ou au premier mouvement suspect, je vous envoie sans hésiter une balle dans la tête, dussé-je être tué immédiatement après. Acceptez-vous, oui ou non ? »

L'inconnue se mit à rire.

« J'accepte, dit-elle ; à la bonne heure, je reconnais le Yankee ! »

Après cette parole, la conversation cessa entre les deux interlocuteurs, dont toute l'attention était concentrée sur la prairie.

Le calme le plus profond continuait de planer sur le désert.

En apparence, tout était dans le même état qu'au coucher du soleil.

Cependant les yeux perçants de l'inconnue distinguèrent, sur les rives du fleuve, plusieurs bêtes fauves qui s'enfuyaient précipitamment, et d'autres qui, au lieu de continuer à boire, traversaient le fleuve en toute hâte.

Un des axiomes les plus vrais du désert est celui-ci : il n'y a pas d'effets sans causes.

Tout a une raison d'être dans la prairie, tout est analysé, tout est commenté : une feuille ne tombe pas d'un arbre, un oiseau ne s'envole pas sans que l'on sache ou l'on devine pourquoi la feuille est tombée, pour quelle raison l'oiseau a pris son vol.

Après quelques minutes d'un examen approfondi, l'inconnue saisit le bras de l'émigrant, et, se penchant à son oreille, elle lui dit d'une voix faible comme le soupir de la brise, ce seul mot qui le fit tressaillir, en étendant le bras vers un endroit de la plaine :

« Regardez ! »

John Bright pencha le corps en avant.

« Oh ! murmura-t-il au bout d'un instant, qu'est-ce que cela signifie ? »

La prairie était, ainsi que nous l'avons dit plus haut, couverte en nombre de places de blocs de granit, d'arbres morts et étendus qui mouchetaient le sol de points noirs.

Chose étrange, ces points noirs, d'abord assez éloignés du camp, semblaient s'être rapprochés insensiblement, et maintenant ils n'en étaient plus qu'à une courte distance.

Comme il était littéralement impossible que les quartiers de roche ou les arbres se fussent mis seuls en mouvement, il devait y avoir à ce rapprochement une cause que le digne émigrant, dont l'esprit était loin d'être subtil, se creusait vainement la cervelle pour deviner.

Cette nouvelle forêt de Macbeth, qui marchait toute seule, l'inquiétait au suprême degré : son fils et ses domestiques avaient, de leur côté, constaté le même prodige sans en approfondir davantage la cause.

John Bright remarqua, entre autres, qu'un arbre qu'il se rappelait fort bien avoir vu le soir même à plus de cent cinquante pieds du monticule, s'était tout à coup si bien rapproché qu'il se trouvait maintenant à quarante pieds au plus.

L'inconnue, sans s'émouvoir, lui répondit à voix basse :

« Ce sont les Indiens.

— Les Indiens ? fit-il, impossible !

— Je vais vous en donner la preuve. »

Elle s'agenouilla derrière la palissade, épaula son rifle, et, après avoir visé pendant quelques secondes, elle lâcha la détente.

Un éclair traversa l'espace.

Au même instant le prétendu arbre bondit sur place comme un daim.

Un cri terrible se fit entendre et des Peaux-Rouges apparurent, bondissant du côté du camp, comme une troupe de loups, en brandissant leurs armes, s'appelant avec leurs sifflets et hurlant comme des démons.

Les Américains, gens extrêmement superstitieux, rassurés de voir qu'ils n'avaient à faire qu'à des hommes, lorsqu'ils redoutaient quelque sortilége, reçurent bravement leurs ennemis par un feu roulant et surtout bien dirigé.

Cependant les Indiens, sachant probablement le petit nombre des blancs, ne se rebutèrent pas et poussèrent résolûment en avant.

Déjà les Peaux-Rouges n'étaient plus qu'à quelques toises ; ils se préparaient à tenter l'assaut des barricades, lorsqu'un dernier coup de feu tiré par l'inconnue renversa un Indien plus avancé que les autres, à l'instant où il se tournait vers ses compagnons pour les encourager à le suivre.

La chute de cet homme produisit un effet auquel les Américains, qui se croyaient perdus, étaient loin de s'attendre.

Comme par enchantement, les Indiens disparurent, les cris cessèrent, et tout rentra dans le calme le plus profond.

C'était à croire que tout ce qui venait de se passer était un rêve.

Les Américains se regardaient avec étonnement, ne sachant à quelle cause attribuer cette brusque retraite.

« Voilà qui est incompréhensible, dit John Bright après s'être assuré d'un coup d'œil rapide que tout son monde était sur pied et sans blessure ; pouvez-vous nous expliquer cela, mistress, vous qui sem-

John Bright lança son cheval droit devant lui. (Page 30, col. 1.)

blez être notre bon ange, car c'est à votre dernier coup de feu que nous devons le repos dont nous jouissons à présent?

— Ah! fit-elle avec un sourire railleur, vous commencez donc à me rendre justice!

— Ne parlons plus de cela, fit l'émigrant d'un ton de mauvaise humeur, je suis un imbécile, pardonnez-moi et oubliez mes soupçons.

— Je les ai oubliés, répondit-elle; quant à ce qui vous étonne, c'est une chose bien simple : l'homme que j'ai tué ou tout au moins blessé est un chef indien d'une grande réputation; en le voyant tomber, ses guerriers se sont découragés, ils ont couru à lui afin de l'enlever, pour que sa chevelure ne tombât pas entre vos mains.

— Oh! oh! fit John Bright avec un geste de dégoût, ces païens se figurent-ils donc que nous sommes comme eux? Non, non, je les tuerai si je puis jusqu'au dernier pour me défendre, et de cela nul ne me peut blâmer; mais quant à scalper, c'est autre chose : je suis un brave Virginien, moi, sans aucune goutte de sang métis dans les veines; le fils de mon père ne commet pas de telles infamies!

— Je vous approuve, répondit l'inconnue d'une voix triste; le scalpe est une torture affreuse ; malheureusement beaucoup de blancs dans les prairies ne pensent pas comme vous; ils ont pris les coutumes indiennes et scalpent sans cérémonie les ennemis qu'ils tuent.

— Ils ont tort.

— C'est possible, je suis loin de leur donner raison.

— De sorte, s'écria joyeusement John Bright, que nous voilà complétement débarrassés de ces diables rouges.

— Ne vous réjouissez pas encore, bientôt vous les verrez revenir.

— Encore !

— Ils n'ont suspendu l'attaque que pour enlever leurs morts et leurs blessés, et probablement aussi pour chercher un autre moyen d'avoir raison de vous.

— Hélas ! ce ne sera pas difficile; malgré tous nos efforts, il nous sera impossible de résister à cette foule d'oiseaux de proie qui fondent sur nous de toutes parts comme sur une curée : que peuvent cinq rifles contre cette légion de démons ?

— Beaucoup, si vous ne désespérez pas.

— Oh! pour cela vous pouvez être tranquille, mistress, nous ne broncherons pas d'une semelle, nous sommes résolus de nous faire tuer tous à notre poste.

— Votre bravoure me plaît, répondit l'inconnue; peut-être tout finira-t-il mieux que nous le supposons.

— Dieu vous entende ! digne femme.

— Mais ne perdons pas davantage notre temps; les Indiens vont revenir à la charge d'un moment à l'autre, tâchons d'être aussi heureux cette fois que la première.

— Je tâcherai.

— Bien; êtes-vous homme de résolution?

— Je crois l'avoir prouvé.

— C'est juste. Dites-moi la vérité. Pour combien de jours avez-vous de vivres ici?

L'Américain sembla, pendant quelques minutes, se livrer à un calcul mental.

— Pour quatre jours au moins, répondit-il.

« Arrière! s'écria-t-elle d'une voix stridente, arrière! démons! » (Page 34, col. 2.)

— C'est-à-dire huit dans un moment pressé, n'est-ce pas?
— À peu près.
— Bien; maintenant, si vous le voulez, je vais vous débarrasser de vos ennemis pour longtemps.
— By God! s'écria-t-il joyeusement, je ne demande pas mieux. »

Tout à coup le cri de guerre des Peaux-Rouges se fit entendre de nouveau, mais cette fois plus strident et plus terrible que la première.

« Il est trop tard, s'écria l'inconnue avec douleur, les voici! Il ne nous reste plus qu'à mourir bravement.

— Mourons donc, by God! mais auparavant tuons le plus possible de ces païens, répondit John Bright. Allons, enfants, hourra pour l'*uncle Sam*[1]!

— Hourra! » s'écrièrent ses compagnons en brandissant leurs armes.

Les Peaux-Rouges répondirent à ce cri de défi par des cris de rage.

Le combat recommença.

Mais cette fois il semblait devoir être plus sérieux.

Après s'être levés pour pousser leur formidable cri de guerre, les Indiens s'étaient disséminés dans la plaine par petits groupes de deux ou trois au plus, et s'avançaient lentement vers le camp en rampant sur le sol.

Lorsqu'ils trouvaient sur leur passage un tronc d'arbre ou un buisson capable de leur offrir un abri, ils s'arrêtaient soit pour décocher une flèche, soit pour envoyer une balle.

Cette nouvelle tactique adoptée par leurs ennemis déconcertait les Américains, dont les balles ne pouvaient plus que difficilement les atteindre, car malheureusement les Indiens étaient presque invisibles au milieu des ténèbres, et avec l'astuce qui les distingue, ils savaient si bien manœuvrer en agitant les herbes, que les émigrants trompés par eux ne savaient plus où viser.

« Nous sommes perdus! s'écria John Bright avec découragement.

— La position devient critique, en effet; il ne faut pas cependant désespérer encore, répondit l'inconnue; il nous reste une chance, bien faible à la vérité, mais que j'emploierai lorsque le moment sera venu; tâchons de résister au combat corps à corps.

— Hum! voilà toujours un de ces démons qui n'ira pas plus loin, » fit l'émigrant en épaulant son rifle.

Un guerrier pied-noir dont la tête s'élevait en ce moment un peu au-dessus des herbes, eut le crâne fracassé par la balle de l'Américain.

Les Peaux-Rouges se dressèrent subitement et s'élancèrent en hurlant vers les barricades.

Les Américains les attendaient de pied ferme.

---

1. Les États-Unis de l'Amérique du Nord mettent sur les sacs de leurs soldats et en tête des proclamations ces deux lettres : U. S. (*United States*), que les Américains traduisent par *uncle Sam*: de là vient l'origine du sobriquet burlesque qu'ils se sont donné eux-mêmes. (*Note de l'auteur.*)

Une décharge à bout portant accueillit les Indiens.

Le combat s'engagea corps à corps.

Les Américains, debout au sommet de leurs retranchements et se servant de leurs rifles en guise de massue, assommaient ceux qui s'offraient à leurs coups.

Ce combat avait quelque chose de sinistre au milieu d'un silence interrompu seulement par les cris des blessés, car les Américains combattaient sans prononcer une parole.

Tout à coup, au moment où les émigrants, accablés par le nombre, faisaient malgré eux un pas en arrière, l'inconnue se précipita sur les barricades une torche à la main et en poussant un cri tellement sauvage que les combattants s'arrêtèrent en frémissant.

La flamme rougeâtre de la torche agitée par le vent, se réflétait sur le visage de l'inconnue et lui donnait une expression terrible; elle avait la tête haute et le bras étendu en avant avec un geste de commandement suprême :

« Arrière! s'écria-t-elle d'une voix stridente, arrière, démons! »

A cette apparition extraordinaire, les Peaux-Rouges restèrent un moment immobiles, comme pétrifiés, puis soudain ils se précipitèrent pêle-mêle sur la rampe du monticule, s'enfuyant en proie à la plus grande terreur.

Les Américains, témoins intéressés de cette scène incompréhensible, poussèrent un soupir de bonheur : ils étaient sauvés!

Sauvés par un miracle!

Alors ils s'élancèrent vers leur libératrice pour lui exprimer leur reconnaissance.

Elle avait disparu!

En vain les Américains la cherchèrent-ils de tous côtés, ils ne purent savoir où elle avait passé : elle semblait être devenue subitement invisible.

La torche qu'elle tenait à la main en parlant aux Indiens gisait sur le sol, où elle fumait encore : c'était la seule trace qu'elle avait laissée de sa présence au camp des émigrants.

John Bright et ses compagnons se perdaient en conjectures sur son compte, tout en lavant et pansant tant bien que mal les blessures qu'ils avaient reçues dans le combat, lorsque la femme de l'émigrant et sa fille apparurent tout à coup au milieu du camp.

John Bright s'élança vers elles.

« Quelle imprudence! s'écria-t-il, comment avez-vous quitté votre cachette malgré les recommandations qui vous avaient été faites? »

Sa femme le regarda avec étonnement.

« Mais, répondit-elle, si nous sommes ici, c'est d'après l'avis que nous a donné la femme inconnue à laquelle nous avons eu tous tant d'obligations cette nuit.

— Comment! s'écria John Bright, vous l'avez donc revue?

— Oui, certes; il y a quelques instants à peine elle est venue nous trouver dans la cachette où nous étions blotties à demi mortes de frayeur, car le bruit du combat arrivait jusqu'à nous, et nous ignorions complètement ce qui se passait; après nous avoir rassurées, elle nous a dit que tout était fini, que nous n'avions plus rien à craindre, et que si nous le voulions, nous pouvions vous rejoindre.

— Mais elle, qu'a-t-elle fait?

— Elle nous a conduites jusqu'ici; puis, malgré nos instances, elle s'est éloignée en nous disant que, puisque nous n'avions plus besoin d'elle, sa présence était inutile, que des raisons importantes la forçaient à s'éloigner. »

L'émigrant raconta alors à sa femme et à sa fille dans les plus grands détails tout ce qui s'était passé et les obligations qu'ils avaient à cette femme extraordinaire.

Les deux femmes écoutèrent ce récit avec la plus grande attention, ne sachant à quoi attribuer la conduite de cet être étrange, et sentant leur curiosité éveillée au plus haut point.

Malheureusement la façon bizarre dont l'inconnue s'était éloignée ne semblait pas montrer chez elle un bien vif désir d'établir des relations plus intimes avec les émigrants. Lorsque ceux-ci eurent épuisé les conjectures auxquelles cet événement pouvait donner lieu, ils furent contraints d'en prendre leur parti et de s'en rapporter au temps du soin de soulever le voile mystérieux qui l'enveloppait.

Au désert on a peu de temps à donner aux réflexions et aux commentaires, l'action emporte tout, il faut vivre et surtout se défendre; aussi John Bright, sans perdre davantage de temps à chercher le mot d'une énigme qui, quant au présent, du moins, semblait impossible à trouver, s'occupa activement de réparer et de boucher les brèches faites aux retranchements et à fortifier encore son camp, si cela était possible, en entassant pêle-mêle auprès des barricades tous les objets dont il pouvait disposer.

Lorsque ces premiers devoirs pour la sûreté commune furent accomplis, l'émigrant s'occupa de ses bestiaux, qui formaient sa principale richesse.

Les animaux avaient été placés dans un endroit où les balles ne pouvaient les atteindre, assez près cependant de la tente dans laquelle les deux femmes venaient de se retirer de nouveau; il avait fait à ses bestiaux une sorte de parc avec des branches d'arbres entrelacées.

En entrant dans ce parc John Brigt poussa un cri d'étonnement, qui se changea bientôt en hurlement de fureur.

Son fils et ses serviteurs accoururent.

Les chevaux et la moitié des bœufs avaient disparu.

Pendant le combat les Indiens les avaient enlevés, le bruit de la mêlée avait empêché sans doute que l'on n'entendît le bruit de leur fuite.

Selon toutes probabilités, l'intervention de l'inconnue, en frappant les Indiens de terreur, avait seule empêché que le vol ne fût complet et que tous les animaux ne fussent emmenés.

La perte éprouvée par l'émigrant était énorme pour lui : bien que tous ses bestiaux n'eussent pas disparu, cependant il en avait assez d'enlevés pour se trouver dans l'impossibilité d'aller plus loin.

Sa résolution fut prise avec cette promptitude qui caractérise les Américains du nord.

« Nos bestiaux sont volés, dit-il, il nous les faut, je veux les ravoir.

— C'est juste, répondit William, au lever du soleil nous nous mettrons sur la piste.

— Moi, mais pas vous, mon fils, reprit l'émigrant. Sem m'accompagnera.

— Mais moi, que ferai-je?

— Vous, garçon, vous demeurerez au camp pour veiller sur votre mère et sur votre sœur, je vous laisse James. »

Le jeune homme s'inclina sans répondre.

« Je ne veux pas que les païens puissent se vanter de m'avoir mangé mes bœufs, dit John Bright avec colère : sur l'âme de mon père! je les retrouverai ou j'y perdrai ma chevelure. »

Cependant la nuit s'était écoulée tout entière pendant les travaux de fortification du camp; le soleil, encore invisible, commençait déjà à iriser l'horizon de lueurs purpurines.

« Eh! eh! reprit John Bright, voici le jour, ne perdons pas de temps, mettons-nous en route; vous, William, je vous recommande votre mère et votre sœur, ainsi que tout ce qui est ici.

— Allez, mon père, répondit le jeune homme, je ferai bonne garde pendant votre absence; vous pouvez être tranquille. »

L'émigrant serra la main de son fils, jeta son rifle sur l'épaule, fit signe à Sem de le suivre, et s'avança vers les retranchements.

« Il est inutile de réveiller votre mère, disait-il en marchant; quand elle sortira de la tente, vous lui rapporterez ce qui est arrivé et ce que j'ai fait; je suis convaincu qu'elle m'approuvera; allons, garçon, bon courage et surtout bonne guette.

— Et vous, mon père, bonne réussite.

— Dieu le veuille, garçon, Dieu le veuille! dit l'émigrant en hochant la tête d'un air triste : de si beaux bestiaux! By God!

— Eh mais? s'écria tout à coup le jeune homme en retenant son père au moment où celui-ci se préparait à escalader la barricade, que vois-je donc là-bas? »

L'émigrant se retourna vivement.

« Vous voyez quelque chose, William? où cela donc?

— Tenez, mon père, dans cette direction; mais qu'est-ce que cela signifie? on dirait nos bestiaux? »

L'émigrant regarda vivement du côté que son fils signalait.

« Comment! s'écria-t-il avec joie, on dirait nos bestiaux? mais ce sont eux! D'où diable viennent-ils, et qui donc les ramène? »

En effet, à une grande distance dans la prairie, on apercevait les bestiaux de l'Américain qui accouraient rapidement dans la direction du camp, en soulevant un épais nuage de poussière autour d'eux.

VII

LE CHEF INDIEN.

Le comte de Beaulieu était loin de se douter, au moment où il se préparait à allumer insoucieusement un cigare, que l'allumette chimique dont il se servait allait le rendre en un instant si redoutable aux yeux des Indiens.

Mais, dès qu'il reconnut la puissance de l'arme que le hasard plaçait entre ses mains, il résolut de s'en servir et de tourner à son avantage la superstitieuse ignorance des Peaux-Rouges.

Jouissant intérieurement du triomphe qu'il avait obtenu, le comte fronça les sourcils, et, prenant le langage et les gestes emphatiques des Indiens lorsqu'il les vit assez maîtres d'eux-mêmes pour l'écouter, il leur parla ainsi de ce ton de commandement qui en impose toujours aux masses :

« Que mes frères ouvrent les oreilles, les paroles que souffle ma poitrine doivent être entendues et comprises par tous ; mes frères sont des hommes simples adonnés à l'erreur, la vérité doit entrer dans leur cœur comme un coin de fer ; ma bonté est grande, parce que je suis puissant : au lieu de les châtier lorsqu'ils ont osé mettre la main sur moi, je me suis contenté de faire éclater à leurs yeux mon pouvoir. Je suis un grand médecin des visages pâles ; tous les secrets de la plus fameuse médecine, je les possède. S'il me plaisait, les oiseaux du ciel et les poissons du fleuve me viendraient rendre hommage, parce que le maître de la vie est en moi et qu'il m'a donné sa baguette de médecine. »

Les Indiens groupés autour de lui l'écoutaient d'un air effaré en jetant des regards craintifs sur l'allumette à demi consumée qui gisait aux pieds du comte.

Celui-ci devina l'influence qu'il avait gagnée sur ses crédules auditeurs ; il sourit et continua d'une voix haute et bien accentuée :

« Écoutez ceci, Peaux-Rouges, et souvenez-vous : Lorsque le premier homme naquit, il se promena sur les bords du Mécha-che-bé ; alors il rencontra le maître de la vie ; le maître de la vie le salua et lui dit : « Tu es mon fils. — Non, répondit le premier homme ; c'est toi qui es mon fils, et je te le prouverai si tu ne veux pas me croire ; nous allons nous asseoir et nous ficherons en terre le bâton de médecine que nous tenons à la main : celui qui se lèvera le premier sera le plus jeune et par conséquent le fils de l'autre. » Ils s'assirent donc face à face et se regardèrent longtemps l'un l'autre, jusqu'à ce qu'enfin le maître de la vie pâlit, s'affaissa, et sa chair quitta ses os ; sur quoi le premier homme s'écria tout joyeux : « Enfin tu es certainement mort ! » Et ils se regardèrent ainsi pendant dix fois dix lunes et dix fois davantage, et comme au bout de ce temps les os du Seigneur de la vie étaient complétement blanchis, le premier homme se leva et dit : « Oui, maintenant il ne reste plus aucun doute ; il est certainement mort. » Il prit alors le bâton de médecine du maître de la vie et le retira de terre. Mais alors le maître de la vie se leva et, lui prenant le bâton, il lui dit : « Arrête, me voilà : je suis ton père et tu es mon fils. » Et le premier homme le reconnut pour son père. Mais le maître de la vie ajouta alors : « Tu es mon fils, le premier homme, tu ne peux mourir ; prends mon bâton de médecine : lorsque j'aurai à communiquer avec mes fils, Peaux-Rouges, c'est toi que j'enverrai. » Ce bâton de médecine, le voilà, êtes-vous prêts à exécuter mes ordres ? »

Ces paroles avaient été prononcées avec un accent de conviction si profond, la légende rapportée par le comte était tellement vraie et si bien connue de tous, que les Indiens, que le miracle de l'allumette avait préparés déjà à la crédulité, y ajoutèrent une foi entière et tous répondirent aussitôt avec respect :

« Que notre père parle ; ce qu'il veut nous le voulons ; ne sommes-nous pas ses enfants ?

— Retirez-vous, reprit le comte ; c'est avec votre chef seul que je veux communiquer. »

Natah-Otann avait écouté le discours du comte de Beaulieu avec la plus grande attention ; parfois un observateur aurait distingué sur son visage passer comme un éclair d'incrédulité, remplacé presque immédiatement par un sentiment de plaisir qui éclatait dans ses yeux aux regards si fins et si intelligents ; il avait applaudi comme les guerriers, peut-être plus fort qu'eux encore lorsque le jeune homme s'était tu ; en lui entendant dire que c'était avec lui seul qu'il voulait communiquer, un sourire avait plissé ses lèvres ; d'un geste il avait ordonné aux Indiens de s'éloigner, et il s'était avancé vers le comte avec une aisance et une grâce que celui-ci n'avait pu s'empêcher de remarquer.

Il y avait dans ce jeune chef une noblesse innée qui plaisait au premier abord, attirait et commandait la sympathie.

Les guerriers pieds-noirs, après s'être respectueusement inclinés, avaient descendu doucement la colline et s'étaient accroupis en rond sur le sol, selon leur coutume, à cent mètres environ du campement.

Il y avait deux hommes que l'éloquence improvisée du comte de Beaulieu avait surpris autant au moins que les guerriers indiens.

Ces deux hommes étaient Balle-Franche, le brave chasseur canadien, et Ivon de Kergallec ; ni l'un ni l'autre ne comprenait plus rien à cette affaire ; la science indienne du jeune homme les désorientait complétement ; ils attendaient avec la plus vive anxiété le dénoûment de cette scène, dont ils ne saisissaient ni le but ni la portée.

Lorsqu'ils furent seuls, car le chasseur et le Breton s'étaient, eux aussi, retirés à l'écart, le Français et l'Indien s'examinèrent un instant avec une attention méticuleuse.

Mais quels que fussent les efforts du blanc pour deviner les sentiments de l'homme qu'il avait devant lui, il fut obligé de reconnaître qu'il avait affaire à une de ces natures supérieures sur le visage desquelles il est impossible de rien lire et qui, dans toutes les circonstances, sont toujours maîtresses de leurs impressions; bien plus, la fixité et l'éclat métallique de l'œil de l'Indien lui firent éprouver malgré lui un malaise secret qu'il eut hâte de faire cesser en prenant la parole, afin de rompre le charme dont à son insu il subissait l'influence.

« Chef, lui dit-il, maintenant que vos guerriers sont éloignés.... »

Natah-Otann l'interrompit d'un geste, et s'inclinant gracieusement devant lui :

« Pardonnez-moi, monsieur le comte, lui dit-il en souriant avec un accent qu'eût envié un naturel des bords de la Seine, mais je crains que le peu d'habitude que vous avez de parler notre langue ne vous la rende fatigante; s'il vous plaît de vous exprimer en français, je crois le parler assez bien pour vous comprendre.

— Hein? s'écria le comte en faisant un bond de surprise, que dites-vous ! »

La foudre serait subitement tombée aux pieds de M. de Beaulieu qu'il n'aurait pas été plus surpris et plus épouvanté qu'en entendant ce sauvage, portant le costume complet des Pieds-Noirs et dont le visage était peint de quatre couleurs différentes, s'exprimer aussi purement dans son idiome paternel.

Natah-Otann ne sembla pas s'apercevoir de l'ébahissement de son interlocuteur, il continua froidement :

« Daignez me pardonner, monsieur le comte, d'avoir employé des termes qui sans doute vous auront choqué par leur trivialité, mais le peu d'occasion que j'ai de parler français dans ces déserts doit me servir d'excuse. »

M. de Beaulieu était en proie à une de ces surprises qui ne font que s'accroître.

Il ne savait plus s'il veillait ou s'il était obsédé par un cauchemar : ce qu'il entendait lui semblait si incroyable et si incompréhensible, qu'il ne trouvait pas de mots pour exprimer ce qu'il éprouvait.

« Mais qui êtes-vous donc enfin? s'écria-t-il lorsqu'il fut assez maître de lui pour répondre.

— Moi? fit nonchalamment Natah-Otann; mais vous le voyez, il me semble, monsieur le comte, je suis un pauvre Indien Pied-Noir, un Peau-Rouge, pas autre chose.

— C'est impossible ! dit le jeune homme.

— Je vous certifie, monsieur, que je vous ai dit l'exacte vérité. Dame ! ajouta-t-il avec un charmant laisser-aller, si vous me trouvez un peu moins.... comment dirai-je !... grossier, c'est cela ! que mes compatriotes, oh ! il ne faut pas m'en faire un crime, monsieur le comte; cela tient à des considérations tout à fait indépendantes de ma volonté, que je vous raconterai quelque jour, si cela peut vous être agréable !... »

Le comte de Beaulieu était, nous croyons l'avoir dit, un homme de grand cœur, que peu de choses avaient le privilège d'émouvoir; la première impression passée, il en prit bravement son parti; parfaitement maître de soi désormais, il accepta franchement la position qui lui était si singulièrement faite par le hasard.

« Pardieu ! dit-il en riant, la rencontre est bizarre et a lieu de me surprendre; vous me pardonnerez donc, cher monsieur, l'étonnement de mauvais goût que j'ai d'abord témoigné en vous entendant me parler ainsi que vous l'avez fait : j'étais si loin de m'attendre à rencontrer à six cents lieues des pays civilisés un homme aussi comme il faut que vous l'êtes, que je vous avoue que d'abord je ne savais à quel saint me vouer.

— Vous me flattez, monsieur le comte, répondit le chef toujours impassible, croyez bien que je vous suis reconnaissant de la bonne opinion que vous voulez bien avoir de moi ; maintenant, ajouta-t-il, si vous me le permettez, nous reviendrons à notre affaire.

— Ma foi ! je suis tellement bouleversé par tout ce qui m'arrive, monsieur, que franchement je ne sais plus où j'en suis.

— Bah ! ce n'est rien; je vais vous remettre sur la voie; après le charmant discours que vous nous avez fait, vous avez semblé désirer causer seul avec moi.

— Hum ! fit le comte en souriant; je vous avoue que maintenant j'ai bien peur de vous avoir paru affreusement ridicule avec ma légende et surtout le miracle de l'allumette chimique; mais aussi je ne pouvais me douter que j'avais un auditeur de votre espèce. »

Natah-Otann secoua tristement la tête à deux ou trois reprises et une expression de mélancolie assombrit un instant son visage.

« Non, dit-il avec tristesse, vous avez agi comme vous deviez le faire; mais pendant que vous parliez, monsieur le comte, je songeais, moi, à ces pauvres Indiens enfoncés si profondément dans l'erreur, et je me demandais à part moi s'il y avait espoir de les régénérer avant que les blancs, leurs implacables ennemis, parviennent à les détruire entièrement. »

Le chef prononça ces paroles avec un accent de douleur et de haine si bien senti, que le comte fut ému en songeant combien cet homme à l'âme de feu, devait souffrir de l'abâtardissement de sa race.

« Courage ! lui dit-il en lui tendant la main par un geste spontané.

— Courage ! répéta l'Indien avec amertume, en serrant cependant cette main dans la sienne; voilà ce que ne cesse de me dire, après chaque défaite que j'éprouve dans la lutte que j'ai entreprise, celui qui m'a servi de père et, pour mon malheur, m'a fait ce que je suis. »

Il y eut un instant de silence.

Chacun des deux interlocuteurs réfléchissait à part soi.

Enfin Natah-Otann reprit la parole :

« Écoutez, monsieur le comte, dit-il, entre hommes d'une certaine sorte, il y a une espèce de sentiment indéfinissable qui les lie malgré eux les uns aux autres; depuis six mois que vous parcourez le désert dans tous les sens, je ne vous ai pas perdu de vue un seul instant : depuis longtemps déjà vous seriez mort, si je n'avais fait à votre insu planer sur vous une protection occulte. Oh! ne me remerciez pas, s'écria-t-il vivement sur un geste du jeune homme; en faisant cela, j'ai agi plutôt dans mon intérêt que dans le vôtre; ce que je vous avoue vous étonne, n'est-ce pas? cependant c'est ainsi : j'ai sur vous, permettez-moi de vous le confier, des vues dont je vous dévoilerai le secret dans quelques jours, lorsque nous nous connaîtrons mieux; quant à présent, je vous obéirai en tout ce que vous désirerez; aux yeux de mes compatriotes, je vous conserverai l'auréole miraculeuse qui ceint votre front. Vous voulez que ces émigrants américains soient laissés en paix, fort bien, à votre considération je pardonnerai à cette race de vipères, je ne vous demande qu'une grâce.

— Parlez !

— Lorsque vous serez certain que ces gens que vous voulez sauver sont en sûreté, accompagnez-moi à mon village, voilà tout ce que je désire : cela ne vous coûtera pas beaucoup, d'autant plus que ma tribu est campée tout au plus à un jour de marche de l'endroit où nous sommes.

— J'y consens, j'accepte votre proposition, chef: je vous accompagnerai où il vous plaira, mais seulement lorsque je serai certain que mes protégés n'auront plus besoin de mon aide.

— C'est convenu. Ah! un mot encore.

— Parlez.

— Il est bien entendu pour tout le monde, n'est-ce pas, même pour les deux blancs qui vous accompagnent, que je ne suis qu'un Indien comme les autres?

— Vous l'exigez?

— Dans notre intérêt commun ; un mot dit sans intention, une indiscrétion, quelque minime qu'elle fût, nous perdrait tous deux. Ah! vous ne connaissez pas encore les Peaux-Rouges! ajouta-t-il avec ce sourire mélancolique qui déjà avait si fort donné à penser au comte.

— Très-bien, répondit-il; soyez tranquille; je me tiendrai pour averti.

— Maintenant, si vous le trouvez bon, monsieur le comte, je rappellerai mes guerriers; une plus longue conférence entre nous pourrait éveiller leur jalousie.

— Faites, je m'en repose entièrement sur vous, je me mets à votre discrétion.

— Vous n'aurez pas lieu de vous en repentir, » répondit gracieusement Natah-Otann.

Pendant que le chef allait rejoindre ses guerriers, le comte se rapprocha de ses deux compagnons.

« Eh bien! lui demanda curieusement Balle-Franche, avez-vous obtenu ce que vous désiriez de cet homme?

— Parfaitement, répondit-il; je n'ai eu pour cela que quelques mots à lui dire. »

Le chasseur lui jeta un regard narquois.

« Je ne le croyais pas si facile, dit-il.

— Pourquoi donc cela, mon ami?

— Hum! sa réputation est faite au désert, je le connais depuis fort longtemps, moi.

— Ah! fit le jeune homme qui n'était pas fâché de se renseigner sur le compte de celui qui l'avait si fort intrigué, quelle réputation a-t-il donc? »

Balle-Franche parut hésiter un instant.

« Craindriez-vous donc de vous expliquer clairement à son sujet? demanda le comte, que ce silence intriguait.

— Moi! je n'ai pas de raison pour cela; au contraire : à part le jour où il a voulu me brûler vif, léger malentendu que je lui pardonne de grand cœur, nos relations ont toujours été excellentes.

— D'autant plus, dit le comte en riant, que vous ne vous êtes plus rencontrés que je sache, si ce n'est aujourd'hui.

— C'est cela même que je voulais dire. Voyez-vous, monsieur Édouard, Natah-Otann, entre nous, est un de ces Indiens qu'il est beaucoup plus avantageux de ne jamais voir sur son passage : il est comme le hibou, sa présence présage toujours un malheur.

— Diable! vous m'inquiétez beaucoup en parlant ainsi, Balle-Franche.

— Mettons que je n'ai rien dit, alors, répondit-il vivement, je ne demande pas mieux que de me taire.

— C'est possible, mais le peu que vous avez laissé échapper a, je vous l'avoue, si bien éveillé ma curiosité que je ne serais pas fâché d'en apprendre davantage.

— Malheureusement je ne sais rien.

— Cependant vous avez parlé de sa réputation : serait-elle mauvaise?

— Je ne dis pas cela, répondit Balle-Franche avec réserve; vous le savez, monsieur Édouard, les mœurs indiennes sont bien différentes des nôtres : ce qui est mal pour nous, est vu d'un tout autre œil par les Indiens et, alors....

— Alors, n'est-ce pas, interrompit le comte, Natah-Otann jouit d'une réputation détestable?

— Mais non, je vous assure; cela dépend, du reste, du point de vue auquel on se place pour le juger.

— Bon! et quelle est votre opinion personnelle à vous?

— Oh! moi, vous le savez, je suis un pauvre diable; seulement il me semble que ce démon d'Indien est plus rusé à lui seul que toute sa tribu réunie; entre nous, il passe pour sorcier parmi ses compatriotes, qui en ont une peur effroyable.

— Voilà tout?

— A peu près.

— Après cela, dit légèrement le comte, comme il m'a prié de l'accompagner à son village, pendant les quelques jours que nous passerons auprès de lui, nous aurons le temps de l'étudier à notre aise. »

Le chasseur fit un bond de surprise.

« Vous ne ferez pas cela, n'est-ce pas, monsieur le comte?

— Je ne vois pas ce qui peut m'en empêcher.

— Vous-même, monsieur, qui, je l'espère, n'irez pas de gaieté de cœur vous jeter dans la gueule du loup.

— Voulez-vous vous expliquer, oui ou non? s'écria le comte avec un commencement d'impatience.

— Eh, mon Dieu! à quoi bon m'expliquer? ce que je vous dirai vous arrêtera-t-il? Non, j'en suis persuadé : vous voyez donc bien qu'il est inutile que je vous en parle davantage; d'ailleurs, il est trop tard, voilà le chef qui revient. »

Le comte fit un mouvement de mauvaise humeur aussitôt réprimé, mais ce mouvement n'échappa pas à Natah-Otann, qui en ce moment apparaissait en effet sur le plateau.

Le jeune homme s'avança vers lui.

« Eh bien? lui demanda-t-il avec empressement.

— Mes jeunes gens consentent à faire ce que désire notre père le visage pâle, répondit respectueusement le Peau-Rouge : s'il veut monter à cheval et nous suivre, il se convaincra lui-même que nos intentions sont loyales.

— Je vous suis, chef, » répondit le comte, qui d'un geste ordonna à Ivon de lui amener son cheval.

Les Pieds-Noirs accueillirent les trois chasseurs blancs avec des marques non équivoques de joie.

« En avant! » dit le jeune homme.

Natah-Otann leva le bras.

A ce signal les guerriers serrèrent les genoux et les chevaux partirent comme un ouragan.

Nul, s'il ne l'a vu de ses yeux, ne se peut figurer ce que c'est qu'une course indienne : rien n'arrête les Peaux-Rouges, aucun obstacle n'est assez fort pour les faire dévier de leur route, ils vont en ligne droite quand même, roulant comme un tourbillon humain à travers la prairie, franchissant fondrières, ravins et rochers avec une rapidité vertigineuse.

Natah-Otann, le comte et ses deux compagnons couraient en tête de la cavalcade, suivis de près par les guerriers. Tout à coup le chef ramena vivement son cheval en criant d'une voix forte ce seul mot :

« Halte! »

Tous obéirent; comme par enchantement, les chevaux s'arrêtèrent net et demeurèrent immobiles comme si leurs pieds avaient subitement adhéré au sol.

« Pourquoi nous arrêter? demanda le comte, avançons toujours au contraire.

— C'est inutile, répondit le chef d'une voix calme, que mon frère pâle regarde devant lui. »

Le comte se pencha sur le cou de son cheval.

« Je ne vois rien, reprit-il.

— C'est juste, fit l'Indien, j'oubliais que mon frère a les yeux des visages pâles; dans quelques minutes il verra. »

Les Pieds-Noirs se pressaient avec inquiétude autour de leur chef qu'ils interrogeaient du regard.

Celui-ci, impassible en apparence, avait les yeux obstinément fixés devant lui, paraissant distinguer dans les ténèbres des objets invisibles pour tout autre que pour lui.

L'attente des Indiens ne fut pas longue : bientôt apparurent des cavaliers qui approchaient à toute bride.

Ces cavaliers étaient des Peaux-Rouges.

Lorsqu'ils arrivèrent auprès de la troupe de Natah-Otann, ils s'arrêtèrent.

« Que se passe-t-il donc? demanda le chef d'une voix sévère; pourquoi mes fils se sauvent-ils ainsi? ce ne sont pas des guerriers que je vois, ce sont des femmes peureuses. »

Les Indiens courbèrent la tête avec humilité à ce reproche, mais ils ne répondirent pas.

Le chef continua :

« Personne ne veut-il m'instruire de ce qui s'est passé, et me dire pourquoi des guerriers d'élite fuient comme des antilopes effrayées? Où est la Longue-Corne? »

Un guerrier sortit des rangs pressés de ses compagnons.

« La Longue-Corne est mort, dit-il d'une voix triste.

— C'était un guerrier sage et renommé, il est allé dans les prairies bienheureuses du maître de la vie chasser avec les guerriers justes. Puisqu'il est mort, pourquoi l'Oiseau-Noir n'a-t-il pas pris le totem en main à sa place.

— Parce que l'Oiseau-Noir est mort, » répondit le guerrier sur le même ton.

Natah-Otann fronça le sourcil, son front se plissa sous l'effort qu'il fut contraint de faire pour se contenir.

« Oh! dit-il avec amertume, les grands cœurs de l'Est ont bien combattu, leurs rifles ont porté juste, les deux meilleurs chefs de la nation ont succombé; mais le Loup-Rouge restait encore, pourquoi n'a-t-il pas vengé ses frères?

— Parce que lui aussi est tombé, » dit le guerrier d'un ton lugubre.

Un frémissement de colère parcourut les rangs de l'assemblée.

« Ooah! s'écria Natah-Otann avec douleur; comment, lui aussi est mort?

— Non, mais il est grièvement blessé. »

Après ces paroles il y eut un silence.

Le chef jeta un regard autour de lui.

« Ainsi, dit-il, quatre visages pâles ont tenu tête à deux cents guerriers pieds-noirs et leur ont tué et blessé leurs chefs les plus braves, sans que ces guerriers en aient tiré vengeance. Oh! oh! que dira le Bison-Blanc lorsqu'il saura cela? Il donnera des jupons à mes fils, et leur fera préparer la nourriture pour les guerriers courageux, au lieu de les envoyer sur le sentier de la guerre.

— Le camp des *Longs-Couteaux* était en notre pouvoir, répondit l'Indien, qui jusque-là avait porté la parole pour ses compagnons, déjà nous les tenions renversés le genou sur la poitrine, une partie de leurs bestiaux était enlevée et les chevelures des visages pâles allaient être attachées à nos ceintures, lorsque le mauvais génie est apparu subitement au milieu d'eux, et par sa seule présence a changé la face du combat. »

Le visage du chef devint plus sévère encore à cette nouvelle, que ces guerriers accueillirent avec des marques non équivoques de frayeur.

« Le mauvais génie, dit-il, de quel mauvais génie parle donc mon fils?

— De quel autre puis-je parler à mon père, si ce n'est de la *Louve-Menteuse des prairies?* fit l'Indien d'une voix basse et entrecoupée.

— Oh! oh! répondit Natah-Otann, est-ce donc la Louve que mes fils ont vue?

— Oui, nous le certifions à notre père, » s'écrièrent tous ensemble les Pieds-Noirs, heureux de se laver de l'accusation de lâcheté qui pesa t sur eux.

Natah-Otann sembla réfléchir un instant.

« Dans quel endroit se trouvent les bestiaux que mes fils ont enlevés aux Longs-Couteaux? demanda-t-il.

— Nous les avons emmenés avec nous, répondit un guerrier, ils sont ici.

— Bon, reprit Natah-Otann; que mes fils ouvrent les oreilles pour entendre les paroles que me souffle le Grand-Esprit : Les Longs-Couteaux sont protégés par la Louve, nos efforts seraient inutiles, mes fils ne réussiraient pas à les vaincre ; je ferai une grande médecine qui rompra le charme qui fait la force de la Louve, dès que nous rentrerons dans notre village : mais d'ici là il faut être très-rusé, afin de tromper la Louve et de l'empêcher de se méfier de nous et de se mettre sur ses gardes. Mes fils veulent-ils suivre les conseils d'un chef expérimenté?

— Que mon père dise sa pensée, répondit un guerrier au nom de tous, il est très-sage : ce qu'il voudra nous le ferons; mieux que nous il saura tromper la Louve. »

— Bon, mes fils ont bien parlé. Voici ce que nous allons faire : nous allons retourner au camp des visages pâles, nous leur rendrons leurs bestiaux ; les visages pâles, trompés par cette démarche amicale, ne se défieront plus de nous ; puis, plus tard, lorsque nous aurons fait la grande médecine, nous les attaquerons de nouveau et nous nous emparerons de leur camp et de tout ce qu'il renferme, sans que la Louve-Menteuse puisse les défendre. J'ai dit; que pensent mes fils?

— Mon père est très-rusé, répondit le guerrier, ce qu'il a dit est bon, ses fils l'exécuteront. »

Natah-Otann jeta un regard de triomphe au comte de Beaulieu, qui admirait intérieurement avec quelle adresse le chef, tout en paraissant réprimander les Indiens de l'insuccès de leur entreprise et témoigner la plus grande colère contre les Américains, était parvenu en quelques minutes à les amener à faire sans la moindre opposition ses volontés secrètes.

« Oh! oh! murmura le jeune comte à part lui, cet Indien n'est pas un homme ordinaire, il mérite d'être étudié. »

Cependant un moment de tumulte avait suivi les paroles du chef.

Les Pieds-Noirs, revenus de la terreur par que qui les avait fait fuir avec les pieds de la gazelle, pour s'éloigner plus vite du camp maudit où ils avaient éprouvé un si rude échec, avaient mis pied à terre et s'occupaient, les uns à panser leurs blessures avec des feuilles mâchées, les autres à rassembler les bestiaux et les chevaux volés aux visages pâles, et qui étaient épars çà et là.

« Quelle est donc cette créature qu'on nomme Louve-Menteuse des prairies et qui inspire une si grande frayeur à ces hommes ? demanda le comte à Balle-Franche.

— Nul ne la connaît, répondit le chasseur à voix basse et en jetant à la dérobée un regard autour autour de lui, comme s'il eût craint d'être entendu ; c'est une femme dont la vie mystérieuse a échappé jusqu'ici aux recherches de ceux qui ont essayé de l'approfondir ; elle ne fait de mal qu'aux Indiens dont elle paraît être l'ennemie implacable; les Peaux-Rouges affirment qu'elle est invulnérable, que les balles et les flèches rebondissent sur elle sans lui causer aucun mal; souvent je l'ai aperçue, sans cependant avoir jamais eu occasion de lui parler ; je la crois folle, car autant que j'ai pu le comprendre par ses gestes bizarres, dans certains instants sa raison semble l'avoir abandonnée, bien que dans d'autres elle paraisse jouir de tout son bon sens : en un mot, c'est un être incompréhensible, qui mène au milieu des prairies une existence extraordinaire et enveloppée d'un mystère impénétrable.

— Elle est seule?

— Toujours.

— Vous piquez ma curiosité au plus haut point, dit le comte ; personne, vous en êtes sûr, ne pourrait me renseigner sur cette femme?

— Une seule personne le ferait peut-être, si elle voulait parler.

— Qui donc?

— Natah-Otann, répondit le chasseur d'une voix étouffée.

— Voilà ce qui est singulier, murmura le comte, que peut-il y avoir de commun entre lui et cette femme? »

Balle-Franche ne répondit que par un geste significatif.

La conversation fut forcément interrompue; sur l'ordre du chef, les Pieds-Noirs étaient remontés à cheval.

« En route ! » dit Natah-Otann en reprenant avec le comte et ses compagnons la tête de la colonne.

Toute la troupe repartit au galop dans la direction du camp américain, en entraînant les bestiaux au milieu d'elle.

Natah-Otann et ses compagnons marchaient en tête de la cavalcade. (Page 39, col. 1.)

VIII

LE PROSCRIT.

Nous sommes contraints, pour l'intelligence des faits qui vont suivre, d'interrompre un instant notre récit, afin de raconter une aventure étrange, qui s'était passée dans les prairies de l'Ouest, trente et quelques années avant l'époque où commence notre histoire.

Les Indiens, que l'on s'obstine, à tort selon nous, à considérer comme des sauvages, ont certaines coutumes qui montrent un bon sens rare et une connaissance approfondie du cœur humain.

Les Indiens Commanches, qui semblent se rappeler que dans les temps anciens ils ont joui d'une civilisation relativement fort avancée, sont ceux qui ont conservé le plus grand nombre de ces coutumes frappées sans contredit au coin de l'originalité.

Un jour du mois de février, qu'ils nomment *Wame binni-quisis*, *lune des Aigles qui arrivent*, de l'année 1795 ou 1796, un village de la tribu de la *Vache-Rouge*, était en proie à une agitation extraordinaire.

Le hachesto ou harangueur public, monté sur le toit d'une hutte, convoquait les guerriers pour la septième heure du jour, sur la place du village, auprès de l'arche du premier homme, où devait se tenir un grand conseil.

Les guerriers s'interrogeaient vainement entre eux pour connaître la cause de cette convocation imprévue, mais nul ne pouvait les renseigner, le hachesto lui-même l'ignorait, et force leur fut d'attendre l'heure de la convocation, bien que les commentaires et les suppositions ne laissassent pas d'aller leur train.

Les Peaux-Rouges, que des auteurs mal informés nous représentent comme des hommes froids, compassés et silencieux, sont au contraire très-gais et surtout très-bavards lorsqu'ils sont entre eux.

Ce qui a pu faire supposer le contraire, c'est que, dans leurs rapports avec les blancs, les Indiens sont arrêtés d'abord par les difficultés de langage insurmontables pour eux aussi bien que pour leurs interlocuteurs, et ensuite par cette méfiance que tout aborigène de l'Amérique apporte toujours dans ses relations avec les Européens, quels qu'ils soient, à cause de la haine invétérée qui sépare les deux races.

Pendant notre long séjour au milieu des tribus indiennes, nous avons été souvent à même de reconnaître combien on se trompe sur le compte des Peaux-Rouges. En assistant à leurs longues causeries du soir dans les villages, où pendant les expéditions de chasse, c'était un feu roulant de plaisanteries et de bons mots, souvent durant des heures entières, à la grande joie de l'auditoire riant à gorge déployée, de ce bon rire indien, sans souci et sans arrière-pensée, qui fend la bouche jusqu'aux oreilles et tire des larmes de jubilation, rire qui ne peut se comparer pour les éclats métalliques qu'à celui des nègres, bien que le premier soit beaucoup plus spirituel que le second, dont les notes ont toujours quelque chose de bestial.

Vers le déclin du jour, heure choisie pour la convocation, la place du village de la Vache-Rouge présentait un aspect des plus animés.

Les guerriers, les femmes, les enfants et les chiens, ces hôtes inséparables des Peaux-Rouges, se pressaient autour d'un large cercle, laissé vide au milieu de la place pour le feu du conseil, auprès duquel les principaux chefs de la nation étaient accroupis cérémonieusement.

A un signe d'un vieux sachem, dont les cheveux blancs comme de l'argent inondaient les épaules, le porte-pipe apporta le grand calumet dont il présenta à chaque chef le tuyau à tour de rôle, tout en conservant le foyer dans la paume de la main.

Lorsque tous les chefs eurent fumé, le porte-pipe inclina le calumet vers les quatre points cardinaux en murmurant des paroles mystérieuses que nul n'entendit, puis il vida la cendre dans le feu en disant à haute voix :

« Chefs, guerriers, femmes et enfants de la Vache-Rouge, vos sachems sont réunis afin de juger une question fort grave ; priez le maître de la vie de leur inspirer des paroles sages.

— Que le maître de la vie inspire aux sachems de la nation des paroles sages, » répondirent en chœur les assistants.

Alors le porte-pipe, après s'être respectueusement incliné devant les chefs, se retira en emportant le calumet.

Le conseil commença.

Sur un signe du vieux sachem, un chef se leva, salua l'assistance et prit la parole.

« Sachems vénérés, chefs et guerriers de ma nation, dit-il d'une voix haute, la mission dont je suis chargé est pénible pour mon cœur, écoutez-moi avec indulgence, ne vous laissez pas dominer par la passion, que la justice seule préside à l'arrêt sévère que peut-être vous serez forcé de prononcer ; la mission dont je suis chargé est pénible, je le répète, elle gonfle mon cœur de tristesse : je suis contraint d'accuser devant vous deux chefs renommés appartenant à deux familles illustres, qui tous deux à titre égal ont bien mérité de nous dans maintes occasions en rendant des services signalés à la nation ; ces chefs, puisqu'il me faut les nommer devant tous, sont la *Panthère-Bondissante* et l'*Épervier*. »

En entendant prononcer ces noms si connus et si justement estimés, un frémissement d'étonnement et de douleur parcourut les rangs de la foule.

Mais, sur un geste du plus ancien sachem, le silence se rétablit presque immédiatement, et le chef continua :

« Comment un nuage a-t-il passé subitement sur l'esprit de ces deux guerriers, dit-il, et a-t-il terni à ce point leur intelligence, que ces deux hommes qui si longtemps s'étaient chéris comme deux frères, dont l'amitié était citée dans la nation, sont devenus tout à coup ennemis implacables, comment le Grand-Esprit s'est-il si complètement retiré d'eux, que lorsqu'ils s'aperçoivent, leurs yeux lancent des éclairs, leur poitrine se gonfle et leurs mains cherchent leurs armes pour s'entre-tuer ? Nul ne peut le dire, nul ne le sait : ces chefs eux-mêmes, interrogés par les sachems, ont baissé les yeux et ont gardé un silence obstiné sans vouloir révéler les causes de cette inimitié cruelle, qui porte le trouble et la désolation dans la tribu. Un tel scandale ne doit pas durer plus longtemps, le tolérer davantage serait donner un exemple pernicieux à nos enfants ! Sachems, chefs et guerriers, au nom de la justice, je réclame que ces ennemis irréconciliables soient à jamais bannis de la tribu, ce soir même au coucher du soleil. J'ai dit. Ai-je bien parlé, hommes puissants ? »

Le chef se rassit au milieu d'un silence lugubre ; dans cette réunion de près de deux mille individus, on aurait presque entendu les battements de ces cœurs oppressés de tristesse, tant chacun apportait une attention soutenue aux paroles prononcées dans le conseil.

« Y a-t-il un chef qui ait des observations à présenter sur l'accusation qui vient d'être portée ? » dit le vieux sachem d'une voix faible, mais qui fut parfaitement entendue dans toutes les parties de la place.

Un membre du conseil se leva.

« Je prends la parole, dit-il, non pas pour réfuter l'accusation du *Chat-Tigre*, malheureusement tout ce qu'il a dit est de la plus scrupuleuse exactitude ; loin d'exagérer les faits, il a, avec cette bonté et cette sagesse qui résident en lui, amoindri au contraire tout ce que cette haine a d'odieux ; je viens seulement présenter une observation à mes frères. Les chefs sont coupables, ce n'est malheureusement que trop prouvé, une plus longue discussion sur ce point serait oiseuse ; mais, le Chat-Tigre nous l'a dit lui-même avec cette loyauté qui le distingue, ces deux hommes sont des chefs renommés, des guerriers d'élite, ils ont rendu à la nation des services signalés ; tous à différents titres, nous les aimons et nous les chérissons ; soyons sévères, mais ne soyons pas cruels, ne les rejetons pas du milieu de nous comme des coyotes immondes ; avant de les frapper, faisons encore une tentative pour les réconcilier : cette dernière démarche, faite à la face de toute la nation, touchera sans doute leur cœur, et nous aurons le bonheur de conserver deux chefs illustres. S'ils demeurent sourds à nos prières, si nos observations n'obtiennent pas le succès que nous désirons, alors, comme le mal sera sans remède, soyons implacables devant un aveuglement que rien n'aura pu vaincre, faisons cesser le scandale qui règne depuis trop longtemps, et, ainsi que l'a demandé le Chat-Tigre, rejetons-les à jamais de notre nation qu'ils déshonorent. J'ai dit. Ai-je bien parlé, hommes puissants ? »

Après s'être incliné devant les sachems, le chef reprit sa place au milieu d'un murmure de satisfaction causé par ses chaleureuses paroles.

Bien que ces deux discours fussent dans le programme de la cérémonie, que chacun sût à quoi s'en tenir sur le résultat de la séance, cependant les chefs incriminés avaient tant de sympathie dans la nation, que bien des personnes espéraient encore qu'ils se réconcilieraient au dernier moment, lorsqu'ils se verraient sur le point d'être bannis.

Ce qu'il y avait surtout d'étrange dans la haine qui séparait ces deux hommes, c'est que la cause en était complétement ignorée et que personne ne savait à quoi l'attribuer.

Lorsque le silence fut rétabli, le plus ancien sachem, après avoir consulté ses collègues à voix basse, prit la parole :

« Que la Panthère-Bondissante et l'Épervier soient introduits en notre présence. »

Alors, aux deux angles opposés de la place, la foule se fendit comme un fruit mûr et livra passage à un petit groupe de cinq ou six chefs au milieu desquels marchaient les deux accusés.

Lorsqu'ils se rencontrèrent, ils demeurèrent impassibles, une légère contraction des sourcils fut la seule preuve d'émotion qu'ils donnèrent en ce trouvant face à face.

C'étaient deux hommes de vingt-cinq à vingt-huit ans à peu près, d'une taille haute et bien découplée, d'une apparence martiale. Ils portaient leur grand costume et leurs peintures de guerre.

Leurs armes étaient tenues par leurs amis respectifs.

Ils se présentèrent au conseil avec un visage respectueux et une contenance modeste, qui leur attira des compliments unanimes de la part des assistants.

Après les avoir considérés d'un air triste et bienveillant à la fois pendant un assez long laps de temps, le plus ancien sachem se leva avec effort, et, soutenu par deux de ses collègues qui le tenaient par-dessous les bras, il prit enfin la parole avec un accent mélancolique, d'une voix faible et entrecoupée :

« Guerriers, mes enfants chéris, dit-il, de l'endroit où vous vous teniez vous avez entendu l'accusation qui a été prononcée contre vous : qu'avez-vous à dire pour votre défense, ces paroles sont-elles vraies ? Avez-vous, en effet, l'un pour l'autre cette haine cruelle et irréconciliable ? Répondez. »

Les deux chefs baissèrent silencieusement la tête.

Le sachem reprit :

« Mes enfants chéris, j'étais bien vieux déjà, moi qui compte près de cent hivers, lorsque votre mère, une enfant que j'avais vue naître aussi, vous mit au monde ; c'est moi qui, le premier, vous ai enseigné à vous servir des armes qui, plus tard, dans vos mains vigoureuses, sont devenues si redoutables. Lorsque je suis si près de mes derniers jours, au moment où je vais m'endormir du sommeil éternel pour ne me réveiller que dans les prairies bienheureuses, donnez-moi une consolation suprême qui me rendra le plus heureux des hommes et me payera de toutes les douleurs que vous m'avez causées. Voyons, mes enfants, un bon mouvement du cœur ; vous êtes jeunes, aventureux, l'amour seul doit trouver place dans vos âmes, la haine est une passion de l'âge mûr, elle ne sied pas à la jeunesse ; tendez-vous ces mains loyales, embrassez-vous comme deux frères que vous êtes, et que tout soit à jamais oublié entre vous, je vous en prie, mes enfants ; on ne résiste pas aux prières d'un vieillard si près de la tombe que je le suis. »

Il y eut un moment d'anxiété suprême dans la foule, chacun attendait, la poitrine oppressée, le cœur serré, ce qui allait advenir.

Les deux chefs jetèrent un regard attendri sur le vieux sachem, qui les considérait avec des larmes dans les yeux, ils tournèrent la tête l'un vers l'autre ; leurs lèvres tremblèrent comme s'ils avaient voulu parler ; un mouvement nerveux agita tout leur corps, mais aucun son ne sortit de leur bouche, leurs bras restèrent inertes à leur côté.

« Répondez, reprit le vieillard, oui ou non, il le faut, je le veux, je vous l'ordonne !
— Non ! » dirent-ils ensemble d'une voix sourde mais ferme.

Le sachem se redressa.

« C'est bien, dit-il. Puisqu'il ne reste plus aucun sentiment généreux dans votre cœur, que la haine a tout dévoré en vous, que vous n'êtes plus des hommes mais des monstres, écoutez l'arrêt irrévocable que vos sachems, vos égaux, vos parents et vos amis prononcent contre vous. La nation vous rejette de son sein, vous n'êtes plus les enfants de notre tribu, le feu et l'eau vous sont refusés sur les territoires de chasse de notre nation, nous ne vous connaissons plus ; des chefs qui répondent de vous sur leur tête vous conduiront à vingt-cinq lieues du village, vous, la Panthère-Bondissante, dans la direction du sud ; vous, l'Épervier, dans la direction du nord ; défense expresse vous est faite, sous peine de mort, de remettre les pieds sur le territoire de la nation que vos mocksens maudits ne doivent plus fouler désormais ; que chacun de vous prenne une de ces deux flèches, elles sont peintes de diverses couleurs et vous serviront de passe-port dans les tribus où vous passerez ; cherchez une nation qui vous adopte, car désormais vous n'avez plus ni patrie ni famille ; allez, maudits ! ces flèches sont le dernier cadeau que vous recevez de vos frères ; partez ; puisse le maître de la vie attendrir vos cœurs de tigre ; pour nous, nous ne vous connaissons plus. J'ai dit. Ai-je bien parlé, hommes puissants ? »

Le vieillard se rassit au milieu de l'émotion générale, il se voila la face avec un pan de son manteau de bison et demeura immobile. Il pleurait.

Les deux chefs sortirent en trébuchant comme des hommes ivres, emmenés chacun par un point opposé de la place ; entraînés et soutenus par les chefs qui les avaient amenés, ils traversèrent les rangs de leurs compatriotes, courbés sous les malédictions qui les accueillaient sur leur passage.

A la sortie du village, des chevaux les attendaient ; ils se mirent en selle et partirent au galop, toujours suivis de leur escorte, qui ne devait les abandonner qu'au bout de vingt-cinq lieues.

Lorsqu'ils furent arrivés chacun à l'endroit où ils devaient être laissés, les guerriers mirent pied à terre, jetèrent sans parler leurs armes sur le sol et repartirent à fond de train.

Pas un mot n'avait été prononcé pendant cette longue course qui avait duré quatorze heures.

Nous suivrons l'Épervier. Quant à la Panthère Bondissante, nul ne sut jamais ce qu'il devint ; ses traces se perdirent si complètement qu'il fut impossible de le retrouver.

L'Épervier était un homme d'une énergie et d'un courage à toute épreuve ; cependant lorsqu'il se vit seul, abandonné de tous ceux qu'il avait aimés, il eut un moment de découragement et de rage froide qui faillit le rendre fou.

Mais bientôt son orgueil se révolta ; il se roidit contre la douleur, et, après avoir laissé prendre à son cheval le repos nécessaire, il se remit résolûment en route.

Il marcha ainsi au hasard, pendant plus d'un mois, sans suivre de direction arrêtée, vivant de sa chasse, se souciant fort peu de l'endroit où il arriverait et des gens avec lesquels le hasard le mettrait en contact.

Un jour, après une assez longue course infructueuse à la poursuite d'un élan que, par une espèce de fatalité, il ne put jamais atteindre, il se trouva tout à coup en face d'un cheval mort ; il regarda autour de lui ; non loin de ce cheval en gisait un second, auprès duquel était étendu un cadavre qu'à son costume il était facile de reconnaître pour un Européen, ou tout au moins pour un blanc.

L'Épervier sentit s'éveiller en lui sa curiosité.

Avec cette sagacité particulière aux Indiens, il commença immédiatement à fureter de tous les côtés.

Ses recherches furent presque immédiatement couronnées de succès ; il aperçut au pied d'un arbre un homme aux cheveux grisonnants, à la barbe inculte et touffue, revêtu de vêtements en lambeaux, qui était étendu sans mouvement.

L'Indien s'approcha vivement pour s'assurer de l'état de l'inconnu, et lui prodiguer ses soins, si par hasard il n'était pas mort.

La première chose que fit l'Épervier fut de poser la main sur le cœur de celui qu'il voulait secourir. Ce cœur battait, mais si faiblement qu'il semblait devoir bientôt s'arrêter.

Tous les Indiens sont un peu médecins, c'est-à-dire qu'ils possèdent la connaissance de certaines plantes au moyen desquelles, du reste, soit dit entre parenthèse, ils opèrent souvent des cures réellement merveilleuses.

Tout en cherchant à ranimer l'inconnu, l'Indien l'examinait attentivement.

Bien que ses cheveux commençassent à grisonner, cet homme était jeune encore et ne paraissait pas âgé de plus de quarante à quarante-cinq ans ; sa taille était haute et bien prise ; il avait le front large et bien bombé, le nez recourbé, la bouche grande et le menton carré.

Ses vêtements, quoique en lambeaux, avaient une coupe gracieuse et étaient faits d'un drap fin qui indiquait parfaitement qu'il devait appartenir à une classe aisée de la société ; le lecteur comprend que ces nuances délicates avaient échappé à l'Indien ; lui n'avait vu qu'un homme d'apparence intelligente et décidée sur le point de mourir, et, bien qu'il appartenait à la race blanche, race que, de même que tous ses compatriotes, il détestait, et pour cause, devant une telle détresse il avait oublié ses antipathies pour ne plus songer qu'à le secourir.

Auprès de l'inconnu se trouvaient pêle-mêle, sur l'herbe, une trousse de chirurgien, une molette, des pistolets, un fusil, un sabre et un livre ouvert.

Pendant assez longtemps les tentatives de l'Épervier n'eurent aucun résultat. Déjà il désespérait de rappeler le mourant à la vie, lorsqu'il vit une fugitive rougeur teinter ses joues d'une nuance presque imperceptible, et sentit son cœur battre plus vite et plus fort.

L'Épervier fit un geste de joie à ce succès pour lui inespéré.

Chose incroyable! ce guerrier, dont jusque-là toute la vie s'était écoulée à faire aux blancs une guerre d'embuscades et de surprises, commettant avec tous les raffinements de la cruauté la plus émérite les actes les plus barbares sur les malheureux Espagnols qui tombaient entre ses mains, cet homme se réjouissait de rappeler à la vie cet individu qui, pour lui, était un ennemi naturel.

Au bout de quelques instants, l'inconnu ouvrit lentement les yeux; mais, blessé probablement par l'éclat du jour, il les referma aussitôt.

L'Épervier ne se découragea pas et résolut de mener à bonne fin une œuvre si bien commencée.

Son attente ne fut pas trompée; au bout de quelques minutes l'inconnu rouvrit les yeux; il fit un geste comme pour se redresser, mais il était trop faible; ses forces le trahirent, il retomba.

Alors l'Indien le souleva doucement par les épaules et l'assit contre le tronc du catalpas au pied duquel il était étendu primitivement.

L'inconnu le remercia d'un geste en murmurant d'une voix à peine articulée ce mot :

« Beber — boire — »

Les Comanches, dont la vie se passe à faire périodiquement des incursions sur le territoire espagnol, savent tous au moins quelques mots de cette langue; l'Épervier la parlait assez couramment: Il saisit la gourde pendue à l'arçon de sa selle et que deux heures auparavant il avait emplie, et il en glissa l'orifice entre les lèvres du malade.

Dès que celui-ci eut goûté l'eau, il commença à boire à longs traits.

Mais l'Indien, qui se doutait de ce qui était arrivé à l'homme qu'il secourait, ne lui laissa boire que quelques gorgées, puis il lui retira la gourde.

L'inconnu voulait boire encore, mais l'Épervier s'y opposa.

« Non, lui dit-il, il ne faut pas, mon père, le visage pâle est trop faible, il mangera d'abord. »

Le malade lui sourit et lui pressa la main.

L'Indien se releva tout joyeux, sortit de son sac aux provisions quelques fruits, et les présenta à celui qu'il venait presque de ressusciter.

Grâce à ces soins intelligents, au bout d'une heure, le malade se sentit assez bien pour se lever.

Alors il expliqua en mauvais espagnol à l'Épervier que lui et un de ses amis voyageaient de compagnie, que leurs chevaux étaient morts de fatigue, que son ami et lui manquant de tout dans ce désert où il leur avait été impossible de se procurer de l'eau et des vivres, son ami avait succombé dans ses bras, après des souffrances atroces, il y avait déjà un jour que lui-même était en train d'en faire autant, lorsque sa bonne étoile ou plutôt la Providence l'avait amené pour le sauver.

« Bon, répondit l'Indien, lorsque l'inconnu eut terminé son récit, mon père est fort maintenant, e lui *lacerai* un cheval et je le conduirai jusqu'à la première habitation des hommes de sa couleur. »

A cette proposition l'inconnu fronça le sourcil, une expression de haine et de mépris hautain se peignit sur ses traits.

« Non, dit-il, je ne veux pas retourner auprès des hommes de ma couleur, ils m'ont rejeté, proscrit, je les hais : c'est au désert que désormais je veux habiter.

— Ooah! s'écria l'Indien avec étonnement, mon père n'a plus de nation?

— Non, répondit-il, je suis seul, sans patrie, sans parents, sans amis; la vue d'un homme de ma couleur excite ma haine et mon mépris : tous ils sont ingrats, je veux vivre loin d'eux.

— Bon, fit l'Indien, moi je suis aussi rejeté par ma nation, moi aussi je suis seul, je resterai avec mon père, je serai son fils.

— Comment! s'écria l'inconnu, qui crut avoir mal compris, il serait possible! parmi vos tribus errantes la proscription existe aussi? Vous comme moi, vous êtes rejeté par ceux de votre race, de votre sang, vous êtes abandonné, sans famille, condamné à errer désormais seul, tout seul?

— Oui, murmura l'Épervier, en baissant lentela tête.

— Oh! s'écria l'inconnu en lançant vers le ciel un regard d'une expression étrange, oh! les hommes! ils sont partout les mêmes, cruels, dénaturés, et sans cœur. »

Il se promena quelques instants en murmurant certaines paroles dans une langue que l'Indien ne comprenait pas, puis il revint vivement vers lui, et lui serrant fortement les mains :

« Eh bien oui! dit-il avec une énergie fébrile, j'accepte votre proposition, notre sort est le même, nous ne devons plus nous séparer : victimes tous deux de la méchanceté des hommes, nous vivrons ensemble; vous m'avez sauvé la vie, Peau-Rouge, dans le premier moment j'en étais fâché, mais maintenant j'en remercie la Providence, puisque je pourrai encore faire du bien et forcer les hommes à rougir de leur ingratitude. »

Ce discours était beaucoup trop alambiqué et trop bourré de préceptes philosophiques pour être compris complètement par l'Épervier : cependant il en saisit le sens; cela lui suffit, car lui aussi était heureux de trouver dans son compagnon d'infortune un homme frappé des mêmes malheurs.

« Que mon père ouvre les oreilles, dit-il, il va rester ici pendant que moi je chercherai un cheval pour lui; les manadas sont nombreuses aux environs, j'aurai bientôt trouvé ce qu'il nous faut; mon père sera patient pendant l'absence de son fils l'Épervier; du reste, je lui laisse à boire et à manger.

— Allez, » lui dit l'inconnu.

L'Indien revint deux heures après avec un magnifique cheval.

Quelques jours se passèrent ainsi en courses vagabondes, mais toutes dirigées de plus en plus vers le désert. L'inconnu semblait redouter de rencontrer les hommes blancs; cependant, à part le récit qu'il avait failli mourir, l'inconnu gardait un silence obstiné sur toutes les particularités de son existence. L'Indien ne savait ni qui il était, ni ce qu'il avait fait jadis, ni pourquoi il s'était enfoncé ainsi dans le désert au risque d'y périr.

Chaque fois que l'Épervier lui demandait quelques détails sur sa vie, il détournait la conversation, et cela si adroitement, que l'Indien ne pouvait plus la ramener à son point de départ.

Un jour que tous deux causaient en chevauchant aux côtés l'un de l'autre, l'Épervier qui, à part lui, était piqué du peu de confiance que lui témoignait l'étranger, lui dit tout à coup nettement et sans préambule:

« Mon père était un grand chef dans sa nation? »

L'inconnu sourit tristement.

« Peut-être, répondit-il; mais maintenant je ne suis plus rien.

— Mon père se trompe, dit sérieusement l'Indien, les guerriers de sa nation peuvent l'avoir méconnu, mais sa valeur reste toujours la même.

— Fumée que cela, soupira l'inconnu.

— L'amour de la patrie est la plus grande et la plus noble passion que le maître de la vie ait mise au cœur de l'homme; mon père avait un nom révéré par les siens. »

L'inconnu fronça les sourcils, son visage prit une expression que l'Indien ne lui avait jamais vue.

« Mon nom est un anathème, dit-il, nul ne l'entendra prononcer désormais; il a été comme un stigmate cloué à mon front par les partisans de celui que j'ai aidé, moi infime, à abattre. »

L'Épervier fit un geste de suprême dédain.

« Le chef de la nation se doit à ses guerriers; s'il les trahit, ils sont les maîtres de sa chevelure, » dit-il d'une voix ferme.

L'inconnu, surpris d'être si bien compris par cet homme primitif, sourit avec orgueil.

« En demandant sa tête, fit-il avec conviction, la mienne était là comme enjeu, je voulais sauver ma patrie. Qui pouvait me blâmer?

— Personne! répondit vivement l'Épervier, tout traître doit mourir. »

Il y eut un long silence.

L'Épervier reprit le premier la parole.

« Nous devons, dit-il, vivre de longs jours ensemble; mon père veut que son nom demeure inconnu, je n'insisterai pas pour le connaître; cependant nous ne pouvons plus longtemps errer à l'aventure, il nous faut une tribu qui nous adopte, des hommes qui nous reconnaissent pour frères.

— A quoi bon? demanda l'inconnu.

— A être forts et partout respectés; nous nous devons à nos frères, comme ils se doivent à nous; la vie n'est qu'un prêt que nous fait le maître du monde, à la condition que cette vie soit profitable à ceux qui nous entourent. Sous quel nom présenterai-je mon père aux hommes auxquels nous demanderons asile et protection?

— Sous celui que vous voudrez, mon fils; puisque je ne puis plus porter le mien, tout autre m'est indifférent. »

L'Épervier réfléchit un instant.

« Mon père est fort, dit-il, sa chevelure commence à se diaprer des neiges de l'hiver; il se nommera désormais le Bison-Blanc.

— Le Bison-Blanc, soit, répondit avec un soupir l'inconnu, autant ce nom qu'un autre; peut-être pourrai-je échapper ainsi aux coups de ceux qui ont juré ma mort. »

L'Indien charmé de savoir comment il devait nommer dorénavant son ami, lui dit alors d'un ton joyeux:

« Dans quelques jours nous arriverons dans un village des Indiens du Sang ou Kenhàs où nous serons reçus comme si nous étions des fils de la nation; mon père est sage, moi je suis fort, les Kenhàs seront heureux de nous recevoir: courage, vieux père, cette patrie d'adoption vaudra peut-être la nôtre.

— France! adieu! » murmura l'inconnu, d'une voix étranglée.

Quatre jours plus tard, ils arrivèrent en effet au village des Kenhàs; la réception qui leur fut faite fut amicale.

« Eh bien! dit l'Épervier à son compagnon lorsqu'ils eurent été adoptés selon tous les rites indiens, que pense mon père? N'est-il pas heureux?

— Je pense, répondit mélancoliquement l'autre, que rien ne peut rendre à l'exilé la patrie qu'il a perdue. »

IX

FLEUR-DE-LIANE.

Cependant des jours, des mois, des années s'écoulèrent; le Bison-Blanc, puisque tel était le nom sous lequel l'inconnu était seul désigné, semblait avoir renoncé complétement à cette patrie, qu'il lui était défendu de revoir jamais. Il avait adopté complétement les coutumes indiennes, s'était identifié à ces mœurs étranges, et, grâce à sa sagesse, il avait su tellement se concilier l'estime et le respect de la nation kenhà, qu'il était parvenu à compter au nombre de ses sachems les plus vénérés.

L'Épervier, après avoir donné dans maintes circonstances des preuves irréfragables de son courage et de ses talents militaires, avait conquis de son côté une belle et honorable place dans la nation. Si pour une expédition dangereuse il fallait un chef éprouvé, toujours il était choisi par le conseil des sachems, car on savait que le succès couronnait toujours ses entreprises.

L'Épervier était un homme d'un sens droit, qui avait compris de suite la valeur intellectuelle de son ami européen; docile aux leçons du vieillard, il n'agissait jamais, dans quelque circonstance que ce fût, sans avoir pris son avis, et toujours il se conformait aux sages conseils de cette rare intelligence; aussi, bien lui en avait pris, et il n'avait pas tardé à récolter les bénéfices de cette conduite adroite.

Aussi, lorsque deux ans après s'être marié à une jeune fille kenhà, toujours d'après les avis de son ami, lorsque sa femme le rendit père d'un garçon, il le prit dans ses bras et le présenta au vieillard en lui disant d'une voix émue :

« Mon père le Bison-Blanc voit ce guerrier, il est son fils, mon père en fera un homme.

— Je le jure, » répondit le vieillard d'une voix ferme.

Lorsque l'enfant fut sevré, le père tint la promesse qu'il avait faite à son ami et lui donna son fils, en s'engageant à le laisser libre de l'élever comme bon lui semblerait.

Le vieillard, rajeuni par l'espoir de cette éducation qui lui donnait la perspective de faire, à une époque donnée, un homme selon son cœur de cette chétive créature, accepta avec joie cette mission difficile.

L'enfant avait, de ses parents, reçu le nom de Natah-Otann : nom significatif pour tous, puisque c'est celui que porte l'animal le plus redouté des habitants de l'Amérique du Nord, l'ours gris.

Le Bison-Blanc se jura intérieurement que le jeune homme ne démentirait pas l'espoir que son père semblait avoir placé en lui.

Le Bison-Blanc était un fils du dix-huitième siècle, il résolut d'expérimenter sur cette jeune intelligence, qui lui était confiée sans contrôle, le système préconisé par Jean-Jacques, dans *Émile*.

Natah-Otann fit des progrès rapides sous la férule du Bison-Blanc.

Le vieillard avait avec lui quelques livres, qui lui servirent à donner à son élève une éducation fort étendue et une érudition peu commune.

On vit alors ce fait étrange d'un Indien, qui, tout en suivant exactement les coutumes de ses pères, en chassant et en combattant comme eux, et sans avoir jamais quitté sa tribu, était cependant un homme distingué, qui n'aurait été déplacé dans aucun salon européen, et dont la vaste intelligence avait tout compris, tout apprécié, tout développé.

Chose singulière, Natah-Otann, dès qu'il fut devenu un homme, loin de mépriser ses compatriotes plongés dans l'abrutissement et l'ignorance la plus complète, se prit au contraire pour eux d'un amour ardent et du violent désir de les régénérer.

Dès ce moment, sa vie eut un but, une pensée, qui fut la préoccupation continuelle de son existence : replacer les Indiens au rang dont ils étaient descendus, en les réunissant, en formant un faisceau et les constituant en une nation grande, forte et libre.

Le Bison-Blanc, confident obligé des pensées du jeune chef, accepta d'abord ces projets avec le sourire sceptique des vieillards qui, revenus de tout, et blasés sur tout, n'ont plus conservé aucune croyance au fond du cœur : il crut que Natah-Otann, sous l'impression du feu de la jeunesse, enthousiaste des grandes choses, comme toutes les âmes généreuses, se laissait entraîner par un mouvement irréfléchi dont il reconnaîtrait bientôt la folie.

Mais lorsqu'il eut été à même d'apprécier combien ces idées étaient profondément enracinées dans le cœur du jeune homme, qu'il le vit se mettre résolûment à l'œuvre, alors le vieillard trembla, il eut peur de son ouvrage, il se demanda s'il avait eu bien réellement le droit d'agir comme il l'avait fait, s'il n'avait pas eu tort de développer dans d'aussi énormes proportions cette intelligence d'élite, qui seule, et sans autre appui que sa volonté, allait entreprendre une lutte dans laquelle elle succomberait infailliblement.

Cet homme qui, dans sa jeunesse, pendant les orages d'une révolution terrible, avait sans froncer le sourcil, vu tomber autour de lui les hommes comme des épis mûrs, qui, pour assurer le triomphe de ses idées, n'avait pas craint de porter une main sacrilège sur les choses les plus saintes et les plus révérées, cet homme enfin qui, chargé de la haine de milliers d'individus, de la réprobation presque générale, forcé de se cacher comme un malfaiteur, poursuivi par une réaction puissante et implacable, levait fièrement la tête et disait, en mettant sur sa large poitrine sa main nerveuse : « J'ai fait mon devoir; ma conscience ne me reproche rien, parce que mes mains sont pures et mon cœur est resté fort ! » cet homme frémit en songeant aux conséquences incalculables des idées qu'il avait, comme en se jouant, inoculées au jeune homme.

Il comprit que cette éducation, en complet désaccord avec celle des individus qui l'entouraient, devait infailliblement causer la perte de Natah-Otann.

Alors il chercha à démolir de ses propres mains l'édifice qu'avec tant de peine il avait construit; il voulut tourner vers un autre point l'ardeur qui dévorait son élève, donner un autre but à sa vie en changeant ses projets. Il était trop tard, le mal était sans remède : Natah-Otann, en voyant son maître se démentir ainsi, le battait avec ses propres armes et l'obligeait à courber tout confus son front rougissant sous les coups de l'impitoyable logique que lui-même avait enseignée à son élève.

Natah-Otann était un composé bizarre de bien et de mal; chez lui, tout était extrême; parfois les plus nobles sentiments semblaient résider en lui : il était bon, généreux; puis tout à coup, dans une autre circonstance, sans qu'il fût possible d'expliquer pourquoi il agissait ainsi, sa férocité et sa cruauté acquéraient des proportions gigantesques qui épouvantaient les Indiens eux-mêmes.

Cependant il était généralement bon et doux pour ses compatriotes qui, sans en connaître la cause, mais subissant à leur insu son influence magnétique incontestable, le redoutaient et trem-

Il se trouva tout à coup en face d'un cadavre. (Page 44, col. 2.)

blaient à une parole tombée de ses lèvres ou à un simple froncement de ses sourcils.

Les blancs, et surtout les Espagnols, et les Américains du nord, étaient les ennemis implacables de Natah-Otann; il leur faisait une guerre sans pitié ni merci, les attaquant partout où il pouvait les

Les Indiens lui enlevèrent l'enfant qu'elle pressait sur sa poitrine. (Page 50, col. 2.)

surprendre, et faisant expirer dans les plus horribles tortures ceux qui, pour leur malheur, tombaient entre ses mains.

Aussi sa réputation était-elle glorieusement faite dans les prairies; l'effroi qu'il inspirait était extrême : déjà plusieurs fois le gouvernement des États-Unis avait cherché à se débarrasser de ce redoutable et implacable ennemi, mais toutes les expéditions tentées contre lui avaient échoué, et le chef indien, plus audacieux et plus cruel que jamais, se rapprochait peu à peu des frontières américaines, régnait sans contrôle au désert dont il était le roi absolu, et parfois venait, le fer et la flamme à la main, jusqu'au milieu des cités de l'Union, réclamer le tribut qu'il prétendait lever quand même sur les blancs.

Que l'on ne nous taxe pas d'exagération : tout ce que nous rapportons ici est de la plus scrupuleuse exactitude, et si parfois nous dénaturons les faits, c'est plutôt afin de les amoindrir; si nous voulions soulever l'incognito qui voile nos personnages, bien des gens les reconnaîtraient du premier coup

7

et certifieraient la vérité de ce que nous avançons.

Une horrible scène de massacre dont Natah-Otann avait été l'auteur avait surtout soulevé contre lui l'indignation générale.

Voici les faits :

Une famille américaine, composée du père, de la mère, de deux fils âgés d'une douzaine d'années, d'une petite fille de trois ou quatre ans et de cinq domestiques, avait quitté les États de l'ouest dans l'intention d'exploiter une concession qu'elle avait achetée dans le haut Missouri.

A l'époque où se passent les événements que nous rapportons, les pas des blancs foulaient bien rarement ces parages laissés entièrement au pouvoir des Indiens, qui les parcouraient dans tous les sens, et, avec quelques chasseurs et trappeurs métis et canadiens, étaient les seuls maîtres de ces vastes solitudes.

A leur départ des défrichements, leurs amis avaient averti les émigrants de se tenir sur leurs gardes; on leur avait conseillé même de ne pas s'aventurer en si petit nombre dans ces déserts, d'attendre d'autres émigrants, qui bientôt devaient se réunir pour se diriger du même côté, en leur faisant observer qu'une caravane de cinquante ou soixante individus déterminés en imposerait facilement aux Indiens, et passerait saine et sauve au milieu d'eux.

Le chef de cette famille américaine était un vieux soldat de la guerre de l'Indépendance, doué d'un courage de lion et d'un entêtement véritablement britannique; il répondit froidement à ceux qui lui donnaient ces conseils, que ses domestiques et lui suffisaient amplement pour tenir tête à tous les Indiens des prairies, qu'ils avaient de bons rifles, des cœurs fermes, et qu'ils arriveraient à leur concession malgré tout.

Puis il fit ses préparatifs en homme qui, une fois sa résolution prise, n'admet pas de délais, et il partit au milieu des signes de désapprobation de ses amis, qui lui pronostiquaient des malheurs sans nombre.

Cependant les premiers jours se passèrent assez tranquillement; rien ne vint corroborer les prédictions qui lui avaient été faites.

Les émigrants s'avançaient paisiblement à travers un paysage délicieux, sans qu'aucun indice révélât l'approche des Indiens, qui semblaient être devenus invisibles.

Les Américains sont les hommes qui passent le plus facilement de la plus extrême prudence à la confiance la plus folle et la plus téméraire. Cette fois encore ils ne se démentirent pas.

Lorsqu'ils virent que tout était tranquille autour d'eux, que nul obstacle ne se présentait sur leur passage, ils commencèrent à rire et à se moquer des appréhensions de leurs amis; peu à peu ils se relâchèrent de leur surveillance, négligèrent les précautions en usage dans les prairies, et en arrivèrent à désirer presque d'être attaqués par les Peaux-Rouges, afin de pouvoir leur faire sentir la force de leurs armes.

Les choses allèrent ainsi pendant près de deux mois; les émigrants n'étaient plus éloignés que d'une dizaine ou d'une douzaine de journées de marches de leur concession, sur laquelle ils comptaient bientôt arriver sains et saufs.

Ils ne songeaient plus aux Indiens; si parfois ils en parlaient entre eux, le soir, avant de se livrer au repos, c'était pour rire des terreurs ridicules de leurs amis, qui se figuraient qu'on ne pouvait faire un pas au désert sans tomber dans une embuscade de Peaux-Rouges.

Un soir, à la suite d'une journée fatigante, les émigrants s'étaient couchés après avoir placé des sentinelles autour de leur campement, bien plus disons-le, par acquit de conscience et afin d'éloigner les bêtes fauves, que pour toute autre cause.

Les sentinelles, habituées à ne jamais être troublées, fatiguées des travaux de leur journée, avaient pendant quelques instants veillé, les yeux fixés sur les étoiles, puis, peu à peu, le sommeil avait appesanti leurs paupières, et elles s'étaient endormies.

Leur réveil devait être terrible.

Vers le milieu de la nuit, une cinquantaine de Pieds-Noirs, guidés par Natah-Otann, glissèrent comme des démons dans l'ombre, s'introduisirent dans le camp en escaladant les retranchements, et avant que les Américains pussent saisir leurs armes ou seulement songer à se défendre, ils furent garrottés.

Alors il se passa une scène horrible, dont la plume est impuissante à retracer les effroyables péripéties.

Natah-Otann organisa le massacre, s'il est permis d'employer une telle expression, avec un sang-froid et une cruauté sans exemple.

Le chef de la caravane et ses cinq domestiques furent attachés nus à des arbres, flagellés et martyrisés, tandis que, devant eux, les deux jeunes garçons étaient littéralement cuits tout vivants à petit feu.

La mère, à demi folle de terreur, s'échappa emportant sa petite fille dans ses bras; mais, après avoir couru assez longtemps, les forces lui manquèrent, et elle tomba privée de sentiment.

Les Indiens la rejoignirent; la croyant morte, ils dédaignèrent de la scalper; mais ils lui enlevèrent l'enfant qu'elle pressait sur sa poitrine avec une force herculéenne. Cette enfant fut rapportée à Natah-Otann.

« Que faut-il en faire? lui demanda le guerrier qui la lui présentait.

— Au feu, » répondit-il laconiquement.

Le Pied-Noir se mit impassiblement en mesure d'exécuter l'ordre impitoyable qu'il avait reçu.

« Arrêtez! s'écria le père d'une voix déchirante, ne tuez pas de cette horrible façon une innocente créature; hélas! n'est-ce pas assez des tortures atroces que vous nous infligez? »

Le Pied-Noir s'arrêta indécis, en interrogeant son chef du regard.

Celui-ci réfléchissait.

« Attendez, dit-il en relevant la tête; et s'adres-

sant à l'émigrant : Tu veux que ta fille vive, n'est-ce pas ?
— Oui, répondit le père.
— Bien, fit-il, je te vendrai sa vie. »
L'Américain frémit à cette proposition.
« A quelle condition ? demanda-t-il.
— Écoute, et pesant sur chaque syllabe en dardant sur lui un regard qui le fit tressaillir jusque dans la moelle des os, mes conditions, les voici : je suis maître de votre vie à tous, elle m'appartient, je puis à mon gré la prolonger ou l'abréger sans qu'il vous soit possible de vous y opposer ; cependant, je ne sais pourquoi, ajouta-t-il avec un sourire sardonique, je me sens aujourd'hui en veine de clémence : ta fille vivra. Seulement, souviens-toi de ceci : quel que soit le tourment que je t'inflige, la torture que tu subisses, au premier cri que tu pousseras, ta fille sera égorgée ; c'est à toi de garder le silence si tu tiens à la sauver.
— J'accepte, répondit-il. Que m'importent les plus atroces tortures, pourvu que mon enfant vive ! »
Un rire sinistre plissa les lèvres du chef.
« C'est bien, fit-il.
— Un mot encore, reprit l'émigrant.
— Parle.
— Accorde-moi une grâce. Laisse-moi donner un dernier baiser à cette pauvre créature.
— Portez-lui son enfant, » commanda le chef.
Un Indien présenta la petite fille au malheureux.
L'innocente créature, comme si elle comprenait ce qui se passait, jeta ses bras autour du cou de son père en éclatant en sanglots.
Celui-ci, étroitement attaché, ne pouvait que lui prodiguer des baisers, dans lesquels passait son âme tout entière.
Ce spectacle avait quelque chose de hideux, on aurait dit un épisode du sabbat.
Ces cinq hommes attachés nus à des arbres, ces enfants se tordant, en poussant des cris déchirants, sur des charbons ardents, et ces Indiens impassibles, éclairés d'une manière sinistre par les reflets rougeâtres des flammes du brasier, complétaient le plus épouvantable tableau que jamais l'imagination la plus folle d'un peintre ait pu inventer.
« Assez ! dit Natah-Otann.
— Un dernier don, un dernier souvenir. »
Le chef haussa les épaules.
« A quoi bon ? fit-il.
— A me rendre moins cruelle la mort que tu me réserves.
— Finissons-en ; que veux-tu encore ?
— Suspends au cou de ma fille cette boucle d'oreille attachée avec une mèche de mes cheveux.
— Est-ce bien tout ?
— C'est tout.
— Soit. »
Le chef s'approcha, ôta de l'oreille droite de l'émigrant l'anneau d'or qui la traversait, coupa avec son couteau à scalper une mèche de ses cheveux, et, se tournant vers lui avec un rire sardonique :

« Écoute bien, lui dit-il ; tes compagnons et toi vous allez être écorchés vifs ; c'est avec un lambeau de ta peau que je ferai le sac et la lanière qui serviront à suspendre tes cheveux et ta boucle d'oreille au cou de ta fille ; tu vois que je suis généreux, je t'accorde plus que tu ne m'as demandé ; seulement rappelle-toi nos conditions. »
L'émigrant lui lança un regard de mépris.
« Tiens tes promesses comme je saurai tenir les miennes, bourreau, lui dit-il d'une voix ferme : commence la torture, si cruelle qu'elle soit, tu verras mourir un homme ! »
Les choses s'exécutèrent comme cela avait été convenu.
L'émigrant et ses domestiques furent écorchés vifs devant les deux pauvres enfants qui rôtissaient à leurs pieds.
L'émigrant supporta le supplice avec un courage devant lequel le chef s'inclina avec admiration. Pas un cri, pas une plainte, pas un soupir ne sortirent de sa poitrine saignante : il fut de granit.
Lorsque toute la peau lui fut enlevée, Natah-Otann s'approcha de lui : le malheureux n'était pas mort.
« Tu es un homme, lui dit-il, meurs satisfait, je tiendrai la promesse que je t'ai faite. »
Et ému sans doute par un sentiment de pitié pour tant de constance, il lui brûla la cervelle.
Cet horrible supplice avait duré plus de quatre heures[1].
Les Indiens pillèrent et saccagèrent tout ce que possédaient les Américains ; ce qu'ils ne purent emporter, ils le brûlèrent.
Natah-Otann tint strictement le serment qu'il avait fait à sa victime.
Comme il le lui avait dit, avec un lambeau de sa peau, tannée tant bien que mal, il confectionna lui-même un sachet dans lequel il plaça la mèche de cheveux et la boucle d'oreille, puis il suspendit le tout au cou de l'enfant par une lanière faite aussi avec la peau de son père.
Pendant le chemin pour retourner au village, Natah-Otann s'occupa seul de la pauvre petite créature, à laquelle il prodigua constamment les soins les plus assidus.
En arrivant à la tribu, le chef déclara devant tous qu'il adoptait cette enfant, et lui donna le nom de Fleur-de-Liane.
A l'époque où commence ce récit, Fleur-de-Liane avait quatorze ans ; c'était une délicieuse créature, douce et naïve, belle comme la Vierge des dernières amours, dont les grands yeux bleus à fleur de tête, bordés de longs cils bruns, réfléchissaient l'azur du ciel, et qui parcourait, folle et insoucieuse, à la suite de sa tribu, les sentes inexplorées des forêts de la prairie, rêvant parfois sous les voûtes ombreuses des arbres centenaires, vivant comme vivent les oiseaux, oubliant le passé qui, pour elle, était hier, ne se souciant pas de l'avenir qui n'exis-

---

1. Pour que l'on ne nous accuse pas de faire de l'horrible à froid, nous déclarons ici que cette scène est rigoureusement historique. (*L'auteur.*)

tait pas encore, et ne songeant au présent que pour être heureuse.

Cette charmante enfant était devenue, à son insu, l'idole de toute la tribu; le vieux Bison-Blanc surtout s'était épris pour elle d'une affection sans bornes; mais l'expérience qu'il avait acquise par la première éducation, qu'il avait tentée sur Natah-Otann, l'avait dégoûté d'en faire une seconde, seulement il surveillait la jeune fille avec un soin tout paternel, redressant ce que parfois il trouvait de défectueux en elle avec une patience et une bonté que rien ne pouvait lasser.

Ce vieux tribun, comme toutes les natures énergiques et implacables, avait un cœur d'agneau; ayant entièrement renoncé au monde qui l'avait méconnu, il avait retrempé son âme au désert et retrouvé les illusions et les élans généreux de ses jeunes années.

C'était avec un bonheur intime, une jouissance inouïe, qu'il suivait d'un œil jaloux les développements de cette plante vigoureuse, qui, poussant en liberté et regorgeant de séve, lançait à droite et à gauche de puissants rameaux qui faisaient bien augurer de l'avenir.

De ses premières années, Fleur-de-Liane n'avait conservé aucun souvenir; comme jamais devant elle nul n'avait fait allusion à la scène terrible qui l'avait amenée dans la tribu, d'autres impressions plus fraîches avaient complétement effacé celle-là.

Aimée et choyée par tous, Fleur-de-Liane se croyait enfant de la tribu.

Les longues et épaisses nattes de ses cheveux blonds et dorés comme des épis mûrs, la blancheur éclatante de sa peau, ne pouvaient l'éclairer : dans nombre de nations indiennes on rencontre de ces anomalies.

Les indiens Mandans entre autres ont beaucoup de femmes et de guerriers qui, s'ils endossaient un costume européen, passeraient facilement pour des blancs.

Les Pieds-Noirs, séduits par les charmes de cette douce jeune fille, faisaient reposer sur elle les destins de leur tribu; ils la considéraient comme leur génie tutélaire, leur palladium; leur foi en elle était tout ensemble profonde, sincère et naïve.

Fleur-de-Liane était vraiment la reine des Pieds-Noirs; un signe de ses doigts roses, un mot de ses lèvres mignonnes étaient obéis avec une promptitude et un dévouement sans bornes; elle pouvait tout faire, tout dire, tout exiger sans craindre de voir une seconde discuter sa volonté ou contrôler ses actions.

Cette royauté despotique, elle l'exerçait sans la soupçonner; elle seule ne se doutait pas du pouvoir immense qu'elle possédait sur ces natures brutales et tout d'une pièce qui, en sa présence, se faisaient douces et dévouées.

Natah-Otann s'était attaché à sa fille adoptive autant que les organisations comme la sienne sont capables de se laisser surprendre par un sentiment quelconque.

D'abord il avait joué avec la jeune fille, comme avec un joujou sans importance, puis peu à peu, au fur et à mesure que l'enfant se transformait et devenait femme, ces jeux étaient devenus plus sérieux, son cœur s'était pris; pour la première fois de sa vie, cet homme à l'âme indomptable avait senti se remuer en lui un sentiment qu'il ne pouvait analyser, mais qui, par sa force et sa violence, l'étonnait et l'effrayait.

Alors une sourde lutte s'était engagée entre le cœur et la tête du chef.

Il se révoltait de cette influence qu'il subissait; lui, habitué jusque-là à briser tous les obstacles, était sans force devant une enfant qui, lorsque parfois il essayait de la brusquer, le désarmait par un sourire.

Cette lutte dura longtemps; enfin le terrible Indien s'avoua vaincu, c'est-à-dire qu'il se laissa emporter au courant qui l'entraînait, et sans tenter davantage une résistance impossible, il se prit à aimer follement la jeune fille.

Mais cet amour lui faisait parfois éprouver des souffrances tellement horribles, lorsqu'il songeait à la façon dont Fleur-de-Liane était devenue sa fille adoptive, qu'il se demandait avec terreur si cet amour si profond qui s'était emparé de son être et le maîtrisait n'était pas un châtiment imposé par le ciel.

Alors il entrait dans des fureurs insensées, redoublait de férocité avec les malheureux dont il surprenait les plantations, et tout couvert de sang, la ceinture garnie de chevelures, il rentrait au village et venait devant la jeune fille faire trophée de ses hideux exploits.

Fleur-de-Liane, étonnée de l'état dans lequel elle voyait un homme qu'elle croyait, non son père, il était trop jeune, mais son parent, lui prodiguait toutes les consolations et les naïves caresses que son attachement pour lui lui suggérait; malheureusement les caresses de la jeune fille augmentaient encore les souffrances du chef, qui s'échappait à demi fou de douleur, la laissant triste et presque épouvantée de cette conduite incompréhensible pour elle.

Les choses furent portées si loin, que le Bison-Blanc, dont l'œil vigilant était sans cesse fixé sur son élève, jugea qu'il fallait, coûte que coûte, couper le mal dans sa racine et soustraire le fils de son ami à la fascination mortelle exercée sur lui par son innocente enchanteresse.

Dès qu'il se crut certain de l'amour de Natah-Otann pour Fleur-de-Liane, le vieux tribun demanda un entretien particulier à son élève; celui-ci le lui accorda, sans se douter de la raison qui engageait le Bison-Blanc à faire cette démarche.

Un matin le chef se présenta à l'entrée de la loge de son ami. Le Bison-Blanc lisait à demi couché auprès du foyer allumé au centre de la hutte.

« Sois le bienvenu, mon fils, dit-il au jeune homme; je n'ai que quelques mots à te dire, mais je les crois assez sérieux pour que tu les entendes sans retard. Assieds-toi près de moi. »

Le jeune homme obéit.

Alors le Bison-Blanc changea complétement de

tactique; lui qui depuis si longtemps combattait les projets de régénération de son ami sur la race indienne, entra complétement dans ses vues, avec une ardeur et une conviction qui furent portées si loin, que le jeune homme s'en étonna et ne put s'empêcher de lui demander d'où venait ce revirement subit dans son opinion.

« La cause en est bien simple, répondit le vieillard; tant que j'ai cru que ces projets ne t'étaient suggérés que par la fougue de la jeunesse, je ne les ai, ainsi que je devais le faire, considérés que comme des rêveries d'un cœur généreux qui se trompe, méconnaît le milieu où il se trouve, et ne se donne pas la peine de calculer les chances de réussite.

— Et à présent mon père? demanda vivement le jeune homme.

— A présent je reconnais tout ce qu'il y a de sérieux, de réellement noble et grand dans tes projets; non-seulement j'en admets la possibilité, mais encore je veux t'aider en m'y associant, afin d'en assurer la réussite.

— Ce que vous me dites là est-il bien vrai, mon père? demanda le jeune homme avec exaltation.

— Je te le jure; seulement il faut nous mettre immédiatement à l'œuvre. »

Le chef l'examina un instant avec soin; le vieillard resta impassible.

« Je vous comprends, dit-il enfin d'une voix lente, avec un accent profond; oui, vous me tendez la main sur le bord de l'abîme : merci, mon père; je ne serai pas indigne de vous; à mon tour je vous le jure.

— Bien, je te reconnais; crois-moi, mon fils, dit le vieillard en hochant la tête avec mélancolie, la patrie est une maîtresse ingrate souvent; mais c'est la seule qui nous donne les vraies jouissances de l'âme, si nous la servons pour elle seule, avec abnégation et désintéressement. »

Les deux hommes se serrèrent affectueusement la main; ils ne prononcèrent pas un mot de plus; le pacte était conclu.

Nous verrons bientôt si Natah-Otann était aussi réellement vainqueur de son amour qu'il le supposait.

X

LE GRAND CONSEIL.

Natah-Otann s'était immmédiatement mis à l'œuvre; avec cette fiévreuse ardeur qui le distinguait, il avait envoyé des émissaires dans toutes les directions aux principaux chefs des tribus des prairies de l'ouest, et il les avait convoqués dans une grande plaine de la vallée du Missouri, à un endroit nommé l'*Arbre du maître de la vie*, pour le quatième jour de la lune de la neige durcie, *ouabanni quisis*.

Ce lieu était fort vénéré des Indiens Missouris, qui venaient constamment y suspendre des présents.

C'était une immense plaine sablonneuse, complétement nue, sur le sol de laquelle ne poussaient ni un brin d'herbe ni un buisson; au centre de ce désert s'élevait un arbre immense, un chêne-liége de plus de vingt pieds de tour, dont le tronc était creux et dont les branches touffues couvraient un vaste espace.

Cet arbre, de cent vingt pieds de haut au moins, poussé là par hasard, devait être et était en effet pour les Indiens une plante miraculeuse; aussi lui avaient-ils donné le nom mystique de *l'arbre du maître de la vie*.

Au jour dit, les Indiens arrivèrent de tous les côtés, marchant en bon ordre et campant à peu de distance de l'endroit désigné pour le conseil.

Un immense bûcher avait été allumé au pied de l'arbre, et, à un signal donné par les tambours et les chichikoués, les chefs s'accroupirent en rond.

A quelques pas en arrière des sachems, les cavaliers Pieds-noirs, Nez-percés, Assiniboins, Mandans, etc., formèrent un redoutable cordon autour du feu du conseil, tandis que des éclaireurs fouillaient le désert pour éloigner les importuns et assurer le secret des délibérations.

A l'orient, le soleil dardait ses flammes; le désert, aride et nu, se mêlait à l'horizon sans bornes; au sud, les montagnes Rocheuses dressaient la neige éternelle de leurs sommets, tandis que dans le nord-ouest une ligne d'argent indiquait le cours du vieux Missouri.

Tel était le paysage, simple, pittoresque et grandiose à la fois, si l'on peut parler ainsi, où, près de l'arbre symbolique aux puissantes ramures, se tenaient ces guerriers barbares revêtus de leurs étranges et bizarres costumes.

A cet aspect majestueux, on se rappelait involontairement d'autres temps et d'autres climats, quand, à la clarté des incendies, les féroces compagnons d'Attila couraient à la conquête et au rajeunissement de l'empire romain.

Généralement, les nations aborigènes de l'Amérique ont une divinité, ou, pour mieux dire, un génie quelquefois bienfaisant, le plus souvent hostile; le culte du sauvage est moins de la vénération que de la crainte; le maître de la vie est plutôt un génie méchant que bon : voilà pourquoi les Indiens ont donné son nom à l'arbre auquel ils attribuent la même puissance.

Les religions indiennes, toutes primitives, ne tiennent nul compte de l'être moral, et ne s'arrêtent qu'aux accidents de la nature, dont elles font des dieux.

Ces différentes peuplades cherchent à se rendre favorables les déserts, où la fatigue et la soif amènent la mort, et les rivières, qui peuvent les engloutir.

Les chefs, ainsi que nous l'avons dit, étaient accroupis autour du feu, dans une immobilité automatique et contemplative, qui faisait supposer qu'ils se préparaient à une importante cérémonie de leur culte.

Au bout d'un instant, Natah-Otann porta à sa bouche le long sifflet de guerre, fait d'un tibia humain, qu'il portait pendu au cou et en tira un son perçant et prolongé.

A ce signal, car c'en était un, les chefs se levèrent, et, se mettant en file indienne, ils firent deux fois le tour de l'arbre du maître de la vie, en psalmodiant à voix basse une chanson symbolique pour implorer son assistance pour la réussite de leurs projets.

Au troisième tour, Natah-Otann ôta un magnifique collier de griffes d'ours gris qu'il avait au cou, et le suspendit aux branches de l'arbre, en disant :

« Maître de la vie, vois-moi d'un œil favorable, je t'offre ce présent. »

Les autres chefs imitèrent son exemple, chacun à son tour ; puis ils allèrent reprendre leur place autour du feu du conseil.

Alors le porte-pipe entra dans le cercle, et, avec les cérémonies d'usage, il présenta le calumet aux chefs ; puis, lorsque chacun eut fumé, le sachem le plus âgé invita Natah-Otann à prendre la parole.

Le projet du chef indien était peut-être un des plus hardis qui jamais aient été ourdis contre les blancs, et devait, comme le disait en raillant le vieux Bison-Blanc présenter les chances de réussite par son invraisemblance même, parce qu'il flattait les idées superstitieuses des Indiens, qui, de même que tous les peuples primitifs, ajoutent une grande foi au merveilleux.

Du reste, c'est le propre des nations opprimées, auxquelles la réalité n'offre jamais que des désillusions et des souffrances, de se réfugier dans le surnaturel, qui seul leur donne des consolations.

Natah-Otann avait puisé la première idée de son entreprise dans une des croyances les plus anciennes et les plus invétérées des Comanches, ses ancêtres.

Cette croyance, avec le récit de laquelle son père l'avait si souvent bercé dans son enfance, souriait à son esprit aventureux, et lorsque l'heure arriva de mettre à exécution les projets que depuis si longtemps il mûrissait dans son esprit, il l'invoqua et résolut de s'en servir pour rallier autour de lui, dans un tout commun, les autres nations indiennes.

Voici cette croyance ou plutôt cette légende dans toute sa naïveté primitive et telle quelle s'est conservée de père en fils parmi les Indiens.

Lorsque Mocktekuzoma, que les écrivains espagnols nomment improprement Montezuma, nom qui n'a aucune signification, au lieu que le premier veut littéralement dire *le seigneur sévère*, se vit renfermé dans son palais et prisonnier de cet aventurier de génie nommé Cortez, qui quelques jours plus tard devait lui ravir son empire, l'empereur, qui avait préféré se confier à des étrangers avides au lieu de se réfugier au milieu de son peuple, fut averti par une espèce de pressentiment du sort qui lui était réservé ; quelques jours avant sa mort, il réunit autour de lui les principaux chefs mexicains qui partageaient sa prison, et il leur parla ainsi :

« Écoutez ; mon père le Soleil m'a averti que bientôt je retournerais vers lui : je ne sais ni comment ni quand je dois mourir, mais j'ai la certitude que ma dernière heure est proche.

Comme à ces paroles les chefs qui l'entouraient fondaient en larmes parce qu'ils avaient pour lui la plus profonde vénération, il les consola en leur disant :

« Ma dernière heure est proche sur cette terre, mais je ne mourrai pas, puisque je retournerai auprès de mon père le Soleil, où je jouirai d'une félicité inconnue dans ce monde ; ne pleurez donc pas, mes amis fidèles, mais, au contraire, réjouissez-vous du bonheur qui m'arrive ; les hommes blancs barbus se sont, à force de trahisons, emparés de la plus grande partie de mon empire ; bientôt ils seront maîtres du reste. Qui peut les arrêter ? Leurs armes les rendent invulnérables et ils disposent à leur gré du feu du ciel ; mais leur puissance finira un jour, eux aussi seront victimes de trahisons, la peine du talion leur sera infligée dans toute sa rigueur. Seulement écoutez bien attentivement ce que je vais vous demander ; c'est de votre fidélité à exécuter mes derniers ordres que dépend le salut de notre patrie : prenez chacun un peu du feu sacré qui fut jadis allumé par le Soleil lui-même, et sur lequel les blancs n'ont pas encore osé porter une main sacrilège pour l'éteindre. Ce feu, le voilà devant vous, il brûle dans cette cassolette d'or ; emportez-le avec vous sans que nos tyrans soupçonnent ce qu'il deviendra et qu'ils ne puissent s'en emparer. Vous partagerez ce feu entre vous, de façon à ce que chacun en ait suffisamment ; conservez-le précieusement, religieusement, sans jamais le laisser éteindre. Chaque matin, après l'avoir adoré, montez sur le toit de votre maison, au lever du soleil, et regardez vers l'orient : un jour vous me verrez apparaître, donnant la main droite à mon père le Soleil ; alors vous vous réjouirez, parce que le moment de votre délivrance sera proche. Mon père et moi nous viendrons vous rendre la liberté et vous délivrer pour toujours de ces ennemis venus d'un monde pervers qui les a rejetés de son sein. »

Les chefs mexicains obéirent, séance tenante, car le temps pressait, aux ordres de leur empereur bien-aimé.

Quelques jours plus tard, Mocktekuzoma monta sur le toit de son palais et voulut parler à son peuple mutiné, lorsqu'il fut frappé d'une flèche, sans qu'on ait jamais bien su par qui, et tomba entre les bras des soldats espagnols qui l'accompagnaient.

Avant de rendre le dernier soupir, l'empereur se dressa et levant les bras au ciel, par un effort suprême, il dit à ses amis réunis autour de lui :

« Le feu ! le feu ! Songez au feu ! »
Ce furent ses dernières paroles. Dix minutes plus tard, il rendit le dernier soupir.

En vain les Espagnols, dont la curiosité était vivement éveillée par cette recommandation mystérieuse, cherchèrent, par tous les moyens en leur pouvoir, à en pénétrer la signification ; jamais ils ne parvinrent à faire parler un seul des Mexicains qu'ils interrogèrent. Tous gardèrent religieusement leur secret et plusieurs même endurèrent la torture et moururent plutôt que de le révéler.

Les Comanches et presque toutes les nations du Far-West ont conservé intacte cette croyance. Dans tous les villages indiens se trouve le feu de Mocktekuzoma, qui brûle éternellement, gardé par deux guerriers qui le surveillent, pendant vingt-quatre heures de suite, sans boire ni manger ; puis ils sont relevés par d'autres, et toujours ainsi.

Anciennement, au lieu de vingt-quatre, c'était quarante-huit heures que les gardiens restaient ; il arrivait souvent alors qu'on les trouvait morts, quand on venait les relever, soit à cause du gaz dégagé par le feu qui les asphyxiait d'autant plus facilement qu'ils étaient à jeun, soit par toute autre raison.

Les corps étaient enlevés et portés dans une grotte, où, disent les Comanches, un serpent les mangeait.

Voilà pourquoi la garde a été réduite de moitié ; depuis ce temps, on n'a plus eu de malheurs à déplorer.

Ce feu, placé dans un souterrain voûté, est contenu dans une cassolette en argent, où il couve sous la cendre.

Cette croyance est tellement générale, que non-seulement elle se rencontre chez les *Indios bravos* ou libres, mais encore chez les *manzos* ou civilisés. Beaucoup d'hommes, qui passent pour instruits et ont reçu une éducation presque européenne, conservent dans des endroits ignorés le feu de Mocktekuzoma, le font garder soigneusement, le visitent chaque jour, et ne manquent pas, au lever du soleil, de monter sur le toit de leurs maisons et de regarder vers l'orient, dans l'espoir de voir apparaître leur empereur bien-aimé, qui, accompagné du soleil, vient leur rendre cette liberté après laquelle, depuis tant de siècles, ils soupirent, et que la république mexicaine est loin de leur avoir donnée.

La pensée de Natah-Otann était celle-ci : annoncer aux Indiens, après leur avoir raconté cette légende, que les temps étaient révolus, que Mocktekuzoma allait apparaître pour les guider et leur servir de chef ; former un noyau puissant de guerriers qu'il disséminerait sur toutes les frontières américaines, de façon à attaquer ses ennemis de tous les côtés à la fois, par surprise et sans leur donner le temps de se défendre.

Ce projet, tout fou qu'il était, surtout n'ayant pour instrument, afin de le mettre à exécution, que les Indiens, c'est-à-dire les hommes les moins capables de s'allier entre eux, ce qui a toujours causé leurs défaites ; ce projet, disons-nous, ne manquait ni d'audace ni de noblesse, et Natah-Otann était réellement le seul homme capable de le mener à bien, s'il rencontrait dans les masses qu'il voulait soulever deux ou trois instruments dociles et intelligents qui comprissent sa pensée et s'y associassent réellement de cœur.

Les Comanches, les Pawnees, les Sioux étaient d'une grande utilité au chef pied-noir, ainsi que la plupart des Indiens du Far-West ; car ils partageaient la croyance dont Natah-Otann faisait la base de ses projets, et non-seulement ils n'auraient pas besoin d'être persuadés, mais encore ils l'aideraient, par leur assentiment à ce qu'il dirait, à persuader les autres Peaux-Rouges Missouris.

Mais, dans une aussi grande réunion de nations, divisées par une foule d'intérêts, parlant des langues différentes, hostiles pour la plupart les unes aux autres, comment parvenir à établir un lien assez fort pour les attacher d'une manière indissoluble ? Comment les convaincre de marcher toutes ensemble sans se jalouser ? Enfin était-il raisonnable de supposer qu'il ne se trouverait pas un traître qui vendrait ses frères et révélerait leurs projets aux Yankees, dont l'œil est toujours ouvert sur les démarches des Indiens dont ils ont si grande hâte d'être délivrés et qu'ils cherchent par tous les moyens à faire complétement disparaître.

Cependant, Natah-Otann ne se rebuta pas ; il ne se dissimulait pas les difficultés qu'il aurait à vaincre ; son courage grandissait par les obstacles, sa résolution s'affermissait pour ainsi dire, en raison des impossibilités qui devaient à chaque instant surgir devant lui.

Lorsque le plus ancien sachem, après les cérémonies préparatoires, lui eut fait signe de se lever, Natah-Otann comprit que le moment était enfin venu d'entamer la partie difficile qu'il voulait jouer ; il prit résolûment la parole, certain qu'avec des hommes comme ceux devant lesquels il se trouvait, tout résidait dans la façon dont il engagerait la question, et que, la première impression une fois surprise, le succès était presque certain.

« Chefs Comanches, Osages, Sioux, Pawnees, Mandans, Assiniboins, Missouris et vous tous qui m'écoutez, Peaux-Rouges, mes frères, dit-il d'une voix ferme et profondément accentuée, depuis bien des lunes mon esprit est triste ; je vois avec douleur nos territoires de chasse envahis par les blancs, diminuer et se resserrer de jour en jour. Nous, dont les innombrables peuplades couvraient, il y a quatre siècles à peine, la vaste étendue de terre comprise entre les deux mers, nous sommes aujourd'hui réduits à un petit nombre de guerriers qui, craintifs comme des antilopes, fuient devant nos spoliateurs ; nos villes sacrées, derniers refuges de la civilisation de nos pères les Incas, vont devenir la proie de ces monstres à face humaine, qui n'ont d'autre dieu que l'or ; notre race dispersée disparaîtra peut-être bientôt de ce monde qu'elle a si longtemps seule possédé et gouverné. Parqués, ainsi que de vils animaux, abrutis par l'eau de feu, ce poison corrosif inventé par les blancs pour notre perte, décimés par le fer et les maladies blanches,

L'arbre symbolique. (Page 53, col. 2.)

nos hordes errantes ne sont plus que l'ombre d'un peuple. Notre religion, nos vainqueurs la méprisent, et ils veulent nous courber devant les lois du Crucifié. Ils outragent nos femmes, tuent nos enfants, brûlent nos villages, nous réduisant, quand ils le peuvent, à l'état de brutes et de bêtes de somme, sous le prétexte de nous civiliser. Vous tous, Indiens qui m'écoutez, le sang de vos pères s'est-il appauvri dans vos veines et avez-vous complétement renoncé à l'indépendance? Répondez, voulez-vous mourir esclaves ou vivre libres? »

A ces mots prononcés d'une voix vibrante et relevés par un geste énergique, un frémissement parcourut l'assemblée; les fronts se relevèrent fièrement, tous les yeux étincelèrent.

« Parlez, parlez encore, sachem des Pieds-Noirs, » s'écrièrent d'une seule voix tous les chefs électrisés.

Natah-Otann sourit avec orgueil; sa puissance sur les masses lui était enfin révélée.

Il reprit:

« L'heure est enfin venue, après tant d'humiliations, de secouer le joug honteux qui pèse sur nous. D'ici à quelques jours, si vous le voulez, nous rejetterons les blancs loin de nos frontières, et nous leur rendrons tout le mal qu'ils nous ont fait. Depuis longtemps je surveille les Américains et les Espagnols, je connais leur tactique, leurs ressources; pour les réduire à néant, que nous faut-il, Indiens, mes frères bien-aimés? deux choses seules, de l'adresse et du courage! »

Les Indiens l'interrompirent par des cris de joie.

« Vous serez libres! continua Natah-Otann, je vous rendrai les riches vallées de vos ancêtres, les champs où sont enfouis leurs os, que chaque jour la charrue sacrilége disperse dans toutes les directions. Ce projet, depuis que je suis un homme, fermente au fond de mon cœur, il est devenu ma vie. Loin de moi et loin de vous que j'aie l'intention de m'imposer à vous comme chef, après surtout le prodige dont j'ai été le témoin, et l'apparition du grand Empereur! Non, après ce chef suprême qui seul doit vous guider à la victoire, vous devez librement choisir celui qui exécutera ses ordres et vous les communiquera. Quand vous l'aurez élu, vous saurez lui obéir, le suivre partout, et passer avec lui à travers les périls les plus insurmontables, car il sera l'élu du Soleil, le lieutenant de Mocktekuzoma! Ne vous y trompez pas, guerriers, notre ennemi est fort, nombreux, bien discipliné, aguerri, et surtout il a l'habitude, avantage immense sur vous, de nous vaincre. Nommez donc ce lieutenant, que son élection soit libre, prenez le plus digne, c'est avec joie que je marcherai sous ses ordres! »

Ce spectacle avait quelque chose de hideux. (Page 51, col. 1.)

Et, après avoir salué les sachems, Natah-Otann se confondit dans la foule des guerriers, le front tranquille, mais le cœur dévoré d'inquiétude.

Cette éloquence, nouvelle pour les Indiens, les avait séduits, entraînés et jetés dans une sorte de frénésie.

Peu s'en fallait qu'ils ne considérassent le hardi chef pied-noir comme un génie d'une essence supérieure à la leur, et qu'ils ne courbassent les genoux devant lui pour l'adorer, tant il avait su frapper droit et faire vibrer surtout la corde qui devait toucher leurs cœurs.

Pendant assez longtemps le conseil fut en proie à un délire qui tenait de la folie. Tous parlaient à la fois.

Lorsqu'enfin cette émotion fut un peu calmée, les plus sages d'entre les sachems commencèrent à discuter sérieusement l'opportunité de la prise d'armes et les chances de succès.

Ce fut alors que les tribus du Far-West, qui elles croyaient fermement à la légende du feu sacré, furent utiles à Natah-Otann; enfin, après une discussion assez longue, les avis furent unanimes pour une levée de boucliers en masse.

Les rangs des guerriers, un moment rompus, se reformèrent, et le Bison-Blanc, invité par les chefs à faire connaître l'opinion du conseil, se leva et prit la parole :

« Chefs des Comanches, des Pawnees, des Sioux, des Mandans, des Assiniboins et des Indiens missouris, dit-il, écoutez, écoutez! Ce jourd'hui, quatrième jour de la lune de Ouabanni-quisis, il a été résolu par tous les chefs dont les noms suivent : la Petite-Panthère, le Chien-Râblé, le Bison-Blanc, Natah-Otann, le Loup-Rouge, la Vache-Blanche, le Vautour-Fauve, le Serpent-Nacré, la Belle-Femme et autres, représentant chacun une nation ou une tribu, réunis autour du feu du grand conseil, devant l'arbre sacré du maître de la vie, après avoir accompli pieusement tous les rites religieux qui doivent nous rendre favorable le mauvais Esprit, il a été résolu dis-je que la guerre était déclarée aux blancs, nos spoliateurs et que les flèches sanglantes enroulées dans une peau de serpent, seraient jetées sur leur frontière; comme cette guerre est sainte, et a pour objet la liberté de la race rouge, tous, hommes, femmes, enfants, doivent y prendre part, chacun dans la limite de ses forces. Aujourd'hui même des *wampums* seront expédiés par les chefs à toutes les nations indiennes qui, par l'éloignement de leurs territoires de chasse, n'ont pu, malgré leur bon vouloir, assister à ce conseil suprême. J'ai dit. »

Un long cri d'enthousiasme arrêta le Bison-Blanc, qui continua bientôt après :

« Les chefs, après mûre délibération, faisant droit à la demande adressée au conseil par Natah-Otann, le premier sachem des Pieds-Noirs, de nommer un lieutenant à l'empereur Mocktekuzoma, souverain chef des guerriers indiens, ont choisi pour lieutenant suprême, sous les ordres seuls dudit empereur, comme devant guider toutes les nations, avec un pouvoir sans contrôle et illimité, le plus prudent, le plus digne de nous commander. Ce guerrier est le premier sachem des Indiens pieds-noirs, de la tribu des Kenkas, dont la race est si ancienne, Natah-Otann, le cousin du Soleil, l'astre éblouissant qui nous éclaire. Ai-je bien parlé, hommes puissants ? »

Un tonnerre d'applaudissements accueillit ces dernières paroles.

Natah-Otann salua les sachems, s'avança au milieu du cercle et dit d'un ton superbe :

« J'accepte, sachems, mes frères; dans un an je serai mort ou vous serez libres.

— Vive à jamais Natah-Otann, le Grand-Ours des Pieds-Noirs ! cria la foule.

— Guerre aux blancs ! reprit Natah-Otann, mais guerre sans trêve ni merci, véritable battue de bêtes fauves, comme ils sont accoutumés à nous la faire ! Souvenez-vous de la loi des prairies : œil pour œil, dent pour dent; que chaque chef expédie le *wampum* de guerre à sa nation, car à la fin de cette lune nous réveillerons nos ennemis par un coup de tonnerre. Ce soir à la septième heure de la nuit, nous nous réunirons de nouveau, afin d'élire les chefs secondaires, compter nos guerriers et fixer le jour et l'heure de l'attaque. »

Les chefs s'inclinèrent sans répondre, rejoignirent leur escorte et ne tardèrent pas à disparaître dans un tourbillon de poussière.

Natah-Otann et le Bison-Blanc restèrent seuls.

Un détachement de guerriers pieds-noirs, immobile à peu de distance, veillait sur eux.

Natah-Otann, les bras croisés, la tête penchée vers la terre et les sourcils froncés, semblait plongé dans de profondes réflexions.

« Eh bien ! lui dit le vieux tribun avec une nuance d'ironie imperceptible dans la voix, vous avez réussi, mon fils; vous êtes heureux, vos projets vont enfin s'accomplir.

— Oui, répondit-il tristement sans remarquer le ton railleur de son père adoptif, la guerre est déclarée, mes projets ont réussi, mais à présent, mon ami, je tremble devant une si lourde tâche. Ces hommes primitifs me comprendront-ils bien? sauront-ils deviner ce qu'il y a dans mon cœur d'amour et de dévouement absolu pour eux ! sont-ils mûrs pour la liberté ? peut-être n'ont-ils pas assez souffert encore ! Père ! père ! vous dont le cœur est si puissant, l'âme si grande, vous dont la vie s'est usée dans les luttes immenses, conseillez-moi ! aidez-moi !... je suis jeune, je suis faible, sans expérience et je n'ai pour moi qu'une volonté forte et un dévouement sans bornes ! »

Le vieillard sourit avec mélancolie, et il murmura, répondant bien plus à sa propre pensée qu'à son ami :

« Oui, ma vie s'est usée dans ces luttes suprêmes; l'œuvre que j'avais aidé à édifier a été renversée, mais non détruite, car des ruines d'une société décrépite, a surgi, pleine de sève, une société nouvelle; aussi, grâce à nos efforts, le sillon a-t-il été trop profondément creusé pour qu'il soit possible de le combler désormais; le progrès marche quand même, rien ne peut l'entraver ni l'arrêter ! Va, ne t'arrête pas dans la route que tu as choisie, c'est la plus belle et la plus noble qu'un grand cœur puisse suivre. »

En prononçant ces paroles, ce vieux soldat de l'idée s'était laissé emporter par l'enthousiasme; sa tête s'était relevée; son front rayonnait, le soleil couchant se jouait sur son visage et lui donnait une expression que Natah-Otann ne lui avait jamais vue, et qui le remplissait de respect. Mais bientôt le vieillard éteignit le feu de son regard, secoua tristement la tête et reprit :

« Enfant, comment accompliras-tu ta promesse, où trouveras-tu Mocktekuzoma ? »

Natah-Otann sourit.

« Bientôt vous le verrez, mon père, » dit-il.

Au même instant, un Indien, dont le cheval ruisselant de sueur semblait souffler du feu par les naseaux, arriva devant les deux chefs, en face desquels, par un prodige d'équitation, il s'arrêta court, comme s'il eût été subitement changé en statue de granit; sans mettre pied à terre, il se pencha à l'oreille de Natah-Otann.

« Déjà ! s'écria celui-ci. Oh ! le ciel est bien définitivement pour moi ! pas un instant à perdre ! mon cheval, vite ! »

Et il se mit en selle d'un bond de tigre.

« Que se passe-t-il donc? lui demanda le Bison-Blanc.

— Rien qui vous intéresse quant à présent, mon père, bientôt vous saurez tout.

— Vous partez ainsi seul?

— Il le faut. A bientôt! bon espoir! »

Le cheval de Natah-Otann hennit de douleur et partit comme l'éclair.

Dix minutes plus tard, tous les Indiens avaient disparu dans différentes directions, et autour de l'arbre du maître de la vie régnaient de nouveau la solitude et le silence.

XI

L'HOSPITALITÉ AMÉRICAINE.

Voilà à quel point en étaient les choses au moment où commence l'histoire que nous avons entrepris de raconter; maintenant que nous avons donné les explications indispensables qui précèdent, nous reprendrons notre récit au moment où nous l'avons interrompu.

John Bright et sa famille, postés derrière les barricades qui entouraient leur camp, voyaient avec une joie mêlée d'inquiétude cette cavalcade qui arrivait sur eux comme un ouragan, en soulevant des nuages de poussière sur son passage.

« Attention, enfants, disait l'Américain à son fils et à ses serviteurs: la main sur la détente; vous connaissez la fourberie diabolique de ces singes des prairies; ne nous laissons pas surprendre une seconde fois par eux! au moindre geste suspect, une balle! Nous leur prouverons ainsi que nous sommes sur nos gardes. »

La femme et la fille de l'émigrant, les yeux fixés sur la prairie, suivaient attentivement les mouvements des Indiens.

« Vous devez vous tromper, mon ami, dit mistress Bright; ces hommes n'ont pas de projets hostiles. Les Indiens attaquent rarement le jour; lorsque par hasard ils le font, ils ne viennent pas ainsi à découvert.

— D'autant plus, ajouta la jeune fille, que, si je ne me trompe, j'aperçois des Européens qui galopent en tête du détachement.

— Oh! fit John Bright, cela ne signifie absolument rien, mon enfant. Les prairies pullulent de mauvais garnements sans foi ni loi qui s'associent avec ces démons de Peaux-Rouges lorsqu'il s'agit de détrousser d'honnêtes voyageurs. Qui sait, au contraire, si ce ne sont pas les blancs qui se sont faits les instigateurs de l'attaque de cette nuit?

— Oh! mon père, jamais je ne croirai une chose pareille! » reprit Diana.

Diana Bright, dont nous n'avons encore dit que quelques mots, était une jeune fille de dix-sept ans, à la taille élancée, au corsage cambré; ses grands yeux noirs bordés de cils de velours, les épais bandeaux de ses cheveux bruns, sa bouche mignonne aux lèvres roses et aux dents de perle, en faisaient une charmante créature qui n'aurait été déplacée nulle part, et qui, au désert, devait incontestablement attirer l'attention.

Religieusement élevée par sa mère, bonne et croyante presbytérienne, Diana avait encore toute la candeur et l'innocence du premier âge, mêlées à cette expérience de la vie de tous les jours que donne l'habitude de la rude existence des défrichements, où il faut apprendre de bonne heure à penser et à se suffire.

Cependant la cavalcade approchait rapidement, déjà elle n'était plus qu'à une courte distance des retranchements américains.

« Ce sont réellement nos bestiaux qui galopent là-bas, dit William. Je reconnais Sultan, mon bon cheval.

— Et la Noire, ma pauvre laitière! fit mistress Bright avec un soupir.

— Consolez-vous, reprit Diana, je vous réponds que ces gens nous ramènent nos bêtes. »

L'émigrant secoua négativement la tête.

« Les Indiens ne rendent jamais ce dont ils se sont une fois emparés, dit-il; mais, by God! j'en aurai le cœur net et je ne me laisserai pas voler ainsi sans protester.

— Attendez encore, mon père, lui répondit William en l'arrêtant, car l'émigrant se préparait à sauter par-dessus les retranchements; nous n'allons pas tarder à savoir à quoi nous en tenir sur leurs intentions.

— Hum! elles sont bien claires, à mon avis: les démons viennent nous proposer quelque odieux marché.

— Peut-être, mon père, peut-être, je crois que vous vous trompez, s'écria vivement la jeune fille; et, tenez, les voilà qui s'arrêtent et semblent se consulter. »

En effet, arrivés à portée de fusil, les Indiens avaient fait halte et causaient entre eux.

« Pourquoi ne pas continuer à marcher? demanda le comte à Balle-Franche.

— Hum! vous ne connaissez pas les Yankees, monsieur Édouard; je suis sûr que si nous faisions seulement dix pas de plus, nous serions salués par une grêle de balles.

— Allons donc! fit le jeune homme en haussant les épaules; ces hommes ne sont pas fous pour agir ainsi.

— C'est possible; mais ils le feraient comme je vous le dis. Regardez attentivement, et vous verrez d'ici, entre les pieux de leurs retranchements, reluire au soleil des canons des rifles.

— C'est pardieu vrai! ils veulent donc se faire massacrer?

— Ils le seraient déjà, si mon frère n'avait pas intercédé en leur faveur, dit Natah-Otann en se mêlant à la conversation.

— Et je vous en remercie, chef. Le désert est grand ; quel mal peuvent vous faire ces pauvres diables?

— Eux, personnellement aucun; mais après ceux-ci il en viendra d'autres qui s'établiront à leurs côtés, puis d'autres encore et ainsi de suite; si bien que dans six mois, là où maintenant il n'y a rien que la nature telle qu'elle est sortie des mains toutes-puissantes du maître de la vie, mon frère verra une ville.

— C'est vrai, dit Balle-Franche, les Yankees ne respectent rien; la rage de bâtir des villes les rend des fous dangereux.

— Pourquoi nous sommes-nous arrêtés, chef? reprit le comte revenant à sa première question.

— Pour parlementer.

— Faites-moi un plaisir, voulez-vous? Laissez-moi ce soin : je suis curieux de voir comment ces gens-là entendent les lois de la guerre et de quelle façon ils me recevront.

— Mon frère est libre.

— Bon. Attendez-moi ici, et surtout pas un mouvement pendant mon absence. »

Le jeune homme quitta ses armes, qu'il remit à son domestique.

« Comment! lui fit observer Ivon, monsieur le comte va trouver ainsi ces hérétiques?

— Comment veux-tu que j'y aille? Tu sais bien qu'un parlementaire n'a rien à craindre.

— C'est possible, reprit le Breton peu convaincu; mais si monsieur le comte veut me croire, il gardera au moins ses pistolets à sa ceinture; on ne sait pas en face de quelles gens on peut se trouver; un malheur est bien vite arrivé.

— Tu es fou! répondit le comte en haussant les épaules.

— Eh bien! puisque monsieur veut aller sans armes parler à ces individus qui sont loin de m'inspirer la moindre confiance, je prie monsieur le comte de me laisser l'accompagner.

— Toi! allons donc, fit le jeune homme en riant; tu sais bien que tu es un insigne poltron; c'est convenu, cela.

— Effectivement; mais, pour défendre mon maître, je me sens capable de tout.

— C'est justement pour cela. Ta poltronnerie n'a qu'à te prendre tout à coup; dans ta frayeur tu serais capable de tous les égorger. Non, non, pas de cela; je ne me soucie nullement d'avoir une mauvaise affaire à cause de toi. »

Et mettant pied à terre, il se dirigea en riant du côté des retranchements.

Arrivé à une courte distance, il tira un mouchoir blanc et le fit flotter en l'air.

John Bright, toujours prêt à faire feu, surveillait avec soin tous les mouvements du comte; lorsqu'il vit sa démonstration amicale, il se leva et lui fit signe d'approcher.

Le jeune homme remit tranquillement son mouchoir dans sa poche, alluma son cigare, plaça son lorgnon dans l'angle de son œil, et, après s'être ganté avec soin, il s'avança résolûment.

Arrivé aux pieds des retranchements, il se trouva en face de John Bright qui l'attendait appuyé sur son rifle.

« Que me voulez-vous? lui dit brusquement l'Américain, faites vite, je n'ai pas de temps à perdre en conversation. »

Le comte le toisa d'un air hautain, prit la pose la plus méprisante qu'il put imaginer, et, lui lâchant une bouffée de fumée au visage :

« Vous n'êtes pas poli, mon cher, lui répondit-il sèchement.

— Ah çà! reprit l'autre, est-ce pour m'insulter que vous venez ici!

— Je viens pour vous rendre service, et si vous continuez sur ce ton, je crains d'être obligé de ne pas le faire.

— Voyez-vous cela, me rendre service! et quel service pouvez-vous donc me rendre? dit en ricanant l'Américain.

— Tenez, fit le comte, vous êtes un grossier personnage, avec lequel il est fort ennuyeux de causer; je préfère me retirer.

— Vous retirer? allons donc! vous êtes un trop précieux otage; je vous garde, gentleman, et je ne vous rendrai qu'à bon escient, reprit l'Américain en ricanant.

— Ah bah! c'est comme cela que vous entendez le droit des gens, vous? C'est curieux! fit le comte toujours railleur.

— Il n'y a pas de droit des gens avec des bandits.

— Merci du compliment, mon maître, et comment ferez-vous pour me garder malgré moi?

— Comme ceci, s'écria l'Américain en lui posant brutalement la main sur l'épaule.

— Allons donc! dit vivement le comte en se dégageant par un brusque mouvement; je crois, Dieu me pardonne, que vous osez porter la main sur moi! »

Et avant que l'émigrant eût le temps de s'y opposer, il le saisit vigoureusement par les flancs, l'enleva de terre et le lança à toute volée par-dessus les retranchements.

Le géant alla tomber tout meurtri au milieu de son camp.

Au lieu de s'éloigner, ainsi que tout autre aurait fait à sa place, le jeune homme croisa les bras et attendit en fumant paisiblement.

L'émigrant, étourdi de cette rude culbute, se releva en se secouant comme un chien mouillé et en se tâtant les côtes, pour s'assurer qu'il n'avait rien de cassé.

Les femmes avaient poussé un cri de terreur en le voyant rentrer d'une façon si bizarre dans le camp.

Son fils et ses domestiques fixaient les yeux sur lui, prêts à tirer au moindre signe.

« Bas les armes! » leur dit-il, et, sautant de nouveau par-dessus les retranchements, il s'avança vers le comte.

Celui-ci l'attendait impassible.

« Ah! vous voilà, lui dit-il : eh bien! comment trouvez-vous cela?

— Allons, allons! lui dit l'Américain en lui ten-

dant la main, j'ai eu tort, je suis une bête brute; pardonnez-moi.
— A la bonne heure! je vous aime mieux ainsi; il ne s'agit que de s'entendre; maintenant vous êtes disposé à m'écouter, n'est-ce pas?
— Parfaitement. »

Il y a certaines natures brutales avec lesquelles, comme le comte l'avait fait avec John Bright, il faut employer les moyens extrêmes et leur imposer sa supériorité; avec ces gens-là on ne discute pas, on assomme; puis, après, il arrive généralement que ces hommes si intraitables d'abord deviennent doux comme des agneaux et font tout ce qu'on veut.

L'Américain, doué d'une grande force physique, et comptant sur elle, avait cru avoir le droit d'être insolent avec un homme maigre et fluet; mais dès que cet homme à l'apparence si chétive lui eut prouvé d'une façon péremptoire qu'il était plus vigoureux que lui, le taureau rentra ses cornes et recula de tout ce qu'il s'était avancé.

« Cette nuit, dit alors le comte, vous avez été attaqué par les Pieds-Noirs : j'aurais voulu venir à votre secours, mais cela m'a été impossible; d'ailleurs je serais arrivé trop tard. Mais comme, pour une raison ou pour une autre, les gens qui vous ont attaqué ont pour moi une certaine considération, j'ai profité de mon influence pour vous faire rendre les bestiaux qu'on vous avait volés.
— Merci; croyez que je regrette sincèrement ce qui s'est passé entre nous; mais j'étais tellement aigri par la perte que j'avais subie....
— Je comprends cela, et je vous pardonne de grand cœur, d'autant plus que je vous ai, moi aussi, peut-être un peu trop rudement secoué tout à l'heure.
— Ne parlons plus de cela, je vous en prie.
— Comme vous voudrez, cela m'est égal.
— Et mes bestiaux?
— Ils sont à votre disposition; les voulez-vous tout de suite?
— Je ne vous cache pas que....
— Fort bien! interrompit le comte; attendez-moi un instant, je vais dire qu'on les amène.
— Croyez-vous que je n'aie rien à redouter des Indiens?
— Non, si vous savez les prendre.
— Ainsi, je vous attends?
— Quelques minutes seulement. »

Le comte redescendit la colline de ce même pas tranquille qu'il avait employé pour venir.

Lorsqu'il eut rejoint les Indiens, ses amis l'entourèrent.

Ils avaient parfaitement vu tout ce qui s'était passé, et tous étaient enthousiasmés de la façon dont il avait mis fin à la discussion.

« Mon Dieu, que ces Américains sont grossiers! dit le jeune homme : rendez-lui ses bêtes, je vous en prie, chef, et finissons-en. Ce butor a été sur le point de me faire mettre en colère.
— Le voici qui vient vers nous, » répondit Natah-Otann avec un sourire indéfinissable.

Effectivement, John Brigh arrivait. Le digne émigrant, dûment sermonné par sa femme et sa fille, avait reconnu l'étendue de sa maladresse et avait à cœur de la réparer.

« Ma foi! messieurs, dit-il en arrivant, nous ne pouvons nous quitter ainsi. Je vous ai de grandes obligations, et je tiens à vous prouver que je ne suis pas tout à fait aussi stupide que probablement j'en ai l'air. Soyez donc assez bons pour accepter de vous reposer quelques instants, ne serait-ce qu'une heure, afin que je sois bien convaincu que vous ne me gardez pas rancune. »

Cette invitation était faite d'une façon si ronde et en même temps si cordiale; on reconnaissait si bien que le brave homme était confus de sa maladresse et qu'il avait à cœur de la réparer, que le comte n'eut pas le courage de le refuser.

Les Indiens campèrent à l'endroit où ils s'étaient arrêtés. Le chef et les trois chasseurs suivirent l'Américain dans son camp, où ses bestiaux étaient déjà réintégrés.

La réception fut ce qu'elle devait être au désert.

Par les soins des deux dames, des rafraîchissements avaient été préparés à la hâte sous la tente, pendant que William, aidé par les deux serviteurs, faisait une brèche dans les retranchements afin de livrer passage aux hôtes de son père.

Lucy Bright et Diana attendaient les arrivants à l'entrée du camp.

« Soyez les bienvenus ici, messieurs, dit la femme de l'Américain en saluant avec grâce; nous vous avons de trop grandes obligations pour ne pas être heureux tous de vous recevoir. »

Le chef et M. de Beaulieu s'inclinèrent poliment devant la digne femme qui tâchait, autant que cela était en elle, de réparer la maladroite brutalité de son mari.

Le comte, à la vue de la jeune fille, éprouva une émotion dont il ne put dans le premier moment se rendre bien compte; son cœur se serra en considérant cette charmante créature qui, par la vie à laquelle elle était condamnée, se trouvait exposée à tant de dangers.

Diana baissa les yeux en rougissant sous le regard ardent du jeune homme et se rapprocha craintivement de sa mère par cet instinct de pudeur, inné dans le cœur de la femme, qui lui fait toujours chercher une protection auprès de celle à qui elle doit le jour.

Après les premiers compliments, Natah-Otann, le comte et Balle-Franche entrèrent dans la tente où les attendaient John Bright et son fils.

Lorsque la glace fut rompue, ce qui ne fut pas long entre gens habitués à la vie de la prairie, la conversation devint plus animée et surtout plus intime.

« Ainsi, demanda le comte, vous avez quitté les défrichements avec l'intention de ne plus y retourner?
— Mon Dieu, oui, répondit l'émigrant; pour qui possède une famille, tout devient si cher sur la frontière qu'il faut absolument se résoudre à entrer dans le désert.
— Vous, je le comprends, vous êtes homme, et partout vous trouverez à vous tirer d'affaire; mais

votre femme, votre fille, vous les condamnez à une existence bien triste et bien malheureuse.

— Le devoir d'une femme est de suivre son mari, répondit mistress Bright, avec un léger accent de reproche; je suis heureuse partout où il est, pourvu que je sois près de lui.

— Bien, madame, j'admire ces sentiments, mais permettez-moi une observation.

— Faites, monsieur.

— Était-il donc nécessaire de venir si loin pour trouver un établissement convenable?

— Non, sans doute, mais alors nous aurions été exposés un jour ou l'autre à être chassés de notre nouveau défrichement par les propriétaires du sol et obligés à recommencer plus loin une autre plantation, dit-elle.

— Au lieu, continua John Bright, que dans les régions où nous sommes maintenant, nous n'avons pas cela à craindre, la terre n'appartient à personne.

— Mon frère se trompe, répondit le chef, qui jusqu'à ce moment n'avait pas encore prononcé une parole; la terre, à dix journées de marche dans toutes les directions, appartient à moi et à ma tribu, le visage pâle est ici sur le territoire de chasse des Kenhàs. »

John Bright regarda Natah-Otann d'un air embarrassé.

« Allons, dit-il au bout d'un instant, comme s'il prenait son parti de ce contre-temps, nous irons plus loin, femme.

— Où le visage pâle pourra-t-il aller pour trouver de la terre qui n'appartienne à personne? » reprit sévèrement le chef.

Cette fois l'Américain demeura court.

La jeune fille, qui jusqu'à ce jour n'avait jamais vu d'Indien d'aussi près, considérait le chef avec un mélange de curiosité et de frayeur.

Le comte souriait.

« Le chef a raison, dit Balle-Franche, les prairies appartiennent aux hommes rouges. »

John Bright avait laissé tomber sa tête sur sa poitrine avec découragement.

« Que faire? » murmura-t-il.

Natah-Otann lui posa la main sur l'épaule.

« Que mon frère ouvre les oreilles, lui dit-il, un chef va parler. »

L'Américain fixa sur lui un regard interrogateur.

« Ce pays convient donc à mon frère? reprit l'Indien.

— Pourquoi le cacherais-je; cette terre est la plus belle que j'aie jamais vue, à deux pas j'ai le fleuve, derrière moi des forêts vierges immenses; oh! oui, c'est une belle contrée, et j'y aurais fait une magnifique plantation, sur mon âme.

— J'ai dit à mon frère le visage pâle, continua le chef, que cette contrée m'appartenait.

— Oui, vous me l'avez dit, chef, c'est la vérité, je ne puis le nier.

— Eh bien, si le visage pâle le désire, il peut acquérir telle portion de terrain que cela lui conviendra, » dit nettement Natah-Otann.

A cette proposition à laquelle l'Américain était loin de s'attendre, il dressa les oreilles, la nature du squatter se réveilla en lui.

« Comment puis-je acheter du terrain, moi qui ne possède rien? dit-il.

— Peu importe! » répondit le chef.

L'étonnement fut alors général, chacun regarda l'Indien avec curiosité, la conversation avait subitement pris un intérêt fort grave auquel on était loin de s'attendre.

John Bright ne se laissa pas tromper par cette apparente facilité.

« Le chef ne m'a sans doute pas compris! » dit-il.

L'Indien secoua la tête.

« Le visage pâle ne peut acheter du terrain parce qu'il n'a rien pour le payer, répondit-il, voilà ses paroles.

— En effet, et le chef m'a répondu que peu importait.

— Je l'ai dit. »

La curiosité devint plus vive, il n'y avait pas de malentendu, les deux hommes s'étaient parfaitement et clairement exprimés.

« Cela cache quelque diablerie, murmura Balle-Franche dans sa moustache, un Indien ne donne jamais un œuf que pour avoir un bœuf.

— Où voulez-vous donc en venir, chef? demanda franchement le comte à Natah-Otann.

— Je vais m'expliquer, reprit celui-ci; mon frère s'intéresse à cette famille, n'est-ce pas?

— En effet, dit le jeune homme avec surprise; et vous le savez de reste.

— Bon; que mon frère s'engage à m'accompagner pendant le cours de deux lunes sans me demander compte de mes actions, et en consentant à m'accorder son aide lorsque je l'en requerrai, et moi je donnerai à cet homme autant de terrain qu'il en désirera pour fonder un établissement, sans qu'il puisse jamais redouter dans l'avenir d'être tourmenté par les Peaux-Rouges ou dépossédé par les blancs, parce que je suis bien réellement possesseur du sol, et que nul autre que moi n'a droit d'y prétendre.

— Un instant, dit Balle-Franche en se levant; moi présent, M. Édouard n'acceptera pas un tel marché; nul n'achète chat en poche, et c'est une folie insigne de subordonner sa volonté aux caprices d'un autre homme. »

Natah-Otann fronça le sourcil; son œil lança un éclair de fureur, et il se leva.

« Chien des visages pâles, s'écria-t-il, prends garde à tes paroles, déjà une fois j'ai épargné ta vie!

— Tes menaces ne me font pas peur, Peau-Rouge damné, répondit résolûment le Canadien; tu mens en disant que tu as été maître de ma vie! Elle ne dépend que de la volonté de Dieu; tu ne feras pas tomber un cheveu de ma tête sans son consentement. »

Natah-Otann porta vivement la main à son couteau, mouvement imité immédiatement par le chasseur, et tous deux se trouvèrent en présence, se mesurant des yeux et prêts à en venir aux mains.

Les femmes poussèrent un cri d'effroi; William et son père se placèrent devant elles, se préparant à intervenir dans la querelle si besoin était.

Mais déjà, prompt comme la pensée, le comte s'était jeté entre les deux hommes en leur criant d'une voix ferme:

« Arrêtez, je le veux! »

Subissant malgré eux l'ascendant de celui qui leur parlait, le Pied-Noir et le Canadien firent un pas en arrière, remirent leurs couteaux à la ceinture et attendirent.

Le comte les considéra un instant l'un et l'autre, et tendant la main à Balle-Franche:

« Merci, mon ami, lui dit-il avec effusion, merci; mais quant à présent votre secours ne m'est point nécessaire.

— Bon! bon! fit le chasseur; vous savez que je suis à vous corps et âme, monsieur Édouard, ce n'est que partie remise. »

Et le brave Canadien se rassit insoucieusement.

« Quant à vous, chef, continua le jeune homme, vos propositions sont inacceptables; il faudrait être fou pour y souscrire; et je l'espère, du moins, je n'en suis pas là encore; je veux bien vous apprendre ceci, c'est que je ne suis venu dans la prairie que pour y chasser quelque temps; le temps que je comptais y rester est écoulé; de graves intérêts réclament ma présence aux États-Unis, et malgré tout mon désir d'être utile à ces braves gens, dès que je vous aurai, ainsi que je vous l'ai promis, accompagné jusqu'à votre village, je vous dirai adieu probablement pour ne jamais vous revoir.

— Ce qui ne laissera pas de m'être excessivement agréable, appuya Balle-Franche. »

L'Indien ne bougea pas.

« Cependant, reprit le comte, peut-être y aurait-il encore un moyen de terminer cette affaire à la satisfaction générale; la terre ne peut être chère ici; dites-moi ce que vous voulez la vendre, je vous en acquitterai le prix immédiatement soit en dollars, soit en traites sur un banquier de New-York ou de Boston.

— C'est juste, fit le chasseur, il y a encore ce moyen-là.

— Oh! je vous remercie, monsieur, s'écria mistress Bright; mais mon mari ne peut ni ne doit accepter une telle proposition.

— Pourquoi donc, chère dame? si elle me convient et que le chef accepte mon offre. »

John Bright, nous devons lui rendre cette justice, se contentait d'approuver du geste; mais le digne squatter, en véritable Américain qu'il était, se gardait bien de prononcer une parole.

Quant à Diana, séduite par ce désintéressement, fascinée par ces grandes manières de gentilhomme, elle regardait le comte avec des yeux pétillant de reconnaissance, sans oser exprimer tout haut ce qu'elle pensait tout bas à la vue de ce beau cavalier si noble et si généreux.

Natah-Otann releva la tête.

« Je prouverai à mon frère, dit-il d'une voix douce en s'inclinant avec courtoisie devant lui, que les hommes rouges sont aussi généreux que les visages pâles; je lui vends huit cents acres de terre, à prendre où il voudra le long du fleuve, qu'il me donne un dollar.

— Un dollar! s'écria le jeune homme avec étonnement.

— Oui, reprit en souriant le chef; de cette façon je serai payé; mon frère ne me devra rien, et, s'il consent à demeurer quelque temps auprès de moi, ce ne sera que par sa volonté, et parce qu'il lui plaira d'être auprès d'un ami véritable. »

Ce dénoûment imprévu à une scène qui avait un instant menacé de finir d'une façon sanglante, remplit les assistants de stupéfaction.

Seul, Balle-Franche ne fut pas dupe de la facilité du chef.

« Il y a quelque chose là-dessous, murmura-t-il à part lui; mais je veillerai, et ce démon sera bien fin s'il réussit à me tromper. »

M. de Beaulieu fut séduit par ce désintéressement auquel il était loin de s'attendre.

« Tenez, chef, lui dit-il en lui remettant le dollar stipulé, maintenant nous sommes quittes; mais sachez bien que je ne demeurerai pas en reste avec vous. »

Natah-Otann s'inclina avec courtoisie.

« Maintenant, continua le comte, un dernier service.

— Que mon frère parle; il a le droit de tout me demander.

— Faites la paix avec mon vieux Balle-Franche.

— Qu'à cela ne tienne, répondit le chef; puisque mon frère le désire, je le ferai de bon cœur, et, pour marque de notre réconciliation, je le prie d'accepter le dollar que vous m'avez remis. »

Dans le premier moment, le chasseur fut sur le point de refuser; mais il se ravisa, prit le dollar et le serra avec soin dans sa ceinture.

John Bright ne savait comment exprimer sa reconnaissance au comte; grâce à lui, il se trouvait enfin véritablement propriétaire.

Le jour même l'Américain, suivi de son fils, choisit le terrain où devait s'élever sa plantation.

Le comte de Beaulieu rédigea sur une feuille de son carnet un acte de vente parfaitement en règle, qui fut signé par Balle-Franche, Ivon et lui, comme témoins, par John Bright, comme acquéreur, et au bas duquel Natah-Otann dessina tant bien que mal le totem de sa tribu, et un animal qui avait la prétention de représenter un ours, ce qui était sa signature parlante mais surtout emblématique.

Le chef aurait, s'il avait voulu, signé comme les autres, mais il tenait à laisser ignorer à tous l'instruction qu'il devait au Bison-Blanc.

John Bright plaça précieusement l'acte de vente entre les feuillets de sa Bible de famille, et dit au comte, en lui serrant la main à la lui briser:

« Souvenez-vous, monsieur le comte, que vous avez dans la peau de John Bright un homme qui se fera rompre les os pour vous quand cela vous fera plaisir. »

Diana ne dit rien, mais elle lança au jeune homme un regard qui le paya amplement de ce qu'il avait fait pour sa famille.

Camp des Indiens. (Page 61, col. 2.)

« Attention, dit à voix basse Balle-Franche, la première fois qu'il se trouva seul avec Ivon, à compter d'aujourd'hui, veillez avec soin sur votre maître, car un danger terrible le menace! »

XII

LA LOUVE DES PRAIRIES.

Quatre ou cinq heures environ après les divers événements que nous avons rapportés dans nos précédents chapitres, un cavalier monté sur un fort cheval caparaçonné à l'indienne, c'est-à-dire orné de plumes et peint de couleur tranchantes, traversait un étroit ruisseau, affluent ignoré du Mississipi, et s'enfonçait au galop dans la prairie, dans la direction de la forêt vierge dont nous avons déjà parlé plusieurs fois.

Chose bizarre, le cheval, semblable au coursier fantôme de la ballade de Burger, semblait glisser sur le sol plutôt qu'y marcher, bien que sa course fût rapide, que sa longue crinière flottât au vent et que ses naseaux soufflassent une fumée épaisse.

On aurait vainement cherché à entendre retentir sur le sol pierreux qu'il foulait le bruit de ses pas.

Le cavalier, revêtu du costume de guerre des Indiens pieds-noirs, et qu'à la plume d'aigle qu'il portait fichée au-dessus de l'oreille droite, il était facile de reconnaître pour un chef, se penchait incessamment sur le cou de sa monture qu'il excitait du geste à redoubler encore la rapidité de sa course.

Il faisait nuit, mais une nuit américaine, pleine d'âcres senteurs et de mystérieux murmures, avec un ciel d'un bleu profond, plaqué d'un nombre infini d'étoiles éblouissantes; la lune répandait à profusion ses rayons d'argent sur le paysage et jetait une clarté trompeuse qui imprimait aux objets une apparence fantastique.

Tout semblait dormir dans la prairie; le vent même n'agitait que faiblement la cime ombreuse des grands arbres; les bêtes fauves, après avoir été boire au fleuve, avaient regagné leurs repaires ignorés.

Seul, le cavalier marchait, glissant toujours silencieux dans les ténèbres.

Parfois il relevait la tête comme pour consulter

Elle s'appuya contre un tronc d'arbre en croisant ses bras sur sa poitrine. (Page 67, col. 2.)

le ciel, puis après une seconde d'arrêt il repartait et reprenait sa course rapide.

Bien des heures s'écoulèrent ainsi sans que le cavalier songeât à s'arrêter.

Enfin il arriva pour ainsi dire à l'improviste à un endroit où les arbres s'étaient rapprochés et enchevêtrés les uns dans les autres, au moyen des lianes qui se tordaient autour d'eux en les enlaçant de toutes les façons, et cela de telle sorte qu'une espèce de mur infranchissable barra tout à coup le passage au cavalier.

Après un moment d'hésitation et après avoir attentivement regardé de tous les côtés afin de découvrir une fissure ou un trou quelconque par lequel il pût passer, il lui fut démontré que toute tentative serait inutile.

Alors il mit pied à terre.

Il avait reconnu qu'il était arrivé devant un *Cannier*, c'est-à-dire un enlacement inextricable de lianes et de roseaux dans lesquels la hache ou le feu pouvaient seuls faire brèche.

Les Indiens sont des philosophes pratiques qui ne se laissent jamais décourager; lorsqu'une impossibilité quelconque leur est démontrée, ils l'acceptent sans murmure et en prennent facilement leur parti, s'en rapportant au temps et au hasard du soin de les sortir du mauvais pas dans lequ-l ils se trouvent.

Le chef peau-rouge attacha son cheval au pied d'un arbre ; après l'avoir pansé avec le plus grand soin, il mit à sa portée une provision d'herbe et de pois grimpants, puis, certain que sa monture ne manquerait de rien pendant le cours de cette longue nuit, il ne s'en occupa plus et songea à lui.

D'abord avec son *bowie-knife*, il abattit, dans un assez grand espace autour de l'endroit où il se trouvait, les arbres et les plantes qui nuisaient au campement qu'il voulait établir, puis il prépara avec tout le laisser aller d'un habitant des prairies un feu de bois sec, afin de cuire son souper et d'éloigner les bêtes fauves si par hasard quelqu'une avait la fantaisie de lui rendre visite pendant son sommeil.

Mêlée au bois qu'il avait ramassé pour entretenir le brasier, il se trouvait une assez grande quantité de ce bois que les Mexicains nomment *palo mulato* ou *palo hodiondo*, c'est-à-dire bois mulâtre ou puant; il eut la précaution de le mettre à part; car l'odeur empestée de cet arbre aurait à dix milles à la ronde dénoncé sa présence; et l'Indien, d'après les précautions qu'il avait prises, semblait redouter d'être découvert; du reste, le soin avec lequel il avait garni les pieds de son cheval de sacs de peau remplis de sable mouillé, afin d'amortir le bruit de ses pas, le disait assez.

Lorsque le feu, placé de façon à ne pas être vu à dix pas de distance, lança sa joyeuse colonne de flammes dans les airs, l'Indien sortit de son bissac de peau d'élan, un peu de blé indien et du pennékans qu'il mangea de grand appétit, tout en lançant parfois des regards interrogateurs dans les ténèbres qui l'enveloppaient, et s'arrêtant pour prêter attentivement l'oreille à ces bruits sans nom qui, la nuit, troublent sans cause apparente le calme imposant du désert.

Lorsque son maigre repas fut terminé, l'Indien bourra sa pipe avec du tabac lavé, l'alluma et commença à fumer.

Cependant, malgré son calme apparent, cet homme n'était pas tranquille; parfois il retirait le tuyau du calumet de ses lèvres, levait les yeux, et par une éclaircie du dôme de feuillage qui régnait au-dessus de sa tête, il interrogeait anxieusement le ciel.

Enfin il sembla prendre une résolution énergique, il se leva, jeta un regard investigateur autour de lui, et, approchant les doigts de sa bouche, il imita à trois reprises différentes, avec une perfection inouïe, le cri de la hulotte bleue, l'oiseau privilégié, le seul qui, avec le hibou, chante la nuit.

Il pencha son corps en avant, siffla doucement et prêta l'oreille.

Rien ne lui prouva, après un assez long laps de temps, que son signal eût été entendu.

« Attendons! » dit-il à voix basse.

Et, s'accroupissant de nouveau devant le feu, dans lequel il jeta une brassée de branches sèches, il se remit à fumer tranquillement.

Plusieurs heures se passèrent ainsi.

Enfin la lune disparut de l'horizon, le froid devint plus vif, et le ciel, dans les profondeurs duquel les étoiles s'éteignaient les unes après les autres, s'irisa lentement de reflets d'opale teintés de rose.

L'Indien, qui avait depuis quelque temps paru s'endormir ou du moins s'assoupir, se redressa tout à coup, se secoua comme un homme qui se réveille, jeta un regard soupçonneux autour de lui et murmura d'une voix sourde:

« Elle ne doit cependant pas être loin! »

Et il recommença le signal que quelques heures auparavant il avait fait.

A peine le troisième cri de la hulotte finissait-il de retentir, répercuté au loin par les échos des mornes, qu'un rauquement railleur s'éleva à une faible distance.

L'Indien, au lieu de s'émouvoir à cet appel de sinistre augure, sourit doucement et dit d'une voix haute et ferme:

« Soyez la bienvenue, Louve; vous savez bien que c'est moi qui vous attends.

— Ah! ah! tu es donc là? » répondit une voix.

Un bruissement de feuilles assez fort se fit entendre dans les halliers en face de l'endroit où se tenait l'Indien; les roseaux et les lianes, repoussés par une main vigoureuse, s'écartèrent à droite et à gauche, et dans l'espace laissé libre sous cette irrésistible pression une femme parut.

Avant que d'avancer, elle allongea la tête avec précaution et regarda.

« Je suis seul, dit le chef indien, répondant à sa muette interrogation; vous pouvez vous approcher sans crainte.»

Un sourire d'une expression indéfinissable plissa les lèvres de la nouvelle venue à cette réponse, à laquelle sans doute elle ne s'attendait pas.

« Je ne crains rien, » dit-elle.

Et elle fut résolument se placer aux côtés du chef.

Avant d'aller plus loin, nous donnerons sur cette femme quelques renseignements indispensables, renseignements bien vagues, il est vrai, puisque nous ne pouvons donner que ceux que les Indiens répétaient sur son compte, mais qui cependant seront utiles au lecteur pour l'intelligence des faits qui vont suivre.

Nul ne savait qui était cette femme ni d'où elle venait.

L'époque à laquelle on l'avait vue pour la première fois apparaître dans la prairie était aussi ignorée que le reste.

Maintenant, que faisait-elle? Quel lieu lui servait de retraite? Personne ne pouvait le dire.

Tout en elle était un mystère inexplicable.

Bien qu'elle parlât facilement et avec une extrême pureté la plupart des idiomes des prairies, cependant certaines locutions dont parfois elle se servait, la couleur de sa peau, la fraîcheur de son teint, moins brun que celui des aborigènes, donnaient à supposer qu'elle appartenait à une autre race qu'eux, mais cela n'était qu'une supposition; nous l'avons dit plus haut, beaucoup de Peaux-Rouges naissent avec la peau blanche; mais, au reste, sa haine pour les Indiens était trop bien connue pour que les plus braves d'entre eux se fussent jamais hasardés à tenter de la voir d'assez près pour se former une certitude à cet égard.

Parfois cette femme disparaissait des semaines et jusqu'à des mois entiers, sans qu'il fût possible de découvrir ses traces.

Puis tout à coup on la rencontrait vaguant çà et là dans la prairie, parlant seule, marchant presque toujours de nuit, souvent accompagnée par une espèce de nain difforme, idiot et muet qui lui obéissait comme un chien, et que les Indiens, dans leur crédule superstition, soupçonnaient fort d'être son génie familier.

Cette femme, toujours sombre et mélancolique, aux regards fauves, aux gestes saccadés, ne pouvait, malgré la terreur générale qu'elle inspirait à tous, être accusée d'avoir jamais fait de mal à personne.

Cependant, à cause même de la vie étrange qu'elle menait tous les malheurs qui, pendant les chasses ou les guerres, assaillaient les Indiens lui étaient sans aucun fondement imputés.

Les Peaux-Rouges en étaient venus au point de la considérer comme un mauvais génie, et lui avaient donné le nom de l'*Esprit du mal*.

Il fallait donc que l'homme qui l'était venu chercher si loin, et qui à deux reprises l'avait si résolûment appelée ou invoquée, ainsi qu'il plaira au lecteur, fût doué d'une dose extraordinaire de courage, ou bien qu'une raison bien puissante le poussât à agir ainsi qu'il le faisait.

Ce chef pied-noir étant appelé à jouer un assez grand rôle dans cette histoire, nous tracerons en quelques mots son portrait.

C'était un homme arrivé à cette limite d'âge qui passe communément pour la moitié de la vie, c'est-à-dire qu'il avait environ quarante-cinq ans. Sa taille était haute, bien prise et admirablement proportionnée; ses muscles, saillants et durs comme des cordes, dénotaient une vigueur peu commune.

Il avait la tête intelligente, ses traits respiraient la finesse, ses yeux, toujours voilés, ne se fixaient que rarement et donnaient à son regard une expression d'astuce et de cruauté brutale qui inspirait pour ce personnage une répulsion invincible, quand on se donnait la peine de l'étudier avec soin; mais les observateurs sont rares dans la prairie, et auprès des autres Indiens, le chef dont nous avons esquissé le portrait, non-seulement jouissait d'une grande réputation, mais encore il était fort aimé à cause de son courage à toute épreuve et de sa facilité inépuisable d'élocution dans les conseils; qualités fort prisées des Peaux-Rouges.

Maintenant que nous avons fait connaître les deux personnages que nous venons de mettre en scène, nous les laisserons agir, et peut-être apprendrons-nous sur eux certaines choses importantes et ignorées de tous.

« La nuit est sombre encore, ma mère peut approcher, dit le chef indien.

— J'arrive, répondit sèchement la femme en faisant quelques pas en avant.
— Depuis longtemps j'attends.
— Je le sais, mais qu'importe?
— La route était longue pour venir.
— Me voilà, parle. »
Et elle s'appuya contre un tronc d'arbre en croisant ses bras sur la poitrine.

« Que puis-je dire, si d'abord ma mère ne m'interroge pas?
— C'est juste. Réponds-moi donc.
— Je suis prêt. »
Il y eut alors un silence troublé seulement par intervalles par les frémissements du vent dans les feuilles.

Après avoir assez longtemps réfléchi, la femme prit enfin la parole.

« As-tu fait ce que je t'avais commandé? lui dit-elle d'une voix rude.
— Je l'ai fait.
— Eh bien?
— Ma mère avait deviné.
— Ainsi?
— Tout se prépare pour une prise d'armes. »
Elle sourit d'un air de triomphe.

« Tu en es sûr.
— J'ai assisté au conseil.
— Où était le rendez-vous?
— A l'Arbre de la vie.
— Il y a longtemps?
— Huit fois le soleil s'est couché depuis.
— Bon.
— Qu'est ce qui a été résolu?
— Ce que déjà vous savez.
— La destruction des blancs?
— Oui.
— Quand le signal de cette guerre d'extermination doit-il être donné?
— Le jour n'est pas encore fixé.
— Ah! fit-elle d'un ton de regret.
— Mais il ne peut tarder, reprit-il vivement.
— Qu'est-ce qui te le fait supposer?
— L'Ours-Gris a hâte d'en finir.
— Et moi aussi, » murmura la femme d'une voix sourde.

L'entretien fut de nouveau interrompu. La femme marchait à grands pas, la tête basse, de long en large dans la clairière. Le chef la suivait des yeux, l'examinant avec soin.

Après quelques instants elle s'arrêta devant lui, et le regardant en face:

« Vous m'êtes dévoué, chef? lui dit-elle.
— En doutez-vous?
— Peut-être.
— Cependant, il y a quelques heures à peine, je vous ai donné une preuve irrécusable de dévouement.
— Laquelle?
— Celle-ci, fit-il en montrant son bras gauche enveloppé de bandes d'écorce.
— Je ne comprends pas.
— Je suis blessé, vous le voyez.
— Oui, eh bien?

— Les Peaux-Rouges attaquaient les visages pâles, il y a quelques heures; déjà ils franchissaient les barricades qui défendaient leur camp, lorsque soudain, à votre apparition subite, au lieu de poursuivre leur victoire, sur un appel de leur chef, blessé cependant, et qui brûlait de se venger, ils se sont retirés.

— C'est vrai, ce que vous dites est exact.

— Bon! et le chef qui commandait les Peaux-Rouges, ma sœur le connaît-elle?

— Non.

— C'était moi, le Loup-Rouge; ma mère doute-t-elle encore?

— La voie dans laquelle je suis engagée est tellement sombre, répondit-elle avec tristesse, l'œuvre que j'accomplis est si sérieuse et me tient si fort au cœur, que parfois, malgré moi, pauvre femme, seule et sans appui, luttant contre un colosse, je sens le découragement entrer dans mon cœur et le doute serrer ma poitrine; il y a de longues années que je mûris le projet que je veux accomplir aujourd'hui, j'ai sacrifié ma vie entière pour obtenir le résultat que j'ambitionne, et je crains d'échouer au moment de réussir; hélas! lorsque je n'ai même plus confiance en moi-même, puis-je me fier à un homme que l'intérêt peut d'un instant à l'autre pousser à me trahir, ou tout au moins à m'abandonner? »

Le chef indien se redressa en entendant ces paroles; son regard lança un éclair, et d'un geste de suprême indignation imposant silence à son interlocutrice:

« Silence! dit-il avec un accent de dignité blessée; que ma mère n'ajoute pas une parole. Elle offense en ce moment l'homme qui a le plus à cœur de lui prouver sa loyauté: l'ingratitude est un vice blanc, la reconnaissance est une vertu rouge. Ma mère a été bonne pour moi toujours; le Loup-Rouge ne compte plus les fois qu'il lui doit la vie. Le cœur de ma mère est ulcéré par le malheur; la solitude est une mauvaise conseillère; ma mère écoute trop les voix qui, dans le silence des nuits parlent à son oreille; elle oublie les services qu'elle a rendus, pour ne se servir que de l'ingratitude qu'elle a semée sur sa route. Le Loup-Rouge lui est dévoué, il l'aime; la Louve des prairies peut placer en lui toute sa confiance, il en est digne.

— Dois-je croire à ces protestations? puis-je ajouter foi à ces promesses? » murmura-t-elle avec indécision.

Le chef continua avec feu:

« Si ce n'est pas assez de la reconnaissance que j'ai vouée à ma mère, un autre lien plus fort nous attache l'un à l'autre, lien indissoluble et qui doit la rassurer complètement sur ma sincérité.

— Lequel? fit-elle en relevant la tête et le regardant fixement.

— La haine! répondit-il avec force.

— C'est vrai, reprit-elle avec un éclat de rire sinistre; vous le haïssez, vous aussi.

— Oui, je le hais! de toutes les forces de mon âme. Je le hais, car il m'a pris les deux choses auxquelles je tenais le plus sur la terre: l'amour de la femme que j'aimais et le pouvoir que je convoitais.

— Mais n'êtes-vous donc pas un chef? dit-elle avec intention.

— Oui! s'écria-t-il avec orgueil; je suis un chef; mais mon père était un sachem vénéré des Pieds-Noirs, — Kenhàs du sang; — son fils, le Loup-Rouge, est un grand brave de sa nation; il est rusé; les chevelures des faces pâles sèchent innombrables devant sa loge; pourquoi donc le Loup-Rouge n'est-il qu'un chef subalterne, au lieu de guider, comme son père, sa tribu au combat? »

L'inconnue semblait prendre un secret plaisir à exciter la colère de l'Indien au lieu de chercher à la calmer.

« Parce que sans doute, reprit-elle avec intention, un autre plus sage et peut-être plus brave que le Loup-Rouge a réuni tous les suffrages des guerriers de la nation.

— Que ma mère dise qu'un plus fourbe les lui a volés, et ses paroles seront justes, s'écria-t-il avec violence; l'Ours-Gris n'est même pas un Indien du sang, c'est un chien comanche, fils d'un proscrit inconnu recueilli par pitié dans ma tribu; sa chevelure séchera bientôt à la ceinture du Loup-Rouge.

— Patience! fit l'inconnue d'une voix sourde; que dit le juge? la vengeance est un fruit qui ne se mange que mûr; le Loup-Rouge est un guerrier, il saura attendre.

— Que ma mère ordonne, dit l'Indien subitement radouci, son fils obéira.

— Le Loup-Rouge, ainsi que je le lui avais conseillé, est-il parvenu à s'emparer de la médecine que la Fleur-de-Liane porte au cou? »

Le guerrier indien baissa la tête d'un air confus.

« Non, dit-il d'une voix sombre; la Fleur-de-Liane ne quitte pas le Bison-Blanc; il est impossible de s'approcher d'elle. »

L'inconnue sourit avec ironie.

« Quand le Loup-Rouge a-t-il su remplir une promesse? » dit-elle.

Le Pied-Noir frémit de colère.

« Je l'aurai! s'écria-t-il, quand il me faudrait pour cela la prendre de force.

— Non, fit-elle vivement, la ruse seule doit être employée.

— Je l'aurai! répéta-t-il; avant deux jours je la remettrai à ma mère.

— Non, répondit-elle après quelques secondes de réflexion, dans deux jours c'est trop tôt; que mon fils me la donne le cinquième jour de la lune qui commencera d'ici à trois jours.

— Bon, j'ai juré; ma mère aura la grande médecine de la Fleur-de-Liane.

— Mon fils me la portera aussitôt à l'arbre des Ours, auprès de la grande hutte des visages pâles, deux heures après le coucher du soleil; je l'attendrai là, pour lui communiquer mes dernières instructions.

— Le Loup-Rouge y sera.

— D'ici là mon fils surveillera avec soin toutes

les démarches de l'Ours-Gris; s'il apprenait quelque chose de nouveau qui lui parût important, mon fils formerait ici même une pyramide de sept têtes de bisons et viendrait deux heures plus tard m'attendre, j'aurais compris son signal et je me rendrais à son appel.

— *Oché!* ma mère est puissante ; cela sera fait ainsi qu'elle le désire.

— Mon fils a bien compris?

— Les paroles de ma mère sont tombées dans les oreilles d'un chef, son esprit les a recueillies.

— Le ciel s'est changé à l'horizon en bandes rouges, le soleil ne tardera pas à paraître ; que mon fils regagne sa tribu ; il ne doit pas éveiller, par son absence, les soupçons de son ennemi.

— Je pars ; mais avant que de la quitter, ma mère, la Louve des prairies, elle dont la puissance est extrême, dont la sagesse a dérobé toute la science des faces pâles, ma mère n'a-t-elle pas fait une grande médecine afin de savoir si notre entreprise réussira et si nous parviendrons enfin à vaincre notre ennemi? »

En ce moment, un grand bruit se fit entendre dans le cannier, et un sifflement aigu traversa l'espace ; le cheval de l'Indien coucha les oreilles, fit des efforts extrêmes pour briser la longe qui l'attachait et trembla de tout son corps.

L'inconnue saisit avec force le bras du chef et lui dit d'une voix sombre :

« Que mon fils regarde ! »

Le Loup-Rouge étouffa un cri de surprise et demeura immobile et terrifié au spectacle étrange qu'il avait sous les yeux.

A quelques pas de lui, un chat tigre et un serpent à sonnettes, campés en face l'un de l'autre, se préparaient au combat.

Leurs prunelles métalliques étincelaient et semblaient lancer des flammes.

Le chat tigre, accroupi sur une branche, replié sur lui-même, le poil hérissé, miaulait et grondait sourdement en suivant d'un œil sournois tous les mouvements de son redoutable adversaire, attendant le moment de l'attaquer avec avantage.

Le crotale, *lové* sur lui-même et formant une énorme spirale, sa tête hideuse rejetée en arrière, sifflait en se balançant à droite et à gauche avec des mouvements remplis de souplesse et de grâce, cherchant ou semblant du moins chercher à fasciner son ennemi.

Mais celui-ci ne lui laissa pas un long répit. Soudain il s'élança sur le serpent ; le crotale, avec une légèreté extraordinaire, se jeta de côté, et à l'instant où le chat, après avoir manqué son coup, bondissait pour revenir à la charge, il lui fit une horrible morsure à la face.

Le chat poussa un miaulement de rage et enfonça ses griffes longues et tranchantes dans les yeux du serpent, qui cependant l'étreignit d'un mouvement désespéré.

Alors les deux ennemis roulèrent sur le sol, sifflant et hurlant sans cependant se lâcher, mais cherchant au contraire à s'arracher mutuellement la vie.

La lutte fut longue ; les deux bêtes fauves se débattaient avec une force extraordinaire ; enfin les anneaux du crotale se desserrèrent et son corps flasque demeura étendu sans mouvement sur le sol.

Le chat tigre échappa, avec un miaulement de victoire, de l'étreinte terrible du monstre et s'élança sur un arbre.

Mais ses forces trahirent sa volonté, il ne put atteindre la branche sur laquelle il voulait grimper et retomba brisé sur le sol.

Alors le féroce animal, se roidissant contre la mort et surmontant l'agonie qui déjà le faisait râler, se traîna en rampant et en s'accrochant au sol au moyen de ses griffes jusqu'au corps de son ennemi, sur lequel il monta.

Arrivé sur le cadavre, il poussa un dernier miaulement de triomphe, et retomba cadavre lui-même auprès du crotale qu'il avait vaincu.

L'Indien avait suivi avec un intérêt toujours croissant les émouvantes péripéties de cette lutte cruelle.

« Eh bien ! demanda-t-il à l'inconnue, que dit ma mère? »

Celle-ci secoua la tête.

« Notre triomphe nous coûtera la vie, répondit-elle.

— Qu'importe ! dit le Loup-Rouge, pourvu que nous abattions nos ennemis. »

Et dégainant son couteau, il se mit en devoir d'écorcher le chat tigre, afin de lui enlever sa magnifique fourrure.

L'inconnue le considéra un instant, puis, après lui avoir fait un dernier signe d'adieu, elle rentra dans le cannier au milieu duquel elle ne tarda pas à disparaître.

Une heure plus tard, le chef indien, chargé de la fourrure du chat tigre et de la peau du crotale, reprenait, au galop de son cheval, le chemin de son village.

Un sourire ironique plissait ses lèvres, il n'avait pas de prétexte à chercher pour son absence, les dépouilles qu'il emportait ne prouvaient-elles pas qu'il avait passé la nuit à chasser?

XIII

ARRIVÉE AU VILLAGE DES KENHAS.
— INDIENS DU SANG. —

Maintenant que les exigences de notre récit nous obligent à entrer en relations suivies avec les Indiens possesseurs des prairies du Missouri, nous allons faire connaître au lecteur la population primitive de ce territoire, appelée généralement Indiens pieds-noirs.

Les Pieds-Noirs formaient, à l'époque où se passe

cette histoire, une nation puissante subdivisée en trois tribus parlant la même langue.

D'abord la tribu des Siksekaï ou Pieds-Noirs proprement dits, ainsi que l'indique leur nom.

Ensuite les Kenhàs ou Indiens du sang.

Puis, enfin, les Piékanns.

Les Américains du Nord donnent à ces Indiens des noms qui diffèrent un peu de ceux que nous écrivons ici, ils ont tort; nous suivons la prononciation exacte, telle que, pendant notre séjour dans les prairies, nous l'avons maintes fois entendue de la bouche même des Pieds-Noirs.

Cette nation pouvait, lorsque ses trois tribus étaient réunies, mettre sous les armes jusqu'à huit mille guerriers, ce qui peut faire évaluer sa population à vingt-cinq mille âmes.

Mais aujourd'hui la petite vérole a décimé ces Indiens et les a réduits à un nombre de beaucoup inférieur au chiffre que nous donnons ici.

Les Pieds-Noirs parcourent les prairies voisines des montagnes Rocheuses, s'enfonçant même parfois dans ces montagnes, entre les trois fourches du Missouri, nommées Gallatin-River, Jefferson-River et Madison-River.

Cependant les Piékanns vont jusqu'au Marin-River, commercer avec la Compagnie américaine des Pelleteries; ils trafiquent aussi avec la Société de la baie d'Hudson, et même avec les Mexicains de Santa-Fé.

Du reste, cette nation, continuellement en guerre avec les blancs, qu'elle attaque lorsqu'elle en trouve l'occasion, est fort peu connue et surtout très-redoutée, à cause de son habileté à voler des chevaux et, plus que tout, pour sa cruauté et sa mauvaise foi notoires.

Nous avons affaire principalement aux Kenhàs dans notre histoire; c'est donc de cette tribu que nous nous occuperons particulièrement.

Voici quelle est l'origine du nom d'Indiens du sang donné aux Kenhàs.

Avant que les Pieds-Noirs se fussent dispersés à une certaine époque, ils se trouvèrent, par hasard, campés à peu de distance de sept ou huit tentes d'Indiens Sassis; une querelle s'éleva entre les Kenhàs et les Sassis, à cause d'une femme enlevée par ces derniers malgré l'opposition des Piékanns; les Kenhàs résolurent de tuer leurs voisins, projet qu'ils exécutèrent avec une férocité et une cruauté extraordinaires.

Ils envahirent, au milieu de la nuit, les tentes des Sassis, massacrèrent ces malheureux pendant leur sommeil, sans épargner même les femmes, les enfants et les vieillards; ils scalpèrent leurs victimes, et rejoignirent leurs huttes après s'être barbouillé le visage et les mains de sang.

Les Piékanns leur reprochèrent cet acte de barbarie; une querelle s'ensuivit, qui bientôt dégénéra en un combat, à la suite duquel les trois tribus pieds-noirs se séparèrent.

Les Kenhàs reçurent alors le nom d'Indiens du sang qu'ils conservèrent toujours, et dont ils tirent honneur en disant que nul ne les insulte impunément.

Du reste, les Kenhàs sont les plus remuants des Pieds-Noirs et les plus indomptables; ils ont toujours, et dans toutes les circonstances, montré des dispositions plus sanguinaires et plus rapaces que les autres membres de leur nation, et surtout que les Piékanns qui passent à juste titre pour être, comparativement, fort doux et fort humains.

Les trois tribus Pieds-Noirs vivent ordinairement fort éloignées les unes des autres; Natah-Otann avait dû agir avec beaucoup de finesse, et user surtout d'une grande patience, pour réussir à les faire se réunir et consentir à marcher tous sous la même bannière.

A chaque instant il était contraint de mettre en jeu toutes les ressources que lui procuraient son esprit fertile en expédients et sa longue expérience de la race rouge, et de faire preuve d'une grande diplomatie, afin de prévenir une rupture, toujours imminente, entre ces hommes qu'aucun lien ne rattachait entre eux, et dont l'orgueil ombrageux se révoltait à la moindre apparence d'humiliation.

C'était au principal village d'été des Kenhàs, situé non loin du fort Mackensie, l'un des principaux entrepôts de la Société américaine des Pelleteries, que Natah-Otann avait résolu de conduire le comte de Beaulieu et ses compagnons, après les événements qui s'étaient passés au camp des Pionniers.

Depuis un an seulement, les Kenhàs avaient construit un village auprès du fort.

Ce voisinage avait, dans le principe, inquiété les Américains; mais la conduite des Pieds-Noirs avait toujours été, en apparence du moins, si loyale dans leurs transactions avec les blancs, que ceux-ci avaient fini par ne plus s'occuper de leurs voisins, les Peaux-Rouges, que pour acheter leurs fourrures, leur vendre du whiskey, et aller dans leur village se divertir lorsque l'occasion s'en présentait.

Après avoir, ainsi que nous l'avons vu, vendu à John Bright et à sa famille un immense terrain pour un dollar, Natah-Otann avait rappelé au comte la promesse qu'il lui avait faite de l'accompagner dans sa tribu; et le jeune homme, bien que secrètement contrarié de l'obligation dans laquelle il était d'accepter cette invitation qui ressemblait extraordinairement à un ordre, s'était cependant exécuté de bonne grâce, et, après avoir pris congé de la famille du pionnier, il avait fait signe au chef qu'il était prêt à le suivre.

John Bright, les mains appuyées sur le canon de son rifle, suivait des yeux les cavaliers kenhàs qui, selon leur habitude, s'éloignaient au galop dans la prairie, lorsqu'un cavalier tourna bride subitement et regagna en toute hâte le camp des Américains.

Le pionnier reconnut avec étonnement Balle-Franche, le vieux chasseur canadien.

Balle-Franche s'arrêta net devant lui.

« Est-ce que vous avez oublié quelque chose? lui demanda le pionnier.

— Oui, répondit le chasseur.

— Quoi donc?

— De vous dire un mot.

— Ah! fit l'autre avec étonnement; dites-le-moi, alors.

— Je n'ai pas de temps à perdre en longs discours ; répondez-moi catégoriquement comme je vous interrogerai.
— Fort bien ! Parlez.
— Êtes-vous reconnaissant de ce que le comte de Beaulieu a fait pour vous ?
— Plus que je ne saurais l'exprimer.
— Le cas échéant, que feriez-vous pour lui ?
— Tout.
— Hum ! c'est beaucoup s'engager.
— C'est moins encore que je ne voudrais faire ; ma famille, mes serviteurs, tout ce que je possède est à sa disposition.
— Ainsi vous lui êtes dévoué ?
— A la vie, à la mort ! Dans quelque circonstance que ce soit, de jour ou de nuit, quoi qu'il arrive, à un mot de lui, à un signe, je suis prêt.
— Vous le jurez ?
— Je le jure.
— Je retiens votre promesse.
— Je la tiendrai.
— J'y compte. Adieu.
— Déjà ?
— Il faut que je rejoigne mes compagnons.
— Mais vous avez donc des soupçons sur votre hôte rouge ?
— Il faut toujours se tenir en garde contre les Indiens, dit sentencieusement le chasseur.
— Ainsi c'est une précaution que vous prenez ?
— Peut-être.
— Dans tous les cas, comptez sur moi.
— Merci, et adieu.
— Adieu ! »

Les deux hommes se quittèrent : ils s'étaient compris.

« By God ! murmura le pionnier en jetant son rifle sur l'épaule et rentrant dans son camp, malheur à qui touchera jamais un cheveu de la tête de l'homme auquel je dois tant ! »

Les Indiens étaient arrêtés sur le bord d'une petite rivière, qu'ils se préparaient à passer à gué au moment où Balle-Franche les rejoignit.

Natah-Otann, occupé à causer avec le comte, jeta un regard oblique au chasseur, mais sans lui adresser la parole.

« Oui, fit celui-ci avec un sourire narquois, mon absence t'a intrigué, mon brave ami, tu voudrais bien savoir pourquoi j'ai si brusquement rebroussé chemin, malheureusement je ne suis nullement disposé à satisfaire ta curiosité. »

Lorsque le passage du gué fut effectué, le Canadien vint sans affectation se placer auprès du jeune Français, et empêcha, par sa présence, le chef indien de renouer l'entretien qu'il avait entamé avec le comte.

Une heure s'écoula sans qu'une parole se fût échangée entre les trois interlocuteurs.

Natah-Otann, fatigué de l'obstination du chasseur et ne sachant comment l'obliger à se retirer, résolut enfin de lui céder la place, et, enfonçant les éperons dans le ventre de sa monture, il s'élança en avant, laissant les deux blancs tête à tête.

Le chasseur le regarda s'éloigner avec ce ri caustique qui était un des caractères distinctifs de sa physionomie.

« Pauvre cheval ! dit-il avec un accent railleur, c'est lui qui souffre de la mauvaise humeur de son maître.

— De quelle mauvaise humeur parlez-vous ? lui demanda le comte d'un air distrait.

— Pardieu ! de celle du chef, qui s'envole là-bas dans un nuage de poussière.

— Vous ne semblez pas avoir de sympathie l'un pour l'autre.

— En effet, nous nous aimons comme l'ours gris et le jaguar.

— Ce qui veut dire ?...

— Simplement que nous avons mesuré nos griffes, et que, comme quant à présent nous les avons reconnues de même force et de même longueur, nous nous tenons sur la défensive.

— Est-ce que vous lui garderiez rancune, par hasard ?

— Moi ! pas le moins du monde ; je ne le crains pas plus qu'il ne me redoute, seulement nous nous défions l'un de l'autre, parce que nous nous connaissons.

— Oh ! oh ! fit le jeune homme en riant, cela cache, je le vois, quelque chose de sérieux. »

Balle-Franche fronça le sourcil et jeta un regard interrogateur autour de lui.

Les Indiens galopaient en riant entre eux, à une vingtaine de pas en arrière ; Ivon seul, bien que se tenant à distance, pouvait entendre la conversation des deux hommes.

Balle-Franche se pencha vers le comte, posa la main sur le pommeau de la selle, et lui dit à voix basse :

« Je n'aime pas les tigres recouverts de la peau du renard, chacun doit suivre les instincts de sa propre nature, sans en prendre une factice.

— Je vous avouerai, mon ami, répondit le jeune homme, que vous parlez par énigmes et que je ne vous comprends pas du tout.

— Patience, reprit le chasseur en hochant la tête, je vais être clair.

— Ma foi, vous me ferez plaisir, Balle-Franche, dit en souriant le jeune homme ; depuis que nous sommes de nouveau rencontrés avec ce chef indien, vous affectez des airs mystérieux dont je suis si fort intrigué, que je serais charmé de savoir une fois pour toutes à quoi m'en tenir.

— Bon ; que pensez-vous de Natah-Otann ? lui demanda-t-il nettement.

— Ah ! c'est toujours là où le bât vous blesse ?

— Oui.

— Eh bien, je vous répondrai que cet homme me semble extraordinaire ; il y a en lui quelque chose d'étrange que je ne puis m'expliquer ; d'abord est-ce bien un Indien ?

— Oui.

— Mais il a voyagé, il a fréquenté les blancs, il a été dans l'intérieur des États-Unis ? »

Le chasseur secoua la tête.

« Non, dit-il, jamais il n'a quitté sa tribu.

— Cependant...

— Cependant, interrompit vivement Balle-Franche, il parle français, anglais et espagnol aussi bien que vous, et peut-être mieux que moi, n'est-ce pas? Devant ses guerriers il feint une profonde ignorance; comme eux il tremble à la vue d'un de ces mille produits de notre civilisation, une montre, une boîte à musique, ou bien encore une allumette chimique, n'est-ce pas?

— En effet, comment savez-vous?

— Puis, continua-t-il en hochant la tête, lorsqu'il se trouve en tête-à-tête avec certaines gens, comme vous, par exemple, monsieur le comte, l'Indien disparaît subitement, le sauvage s'évanouit, et vous vous trouvez en face d'un homme dont la science est au moins égale à la vôtre, et qui vous confond par sa connaissance de toutes choses.

— C'est vrai.

— Ah! ah! Eh bien, puisque, ainsi que moi, vous trouvez cela extraordinaire, vous prendrez vos précautions, monsieur Édouard.

— Qu'ai-je à redouter de lui?

— Je ne le sais pas encore, mais soyez tranquille, je le saurai bientôt; il est fin, mais je ne suis pas aussi sot qu'il le suppose, et je le surveille. Depuis longtemps déjà cet homme joue une comédie dont jusqu'à présent je ne me suis que fort médiocrement soucié; mais, puisqu'il nous a mis dans son jeu, qu'il prenne garde.

— Mais où a-t-il appris ce qu'il sait?

— Ah! voilà; ceci est toute une histoire trop longue à vous raconter en ce moment, mais que vous apprendrez quelque jour; qu'il vous suffise de savoir que dans sa tribu se trouve un vieux chef nommé le Bison-Blanc; cet homme est Européen, c'est lui qui a élevé l'Ours-Gris.

— Ah!

— N'est-ce pas que c'est singulier, un Européen d'une érudition immense, un homme qui, dans son pays, devait tenir un rang élevé et qui se fait ainsi, de propos délibéré, chef de sauvages?

— En effet, tout cela est on ne peut plus extraordinaire; cet homme, vous le connaissez?

— Je l'ai vu souvent; il est très-vieux maintenant; sa barbe et ses cheveux sont blancs; sa taille est haute, sa démarche majestueuse, son visage est beau, son regard profond; il y a dans sa personne quelque chose de grand et de sévère qui en impose, on se sent attiré vers lui malgré soi, l'Ours-Gris a pour lui une vénération extrême et un dévouement à toute épreuve, il lui obéit comme s'il était son fils.

— Quel peut être cet homme?

— Nul ne le sait; je suis convaincu que l'Ours-Gris lui-même partage, sur ce point, l'ignorance générale.

— Mais comment est-il arrivé dans la tribu?

— On l'ignore.

— Il y est depuis longtemps.

— Je vous l'ai dit déjà: il a élevé l'Ours-Gris, et au lieu d'en faire un Indien, il en a fait un Européen.

— Tout cela est étrange, en effet, murmura le comte devenu subitement pensif.

— N'est-ce pas? Mais ce n'est pas tout encore; vous entrez dans un monde que vous ne connaissez pas; le hasard vous jette au milieu d'intérêts que vous ignorez; prenez garde; pesez toutes vos paroles; calculez vos moindres gestes, monsieur Édouard, les Indiens sont bien fins; l'homme auquel vous avez affaire est plus fin que tous, puisque à l'astuce du Peau-Rouge il joint l'intelligence et la corruption européenne que lui a inoculées son précepteur. Natah-Otann est un homme d'une profondeur de vues incalculable; sa pensée est un abîme; il doit mûrir de sinistres projets, veillez avec soin; son insistance pour vous faire promettre de l'accompagner dans son village; sa générosité envers le squatter américain; la protection occulte dont il vous entoure en feignant le premier de vous prendre pour un être d'une essence supérieure, sa bonhomie; tout me fait supposer qu'il veut, à votre insu, vous entraîner dans quelque entreprise ténébreuse qui causera votre perte; croyez-moi, monsieur Édouard, prenez garde à cet homme.

— Merci, mon ami; je veillerai, dit le comte en serrant la main loyale du Canadien.

— Vous veillerez, répondit celui-ci, mais savez-vous bien la manière de veiller?

— J'avoue que....

— Écoutez-moi, interrompit le chasseur, il faut d'abord....

— Voici le chef, s'écria le jeune homme.

— Au diable! grommela Balle-Franche, il ne pouvait pas tarder encore quelques instants? Je suis sûr que ce démon rouge a quelque génie familier qui l'avertit; mais n'importe, je vous en ai dit assez pour que vous ne vous laissiez pas prendre à de faux semblants d'amitié; d'ailleurs, je serai là pour vous soutenir.

— Merci; dans l'occasion....

— Je vous avertirai; quant à vous, il est urgent que vous composiez votre visage et feigniez de ne rien savoir.

— Bon, c'est convenu; voilà notre homme, silence.

— Au contraire, causons; le silence s'interprète toujours, tantôt mal, tantôt bien, le plus généralement en mauvaise part; faites attention à me répondre dans le sens de mes questions.

— Je tâcherai.

— Voici notre homme... Trompons le trompeur. »

Après avoir jeté un regard sournois sur le chef, qui se trouvait être en ce moment seulement à quelques pas, il continua à voix haute et en changeant de ton:

« Ce que vous me demandez là est on ne peut plus facile, monsieur Édouard, je suis certain que le chef sera heureux de vous procurer ce plaisir.

— Le croyez-vous? » répondit le jeune homme, qui ne savait pas où le chasseur voulait en venir.

Balle-Franche se tourna vers Natah-Otann, qui arrivait en ce moment, et se plaçait silencieusement à leurs côtés, bien qu'il eût entendu les dernières paroles des deux hommes.

« Mon compagnon, dit-il au chef, a beaucoup entendu parler et brûle de voir une chasse au caribou, je lui ai offert en votre nom, chef, d'assister à une de ces magnifiques battues dont vous autres, Peaux-Rouges, vous vous êtes réservé le secret.

Une femme se tenait silencieuse devant l'entrée. (Page 75, col. 2.)

— Natah-Otann sera heureux de satisfaire son hôte, » répondit le sachem en s'inclinant avec tout le flegme indien.

Le comte le remercia.

« Nous arrivons au village de ma tribu, reprit le chef, dans une heure nous y serons, le visage pâle verra comment un sachem kenhà sait recevoir ses amis. »

Les guerriers pieds-noirs, qui jusque-là avaient galopé sans garder aucun ordre, s'étaient rapprochés peu à peu et formaient un escadron compacte autour de leur chef.

La petite troupe continuait à s'avancer, en se rapprochant de plus en plus du Missouri, qui coulait à pleins bords entre deux rives élevées et garnies d'oseraies au milieu desquelles, à l'approche des cavaliers, s'élevaient de temps en temps, à grand bruit, des bandes effarées de flamants roses.

Arrivés à un certain endroit où la sente formait un coude, les Indiens s'arrêtèrent et préparèrent leurs armes comme pour un combat, les uns dégageant leurs fusils de leurs étuis de peau de daim, frangés de plumes, et les chargeant; les autres préparant leurs arcs et leurs javelots.

« Est-ce que ces hommes redoutent une attaque? demanda le comte à Balle-Franche.

10

— Pas le moins du monde, répondit celui-ci ; nous ne sommes plus qu'à quelques pas de leur village, dans lequel, pour vous faire honneur, ils veulent entrer en triomphe.

— Allons, allons, fit le jeune homme, tout cela est charmant, je ne comptais pas, sur ma foi, en venant dans les prairies, assister à des scènes aussi singulières.

— Vous n'avez encore rien vu, reprit le chasseur avec ironie, attendez, nous ne sommes qu'au commencement.

— Vraiment? Tant mieux, alors! » s'écria joyeusement le comte.

Natah-Otann fit un signe, le guerriers reprirent leurs rangs.

Au même instant, bien qu'on ne vît encore personne, un bruit de conques, de tambours et de chichikouès se fit entendre à peu de distance avec un fracas effroyable.

Les guerriers poussèrent leur cri de guerre, et répondirent en portant à leurs lèvres leurs *ikkochetas* ou sifflets de guerre, faits avec des tibias humains, et qu'ils portent pendus au cou.

Natah-Otann se plaça alors en tête du détachement, ayant le comte à sa droite, le chasseur et Ivon à sa gauche, et, se tournant vers les siens, il éleva à plusieurs reprises son fusil au-dessus de sa tête, en poussant deux ou trois sifflements aigus.

A ce signal, toute la troupe s'élança en avant, et tourna le coude du sentier en roulant comme une avalanche.

Le Français assista alors à un spectacle étrange, et qui ne manquait pas d'une certaine grandeur sauvage.

Une troupe de guerriers sortis du village arrivait comme un tourbillon au-devant des nouveaux venus, en criant, en hurlant, en brandissant les armes, et tirant des coups de fusil.

Les deux troupes se chargeaient avec une frénésie inexprimable, se précipitant l'une sur l'autre à toute vitesse.

Arrivés à dix pas à peine, les chevaux parurent s'arrêter d'eux-mêmes, et commencèrent à danser, à caracoler et à exécuter toutes les passes les plus difficiles de l'équitation.

Lorsque cette manœuvre eut duré quelques minutes, les deux troupes se formèrent en demi-cercle en face l'une de l'autre, laissant entre elles un espace libre au milieu duquel les chefs se rassemblèrent.

Alors commencèrent les présentations.

Natah-Otann fit aux chefs un long discours, dans lequel il leur rendit compte de son expédition et du résultat qu'il avait obtenu.

Les sachems l'écoutèrent avec tout le décorum indien.

Lorsqu'il leur parla de la rencontre qu'il avait faite des blancs, et de ce qui s'était passé, ils s'inclinèrent silencieusement sans répondre ; seulement un chef, à visage vénérable, qui semblait plus vieux que les autres et paraissait jouir d'une grande considération parmi ses compagnons, fixa sur le comte, lorsque Natah-Otann parla de lui, un regard profond et interrogateur.

Le jeune homme, troublé malgré lui par la fixité de ce regard qui pesait sur lui, se pencha à l'oreille de Balle-Franche et lui demanda à voix basse quel était cet homme.

« C'est le Bison-Blanc, répondit le chasseur, l'Européen dont je vous ai parlé.

— Ah ! ah ! fit le comte, le considérant à son tour avec attention, je ne sais pourquoi, mais je crois que j'aurai, plus tard, maille à partir avec cet individu. »

Le Bison-Blanc prit alors la parole.

« Mes frères sont les bienvenus, dit-il, leur retour dans la tribu est une fête, ce sont des guerriers intrépides, nous sommes heureux d'apprendre la façon dont ils se sont acquittés du mandat qui leur avait été confié. »

Puis il se retourna vers les blancs, et, après s'être incliné devant eux, il continua : — « Les Kenhàs sont pauvres, mais les étrangers sont toujours bien reçus par eux, les visages pâles sont nos hôtes, tout ce que nous possédons leur appartient. »

Le comte et ses compagnons remercièrent le chef qui leur faisait aussi gracieusement les honneurs de la tribu, puis, sur un geste de Nathah-Otann, les deux troupes se confondirent en une seule et s'élancèrent ensemble dans la direction du village, qui s'élevait à cinq cents pas à peine de l'endroit où ils se trouvaient, et à l'entrée duquel on apercevait une foule bigarrée de femmes et d'enfants rassemblés.

XIV

LA RÉCEPTION.

De même que tous les centres de population indienne qui avoisinent les défrichements américains des frontières, le village kenhà était plutôt un fort qu'une bourgade.

Ainsi que nous croyons l'avoir dit, les Kenhàs n'étaient venus que depuis peu, d'après les conseils de Natah-Otann, s'établir en ce lieu.

L'endroit était, du reste, parfaitement choisi au point de vue militaire, et grâce aux précautions qu'elle avait prise, la tribu se trouvait complétement à l'abri d'un coup de main.

Les huttes indiennes étaient disséminées, sans ordre, de chaque côté d'un ruisseau, assez large affluent sans nom du fleuve.

Les fortifications consistaient en des espèces de retranchements élevés à la hâte et composés d'arbres morts.

Ces fortifications formaient enclos, ayant plusieurs angles, rentrants et sortants, renfermant un espace assez resserré et dont la gorge, ou partie ouverte, était appuyée à l'endroit où le ruisseau se perdait dans le Missouri.

Un parapet de troncs et de grosses branches empilées, construit en retraite d'un profond et large fossé, complétait un système de défense fort respectable, et que l'on aurait été loin de s'attendre à trouver dans les prairies.

Au milieu du village, un large espace vide servait de place de réunion pour les chefs; au centre, il y avait une cabane en bois, en forme de pain de sucre.

De chaque côté de cette cabane, sur de larges hangars, séchaient le maïs, les graines et les céréales conservées pour la provision d'hiver.

Un peu en avant du village, à une distance de cent cinquante pas environ, s'élevaient deux espèces de blockhaus, composés de retranchements en forme de flèches, recouverts de treillages en osier, munis de meurtrières et entourés d'une clôture de palissades.

Ils devaient servir à la défense du village avec lequel ils communiquaient par un chemin couvert, et dominer le fleuve et la plaine.

Sous le vent de ces blockhaus, à un kilomètre dans l'est-nord-est, on voyait beaucoup de *machotté* ou échafaudages sur lesquels les Indiens du sang, de même que les autres Pieds-Noirs, les Sioux et les Dacotahs, déposent leurs morts.

De distance en distance, sur le chemin qui conduisait au village, il y avait de longs poteaux plantés en terre, auxquels étaient suspendus des peaux, des chevelures et d'autres objets offerts par les Indiens au Maître de la vie, *Omahauk-Noumackchi*, ou au premier homme, *Noumank-Machana*.

Les Indiens firent leur entrée dans le village, au milieu des cris des femmes et des enfants, des aboiements des chiens et de l'assourdissant charivari des tambours, des conques, des chichikouès et des sifflets de guerre.

Arrivés sur la place, à un signe de Natah-Otann, la troupe fit halte et le vacarme cessa.

Un immense brasier avait été préparé.

Devant ce brasier se tenait un vieux chef, robuste encore et de haute taille, à la physionomie prévenante; un nuage de tristesse était répandu sur son visage; il était en deuil, ce qu'il était facile de reconnaître aux habits en lambeaux qui le couvraient et à ses cheveux coupés courts et enduits d'argile.

Il tenait en main une pipe dacotah, dont le tuyau était long, plat et orné de clous jaunes et brillants.

Cet homme était le *Pied-Fourchu*, le premier et le plus renommé sachem des Kenhàs.

Aussitôt que la troupe fut arrêtée, il fit deux pas en avant, et d'un geste majestueux il invita les chefs à descendre de cheval.

« Mes fils sont chez eux, dit-il, qu'ils prennent place sur les robes de bison, autour du feu du conseil. »

Chacun obéit en silence et s'accroupit après s'être respectueusement incliné devant le sachem.

Alors le *Pied-Fourchu* fit faire à chacun quelques aspirations dans sa pipe en la tenant dans sa main, et la fit circuler ensuite par la gauche.

Lorsque la pipe revint au sachem, il en vida la cendre brûlante dans le feu, et se tournant avec un sourire de bonté du côté des étrangers :

« Les faces pâles sont nos hôtes, dit-il, il y a ici le feu et l'eau. »

Après ces paroles qui terminaient la cérémonie, les assistants se levèrent et se retirèrent, sans ajouter une parole, selon la coutume indienne.

Natah-Otann s'approcha du comte.

« Que mon frère me suive, dit-il.
— Où cela? demanda le jeune homme.
— Dans le Calli que j'ai fait préparer pour lui.
— Et mes compagnons?
— D'autres huttes les attendent. »

Balle-Franche fit un geste arrêté immédiatement par le comte.

« Pardon, chef, dit-il, mais, avec votre permission, mes compagnons habiteront avec moi. »

Le chasseur sourit pendant qu'une nuance de mécontentement assombrit le visage de l'Indien.

« Le jeune chef blanc sera bien mal, répondit-il, lui accoutumé aux immenses cabanes des visages pâles.

— C'est possible, mais je serai encore plus mal si mes compagnons ne restent pas auprès de moi, afin de me tenir société.

— L'hospitalité des Kenhàs est grande, ils sont riches et peuvent, quand même leurs hôtes seraient plus nombreux encore, donner à chacun d'eux un Calli particulier.

— J'en suis convaincu, et je les remercie de cette attention, dont cependant je me dispenserai de profiter; la solitude m'effraye, je m'ennuierais à mourir si auprès de moi je n'avais pas un ami avec lequel je pusse causer.

— Qu'il soit donc fait ainsi que désire le jeune chef pâle, les hôtes ont le droit de commander, leurs prières sont des ordres.

— Je vous remercie de votre condescendance et je suis prêt à vous suivre.

— Venez. »

Avec cette rapidité de résolution que les Indiens possèdent à un si haut degré, Natah-Otann avait renfermé sa contrariété dans son cœur, et nulle trace d'émotion ne paraissait plus sur son visage impassible.

Les trois hommes le suivirent, après avoir échangé entre eux un regard d'intelligence.

Sur la place même, auprès de l'arche du premier homme, espèce de cylindre enfoncé en terre et garni de plantes grimpantes, s'élevait un Oti ou Calli de belle apparence.

Ce fut à cette hutte que le chef conduisit ses hôtes.

Une femme se tenait silencieuse devant la porte, fixant sur les arrivants un regard où l'admiration et l'étonnement se confondaient.

Était-ce bien une femme que cette angélique créature aux formes suaves et aux contours vaporeux, dont le délicieux visage, rougissant de pudeur et de curiosité naïve, se tournait vers le comte avec une timidité anxieuse?

Ce fut la question que s'adressa intérieurement le jeune homme en contemplant cette charmante apparition, qui ressemblait, à s'y méprendre, à une de ces vierges divines de la mythologie des anciens Slaves.

En la voyant, Natah-Otann fronça le sourcil.

« Que fait là ma sœur? » lui demanda-t-il rudement.

La jeune fille, arrachée à sa contemplation silencieuse par cette brusque apostrophe, tressaillit et baissa les yeux.

« Fleur-de-Liane voulait souhaiter la bienvenue à son père adoptif, répondit-elle doucement, d'une voix suave et mélodieuse.

— La place de Fleur-de-Liane n'est pas ici, plus tard je lui parlerai; qu'elle aille rejoindre les jeunes filles de la tribu, ses compagnes. »

Fleur-de-Liane rougit davantage encore, ses lèvres roses se froncèrent, elle fit une moue charmante, et après avoir à deux reprises secoué la tête d'un air mutin, elle s'envola légère comme un oiseau en jetant au comte, tout en fuyant, un dernier regard qui lui causa une émotion incompréhensible.

Le jeune homme porta vivement la main à son cœur pour en comprimer les battements, et suivit des yeux la légère enfant, qui disparut bientôt derrière un Calli.

« Oh! murmura le chef à part lui, est-ce que, sans en avoir jamais vu, elle aurait reconnu tout à coup un être de la race maudite à laquelle elle appartient. »

Puis se tournant brusquement vers les blancs, dont il sentait instinctivement que les regards pesaient sur lui:

« Entrons, » dit-il en soulevant la peau de bison qui servait de rideau au Calli.

Ils entrèrent.

Par les soins de Natah-Otann, la hutte avait été nettoyée, et tout le confortable qu'il avait été possible de se procurer se trouvait réuni, c'est-à-dire des monceaux de fourrures de toutes sortes, épaisses et soyeuses, pour servir de lit, une table boiteuse, quelques bancs aux pieds mal équarris et, luxe inouï dans un tel endroit, une espèce de fauteuil en jonc tressé et à large dossier.

« Le chef pâle excusera de pauvres Indiens s'ils n'ont pas fait mieux pour le recevoir comme il le mérite, dit l'Indien avec un mélange d'ironie et d'humilité.

— Tout cela est parfait, répondit en souriant le jeune homme qui se méprit à l'accent du chef, je ne comptais certes pas sur autant; d'ailleurs, je parcours depuis assez longtemps la prairie pour avoir appris à me passer des futilités et à me contenter du nécessaire.

— Maintenant je demande au chef pâle la permission de me retirer.

— Faites, mon hôte, faites, ne vous gênez pas, allez à vos affaires; pour moi, je vais prendre quelques instants d'un repos dont j'ai le plus grand besoin. »

Natah-Otann s'inclina sans répondre et sortit.

Aussitôt qu'il fut dehors, Balle-Franche invita d'un geste ses compagnons à rester immobiles là où le hasard les avait placés, et il commença l'inspection des lieux, furetant et regardant scrupuleusement partout.

Lorsqu'il eut terminé cette inspection, qui ne produisit d'autre résultat que celui de lui prouver qu'ils étaient bien seuls, et que nul espion ne se tenait aux écoutes, le vieux chasseur regagna le milieu du Calli, et faisant signe au comte et à Ivon de s'approcher de lui:

« Écoutez, dit-il à voix basse, nous sommes, par notre faute, dans la gueule du loup; soyons prudents; dans la prairie les feuilles ont des yeux et les arbres des oreilles, Natah-Otann est un démon qui machine quelque trahison dont il veut nous rendre victimes.

— Bah! fit légèrement le comte, comment le savez-vous, Balle-Franche?

— Je ne le sais pas, et pourtant j'en suis sûr; mon instinct ne me trompe pas, monsieur Édouard; je connais les Kenhàs de longue date; il faut nous tirer d'ici le plus adroitement que nous pourrons.

— Eh! à quoi bon ces soupçons, mon ami; les pauvres diables, j'en suis sûr, ne pensent qu'à nous bien fêter; tout me semble charmant ici. »

Le Canadien secoua la tête.

« Je veux savoir d'où provient le respect étrange que vous témoignent les Indiens, cela cache quelque chose, je vous le répète.

— Bah! ils ont peur de moi, voilà tout!

— Hum! Natah-Otann n'a pas peur de grand'chose au monde.

— Ah çà! mais Dieu me pardonne, Balle-Franche, je ne vous ai jamais vu ainsi; si je ne vous connaissais pas si bien, je dirais que vous avez peur.

— Pardieu! je ne m'en cache pas, répondit vivement le chasseur; j'ai peur, et bien peur même!

— Vous!

— Oui, mais pas pour moi; vous comprenez bien que depuis que je parcours la prairie, si les Peaux-Rouges avaient pu me tuer, il y a longtemps que ce serait fait; aussi je suis bien tranquille sur mon compte, allez, et s'il n'y avait que moi....

— Eh bien?

— Je ne serais nullement embarrassé.

— Pour qui craignez-vous donc, alors?

— Pour vous, monsieur Édouard, pour vous seul.

— Pour moi! s'écria le comte en s'allongeant nonchalamment dans le fauteuil; c'est beaucoup d'honneur que vous faites à ces drôles; avec ma cravache je mettrais tous ces hideux personnages en fuite. »

Le chasseur secoua la tête.

« Vous ne voulez pas, monsieur Édouard, vous bien persuader une chose.

— Laquelle?

— C'est que les Indiens sont d'autres hommes que les Européens auxquels jusqu'à présent vous avez eu affaire.

— Allons donc; si l'on voulait vous écouter, vous

autres, coureurs des bois, on serait à chaque seconde à deux doigts de la mort, et l'on ne pourrait marcher qu'en rampant comme des bêtes fauves à travers les prairies ; sornettes que tout cela, mon ami ; je crois déjà vous avoir vingt fois prouvé que tant de précautions sont inutiles, et qu'un homme de cœur qui brave franchement le danger en face a toujours raison de vos plus belliqueux Peaux-Rouges.

— C'est justement la raison qui les fait agir ainsi à votre égard que je veux découvrir.

— Vous feriez mieux de tâcher de découvrir autre chose.

— Quoi donc ?

— Quelle est cette charmante enfant que je n'ai fait qu'entrevoir, et que le chef a si brutalement renvoyée.

— Allons, bon ; allez-vous devenir amoureux, à présent ? il ne manquerait plus que cela.

— Pourquoi non, mon ami ? car en vérité cette enfant est charmante.

— Oui, elle est charmante, monsieur le comte ; mais, croyez-moi, ne vous occupez pas d'elle.

— Et pourquoi cela, s'il vous plaît ?

— Parce que cette jeune fille n'est pas ce qu'elle paraît être.

— Ah çà ! mais c'est un vrai roman d'Anne Radcliffe que vous me racontez là ; nous marchons de mystère en mystère, depuis quelques jours.

— Oui, et plus nous irons, plus tout deviendra sombre autour de nous.

— Bah ! bah ! je n'en crois pas un mot. Ivon, ma robe de chambre. »

Le domestique obéit.

Depuis son entrée dans le village, le digne Breton était dans des transes continuelles et tremblait de tous ses membres ; tout ce qu'il voyait lui semblait si extraordinaire et si horrible, qu'il s'attendait à chaque instant à être massacré.

« Eh bien ! lui demanda le comte, que penses-tu de cela, Ivon ?

— Moi ! monsieur le comte sait que je suis très-poltron, balbutia le Breton.

— Oui, oui, c'est convenu ; après ?

— J'ai affreusement peur.

— Naturellement.

— Et si monsieur me le permet, je porterai toutes ces fourrures là-bas, afin de me coucher en travers de la porte.

— Pourquoi donc ?

— Parce que, comme j'ai bien peur, je ne dormirai sans doute pas profondément, et si quelqu'un vient cette nuit avec de mauvaises intentions, il sera forcé de passer par-dessus moi, je l'entendrai, et de cette façon je pourrai, par mes cris, prévenir monsieur, ce qui lui donnera le temps de se mettre en défense. »

Le jeune homme se renversa en arrière en éclatant d'un rire homérique, auquel, malgré ses préoccupations, Balle-Franche s'associa.

« Ma foi ! s'écria le comte en regardant son domestique, tout interdit de cette gaieté qui lui semblait intempestive dans un moment aussi grave, il faut avouer, Ivon, que tu es bien le poltron le plus extraordinaire que j'aie jamais vu.

— Hélas ! monsieur, répondit-il avec contrition, ce n'est pas ma faute, allez ; car je fais bien tout ce que je puis pour avoir du courage, mais cela m'est impossible.

— Bon ! bon ! reprit le jeune homme en riant toujours, je ne t'en veux pas, mon pauvre garçon ; dame ! puisque c'est plus fort que toi, il faut en prendre ton parti.

— Hélas ! fit le Breton en poussant un énorme soupir.

— Mais laissons cela ; vous vous coucherez comme vous l'entendrez et où vous voudrez, Ivon, je m'en rapporte à vous. »

Le Breton, sans répondre, se mit immédiatement en devoir de transporter les fourrures à la place qu'il avait choisie, tandis que le comte continuait de causer avec le chasseur.

« Quant à vous, Balle-Franche, lui dit-il, de votre côté, je vous laisse carte blanche pour veiller sur nous comme vous l'entendrez, promettant de ne déranger en rien vos plans, et même de vous aider si besoin est, mais à une condition.

— Laquelle ?

— C'est que vous vous arrangerez de façon à me faire retrouver le charmant lutin dont je vous ai déjà parlé.

— Prenez garde, monsieur Édouard !

— Je veux la revoir, vous dis-je, quand je devrais moi-même me mettre à sa recherche.

— Vous ne ferez pas cela, monsieur Édouard.

— Je le ferai sur mon âme, et pas plus tard que tout de suite si vous continuez ainsi.

— Vous réfléchirez.

— Je ne réfléchis jamais et je m'en suis toujours bien trouvé.

— Mais savez-vous qui est cette femme ?

— Parbleu, vous venez de le dire vous-même ; c'est une femme, et charmante même.

— D'accord ; mais, je vous le répète, elle est aimée de Natah-Otann.

— Que m'importe !

— Faites attention !

— A rien ; je veux la revoir.

— A tout prix ?

— A tout prix.

— Bien ; écoutez-moi, alors.

— Oui, mais soyez bref.

— Je vais vous raconter l'histoire de cette femme.

— Vous la connaissez donc ?

— Je la connais.

— Bon ! Commencez, je suis tout oreilles. »

Balle-Franche approcha un banc, s'assit d'un air de mauvaise humeur, et, après un instant de réflexion :

« Il y a une quinzaine d'années, dit-il, Natah-Otann, qui avait vingt ans à peine alors, mais était déjà un guerrier renommé, quitta sa tribu à la tête d'une cinquantaine de guerriers d'élite, pour aller tenter un coup de main contre les blancs. A cette époque, les Kenhàs n'étaient pas établis où ils sont en ce moment; la Société des Pelleteries ne s'était pas avancée aussi avant sur le Missouri, et le fort Mackensie n'existait pas. Les Indiens du sang chassaient en liberté sur de vastes territoires dont, depuis, les Américains se sont emparés et dont ils les ont chassés. C'était vers les frontières sud de ce territoire que se trouvait le village des Kenhàs, à quatre-vingts lieues d'ici environ. Jusqu'à ce moment, jamais Natah-Otann n'avait commandé en chef une expédition; de même que tous les jeunes gens de son âge en pareille circonstance, son front rayonnait d'orgueil; il brûlait de se distinguer et de prouver aux sachems de sa nation qu'il était digne de commander à des guerriers braves. Aussitôt qu'il fut sur le sentier de la guerre, il disséminà des espions dans toutes les directions, défendit à ses hommes de fumer, de crainte que la lueur des pipes ne divulguât sa présence. Enfin il prit avec une sagesse extrême toutes les précautions usitées en pareil cas. Son expédition fut brillante; il surprit plusieurs caravanes, pilla et saccagea des défrichements; ses hommes revinrent chargés de butin et le mors de leurs chevaux garni de chevelures. Natah-Otann n'amenait, lui, qu'une faible créature de deux ou trois ans au plus, qu'il portait délicatement dans ses bras, ou bien couchait sur le devant de sa selle. Cette enfant était la grande et belle jeune fille que vous avez vue aujourd'hui.

— Ah!

— Est-elle blanche, est-elle rouge, Américaine ou Espagnole? Nul ne le sait, nul ne le saura jamais. Vous savez que beaucoup d'Indiens naissent blancs; ainsi la couleur ne peut servir d'indice pour retrouver les parents de la jeune fille. Bref, le chef l'adopta; mais, chose étrange, au fur et à mesure que l'enfant grandit, elle prit sur l'esprit de Natah-Otann un empire auquel celui-ci ne put jamais se soustraire, et qui bientôt pesa tellement sur lui que les chefs de la tribu s'en inquiétèrent; du reste, la vie que menait et que mène Fleur-de-Liane, c'est son nom....

— Je le sais, interrompit le comte.

— Bien, reprit le chasseur; je dis donc que la vie de cette enfant est extraordinaire; au lieu d'être gaie, folâtre et rieuse comme les jeunes filles de son âge, elle est sombre, rêveuse, sauvage, errant toujours seule dans la prairie, volant sur l'herbe emperlée de rosée comme une gazelle, ou bien la nuit, rêvant au clair de la lune en murmurant des paroles que nul n'entend. Parfois de loin on aperçoit, car personne n'ose s'approcher d'elle, auprès de son ombre une autre ombre se dessiner et marcher des heures entières, tête basse, à ses côtés, puis elle reparaît seule au village; et si on l'interroge, elle hausse les épaules sans répondre, ou bien elle se met à pleurer.

— C'est étrange, en effet.

— N'est-ce pas? Si bien que les chefs se réunirent autour du feu du conseil, et reconnurent que Fleur-de-Liane avait jeté un charme sur son père adoptif.

— Les imbéciles! murmura le comte.

— Peut-être, reprit le chasseur en hochant la tête; toujours est-il qu'il fut résolu de l'abandonner seule dans le désert pour y mourir.

— Pauvre enfant! Alors qu'arriva-t-il?

— Natah-Otann et le Bison-Blanc, qui n'avaient pas été appelés au conseil, s'y rendirent en apprenant cette décision, et ils parvinrent si bien, par leurs paroles trompeuses, à changer l'esprit des chefs, que non-seulement on renonça à abandonner la jeune fille, mais que depuis ce moment elle est considérée comme le génie tutélaire de la tribu.

— Et Natah-Otann?

— Son état est toujours le même.

— Voilà tout?

— Voilà tout.

— Eh bien! Balle-Franche, mon ami, avant deux jours, je saurai, moi, si cette jeune fille est aussi sorcière que tu le dis, et ce que je dois en penser. »

Le chasseur ne répondit que par un grognement inintelligible, et sans insister davantage il s'étendit sur ses fourrures.

XV

LE BISON-BLANC.

Aussitôt que Natah-Otann fut sorti du Calli dans lequel il avait introduit le comte, il se dirigea vers la hutte habitée par le Bison-Blanc.

La nuit commençait à tomber; les Kenhàs, réunis autour des feux allumés devant l'entrée de chaque hutte, causaient gaiement entre eux en fumant leurs longs calumets.

Le chef répondait par un signe de tête ou un geste amical aux saluts affectueux que lui faisaient les guerriers qu'il rencontrait sur sa route, mais il ne s'arrêtait à causer avec personne, et continuait son chemin avec plus de rapidité à mesure que l'obscurité devenait plus épaisse.

Il arriva enfin à une case située presque au bout du village, sur la rive du Missouri.

Le chef, après avoir jeté un regard interrogateur aux ténèbres qui l'environnaient, s'arrêta devant cette hutte, dans laquelle il se prépara à entrer.

Cependant, au moment de soulever le rideau en peau de bison qui la fermait, il hésita quelques secondes et sembla se recueillir.

Cette demeure n'avait extérieurement rien qui la distinguât des autres du village; elle était ronde, avec un toit en forme de ruche, faite de branches entrelacées, reliées entre elles avec de la terre, et garnie de nattes tressées.

Cependant, après un moment de réflexion, Natah-Otann souleva le rideau, entra et s'arrêta sur le seuil de la porte, en disant en français ces deux mots:

« Bonsoir, mon père.

— Bonsoir, enfant, je t'attendais avec impatience;

viens t'asseoir près de moi, nous avons à causer. »

Ces paroles furent prononcées dans la même langue par une voix douce.

Natah-Otann fit quelques pas en avant et laissa derrière lui retomber le rideau de la porte.

Si extérieurement la hutte dans laquelle le chef venait d'entrer ne se distinguait pas des autres, il n'en était pas de même pour l'intérieur.

Tout ce que l'industrie humaine peut imaginer, étant réduite à sa plus simple expression, c'est-à-dire privée des outils et des matières de première nécessité pour traduire sa pensée, le maître de cette habitation l'avait pour ainsi dire inventé; aussi l'intérieur de cette hutte était-il une espèce de pandémonium étrange où se trouvaient réunis les objets les plus disparates et en apparence les moins faits pour se rencontrer auprès les uns des autres.

Au contraire des autres huttes, celle-ci était percée de deux espèces de fenêtres dont les vitres avaient été remplacées avec du papier huilé; dans un angle un lit, au milieu une table, quelques sièges çà et là, un grand fauteuil près de la table, mais tout cela taillé avec la hache et mal équarris, tels étaient les meubles qui garnissaient ce singulier intérieur.

Sur des rayons, une quarantaine de volumes, la plupart dépareillés, des animaux empaillés pendus par des cordes, des insectes, etc.; enfin un nombre infini de choses sans nom, mais classées, rangées, étiquetées, complétaient cette singulière demeure, qui ressemblait plutôt à la cellule d'un anachorète ou à l'antre secret d'un alchimiste du seizième siècle qu'à l'habitation d'un chef indien; cependant cette hutte était celle du Bison-Blanc, un des premiers chefs kenhàs, et l'homme qui avait répondu à Natah-Otann était le Bison-Blanc lui-même.

Mais, nous l'avons dit, ce chef était Européen et avait sans doute gardé dans la vie sauvage quelques souvenirs de sa vie passée, derniers reflets d'une existence perdue.

Au moment où Natah-Otann entra dans la hutte, le Bison-Blanc, assis dans un fauteuil auprès de la table, la tête appuyée sur les mains, lisait, à la lueur d'une lampe en terre, dont la mèche fumeuse ne répandait, à part une odeur fétide, qu'une lueur tremblante et incertaine autour de lui, dans un grand in-folio aux pages jaunies et usées.

Il releva la tête, ôta ses lunettes, qu'il plaça dans le livre, qu'il ferma, et faisant décrire un quart de cercle à son fauteuil dans lequel il était assis, le vieillard sourit au jeune homme, et lui indiquant un siège d'un geste amical :

« Allons, lui dit-il, assieds-toi là, enfant ! »

Le chef prit le siège, l'approcha de la table et s'assit sans répondre.

Le vieillard le considéra attentivement pendant quelques instants.

« Hum! fit-il, tu me parais bien sombre pour un homme qui vient, à ce que je suppose, d'obtenir enfin un grand résultat longtemps attendu! Qui peut t'attrister ainsi? Hésiterais-tu, maintenant que tu es sur le point de réussir? Est-ce que tu commences à comprendre que l'œuvre que, malgré moi, tu as voulu entreprendre est au-dessus des forces d'un homme livré à lui-même et qui n'a pour appui qu'un vieillard?

— Peut-être, répondit le chef d'une voix sourde. Oh! pourquoi, mon père, m'avez-vous fait goûter les fruits amers de cette civilisation maudite qui n'était pas faite pour moi! pourquoi vos leçons ont-elles fait de moi un homme différent de ceux qui m'entourent et avec lesquels je suis condamné à vivre et à mourir?

— Aveugle! à qui j'ai fait voir le soleil, tu te laisses éblouir par ses rayons, tes yeux trop faibles ne peuvent s'accoutumer à la lumière; au lieu de l'ignorance et de l'abrutissement dans lequel tu aurais toute ta vie végété, j'ai développé en toi le seul sentiment qui élève l'homme au-dessus de la bête fauve, je t'ai appris à penser, à juger, et voilà comme tu me remercies, voilà la récompense que tu devais me donner pour les peines que j'ai prises et les soins que je n'ai cessé de te prodiguer.

— Mon père!

— Ne cherche pas à te disculper, enfant, interrompit le vieillard avec une nuance d'amertume, je devais m'attendre à ce qui arrive, je m'y attendais, l'ingratitude et l'égoïsme ont été déposés dans le cœur de l'homme par la Providence, pour sa sauvegarde. Sans l'ingratitude et l'égoïsme, ces deux vertus suprêmes de l'humanité, il n'y aurait pas de société possible, je ne t'en veux pas, je n'ai pas le droit de t'en vouloir, et comme l'a dit un sage, tu es homme et aucun sentiment humain ne doit t'être étranger.

— Je ne fais ni plaintes, ni récriminations, mon père, je sais que vous avez agi envers moi dans une bonne intention, répondit le chef; malheureusement vos leçons ont produit un résultat contraire à celui que vous attendiez; en développant mes idées vous avez, à votre insu et au mien, agrandi mes besoins; la vie que je mène me pèse, les hommes qui m'entourent me sont à charge, parce qu'ils ne peuvent pas me comprendre, et que moi-même je ne les comprends plus; malgré moi mon esprit s'élance vers des horizons inconnus, je rêve tout éveillé des choses étranges et impossibles; je souffre d'un mal incurable que je ne puis définir; j'aime sans espoir une femme dont je suis jaloux, et qui, à moins d'un crime, ne pourra jamais m'appartenir. Oh! mon père, je suis bien malheureux!

— Enfant! s'écria le vieillard en haussant les épaules avec pitié, tu es malheureux, toi! ta douleur me donne envie de rire; l'homme a en soi le germe du bien et du mal; si tu souffres, c'est à toi seul que tu dois t'en prendre! Tu es jeune, tu es intelligent, tu es fort, tu es le premier de ta nation : que te manque-t-il pour être heureux? Rien! Si tu veux fermement l'être, étouffe dans ton sein la passion insensée qui te dévore, suis sans regarder ni à droite ni à gauche la mission glorieuse que tu t'es toi-même tracée. Quoi de plus beau, de plus noble, de plus grand que de délivrer un peuple et le régénérer?

Le Bison-Blanc lisait à la lueur d'une lampe. (Page 79.)

— Hélas! le pourrai-je?
— Ah! tu doutes? s'écria le vieillard en frappant du poing sur la table et le regardant en face, alors tu es perdu; renonce à tes projets, tu ne réussiras pas; dans une route comme la tienne, hésiter c'est reculer, reculer c'est périr!
— Mon père!
— Silence! s'écria-t-il avec un redoublement d'énergie, et écoute-moi : lorsque pour la première fois tu m'as dévoilé tes projets, j'ai essayé par tous les arguments possibles à te les faire abandonner; je t'ai prouvé que ta résolution était prématurée, que les Indiens, abrutis par un long esclavage, n'étaient plus que l'ombre d'eux-mêmes, et qu'essayer de réveiller en eux tout sentiment noble et généreux était essayer de galvaniser un cadavre; tu as résisté, tu n'as voulu rien entendre, tu t'es jeté tête baissée dans des intrigues et des complots de toutes sortes, est-ce vrai?
— C'est vrai!
— Eh bien! maintenant, il est trop tard pour reculer, il faut marcher en avant quand même; tu tomberas, ceci est certain, mais au moins tu tomberas avec honneur, et ton nom, chéri de tous,

Une ombre blanche glissant sur la neige passa près de lui. (Page 84, col. 1.)

grossira le martyrologe immense des hommes d'élite qui se sont dévoués à leur patrie.

— Les choses ne sont pas assez avancées, il me semble, pour....

— Ne pas pouvoir reculer, n'est-ce pas? interrompit-il.

— Oui.

— Tu te trompes; pendant que tu t'occupes de ton côté à réunir tes partisans et à préparer l'exposition de ta prise d'armes, crois-tu donc que moi je reste inactif?

— Que voulez-vous dire?

— Je veux dire que tes ennemis soupçonnent tes projets, qu'ils te surveillent, et que si tu ne les préviens pas par un coup de foudre, ce sont eux qui te surprendront et te tendront un piége dans lequel tu tomberas.

— Moi!..., s'écria le chef avec violence; oh! nous verrons!

— Redouble donc d'activité, ne te laisse pas prévenir, et surtout sois prudent, tu es surveillé de près, je te le répète.

— Comment savez-vous?..,

— Pourvu que je le sache, cela suffit, il me semble; rapporte-t'en à ma prudence, je veille; laisse les espions et les traîtres s'endormir dans une trompeuse sécurité; si nous les démasquions, d'autres s'offriraient à leur place, il vaut mieux pour nous ceux que nous connaissons; de cette façon, aucune de leurs démarches ne nous échappe, nous savons ce qu'ils font et ce qu'ils veulent, et tandis qu'ils se flattent de connaître nos projets et de les divulguer à ceux qui les payent, c'est nous qui sommes leurs maîtres et les amusons par des renseignements faux qui servent à cacher nos véritables résolutions; crois-moi, leur confiance fait notre sécurité.

— Vous avez toujours raison, mon père, je m'en

rapporte entièrement à vous; mais au moins ne puis-je savoir le nom des traîtres?
— A quoi bon, puisque je les connais? quand il en sera temps, je te dirai tout.
— Soit! »

Il y eut un silence assez long; les deux hommes, absorbés dans leurs pensées, ne remarquèrent pas une tête grimaçante qui passait par-dessous le rideau de la porte, et depuis assez longtemps déjà écoutait leurs paroles.

Mais l'homme, quel qu'il fût, qui se livrait à cet espionnage, donnait par intervalles des signes de mauvaise humeur et de désappointement; en effet, en venant écouter les deux chefs, il n'avait pas songé à une chose, c'est qu'il ne pourrait pas comprendre un mot de ce qui se dirait entre eux; Natah-Otann et le Bison-Blanc parlaient français, langage complétement inintelligible pour l'écouteur, triste mécompte pour un espion.

Cependant, qui que fût cet homme, il ne se rebuta pas et continua quand même à écouter; il espérait peut-être que d'un moment à l'autre les deux chefs changeraient d'idiome.

« Maintenant, reprit le vieillard en fixant un regard interrogateur sur Natah-Otann, rends-moi compte de ton excursion; lorsque tu es parti, tu étais peu joyeux, tu espérais, me disais-tu, ramener avec toi l'homme dont tu as besoin pour jouer le principal rôle dans ta conspiration.

— Eh bien! vous l'avez vu aujourd'hui, mon père, il est ici; ce soir il est entré à mes côtés dans le village.

— Oh! oh! explique-moi donc cela, mon enfant, » dit le vieillard avec un doux sourire, et en s'arrangeant dans son fauteuil de façon à écouter commodément.

Puis, par un mouvement imperceptible, et tout en semblant prêter la plus grande attention au jeune chef, le Bison-Blanc rapprocha les grands pistolets placés auprès de lui.

« Va, dit-il, je t'écoute.

— Il y a six mois environ, je ne sais si je vous en ai parlé alors, j'avais réussi à m'emparer d'un chasseur canadien contre lequel j'avais une vieille rancune.

— Attends donc, oui, j'ai un souvenir confus de cette aventure, un certain Balle-Franche, n'est-ce pas?

— C'est cela même. Eh bien! j'étais furieux contre cet homme, qui depuis si longtemps se jouait de nous, et me tuait mes guerriers avec une adresse inouïe; dès que je me fus emparé de lui, je résolus de le faire mourir dans les tortures.

— Bien que, tu le sais, je n'approuve pas cette coutume barbare, d'après les mœurs de ta nation, c'était ton droit, et je ne trouve rien à dire à cela.

— Lui n'y fit non plus aucune objection, au contraire, il nous nargua; bref, il nous rendit tellement furieux contre lui, que je donnai l'ordre du supplice; au moment où il allait mourir, un homme, ou plutôt un démon, apparut tout à coup, se jeta au milieu de nous, et seul, sans paraître se soucier du danger qu'il courait, il s'élança vers le poteau et détacha le prisonnier.

— Hum! c'était un vaillant homme, sais-tu.

— Oui, mais son action téméraire allait lui coûter cher, lorsque tout à coup, à un signe de moi, tous mes guerriers et moi-même nous tombâmes à ses genoux avec les marques du plus profond respect.

— Ah çà! que me racontes-tu là?

— La stricte vérité : en regardant cet homme en face, j'avais reconnu sur son visage deux signes extraordinaires.

— Lesquels?

— Une cicatrice au-dessus du sourcil droit, et un point noir sous l'œil du même côté de la figure.

— C'est étrange, murmura le vieillard tout pensif.

— Mais, ce qui l'est encore plus, c'est que cet homme ressemble exactement au portrait que vous m'avez fait, et qui est détaillé dans le livre qui est là, dit-il en montrant l'endroit du doigt.

— Alors que fis-tu?

— Vous connaissez mon sang-froid et ma rapidité de résolution, je laissai cet homme partir avec son prisonnier.

— Bien, et après?

— Après, j'eus l'air de ne pas chercher à le revoir.

— De mieux en mieux, » dit le vieillard en approuvant de la tête, et d'un mouvement prompt comme la pensée, il arma le pistolet qu'il tenait à la main et fit feu.

Un cri de douleur partit du côté de la porte, et la tête qui épiait sous le rideau disparut subitement.

Les deux hommes se levèrent et coururent à l'entrée de la hutte; tout était désert, seulement une assez large mare de sang indiquait clairement que le coup avait porté.

« Qu'avez-vous fait, mon père? s'écria Natah-Otann avec étonnement.

— Rien, j'ai donné une leçon, un peu rude peut-être, à un de ces espions dont je te parlais tout à l'heure. »

Et il alla froidement et d'un pas tranquille se rasseoir sur son fauteuil.

Natah-Otann voulait suivre la trace sanglante laissée par le blessé.

« Garde-t'en bien, lui répondit le vieillard, ce que j'ai fait suffit; continue ton récit, il est on ne peut plus intéressant; seulement tu vois que tu n'as pas de temps à perdre si tu veux réussir.

— Je n'en perdrai pas, père, soyez tranquille, s'écria le chef avec colère, mais je vous jure que je connaîtrai ce misérable.

— Tu auras tort de le chercher; voyons, parle. »

Natah-Otann raconta alors, dans les plus grands détails, sa rencontre avec le comte, et de quelle façon il l'avait fait consentir à le suivre à son village. Cette fois nul incident n'interrompit sa narration; il paraît que, provisoirement du moins, la leçon donnée par le Bison-Blanc aux écouteurs leur avait suffi.

Le vieillard rit beaucoup de l'expérience de l'allumette, et de l'étonnement du comte lorsqu'il avait reconnu que l'homme que jusqu'alors il avait pris pour un sauvage grossier et à demi idiot, se trouvait être au contraire un homme d'une instruction et d'une intelligence au moins égales à la sienne.

« Maintenant que dois-je faire? ajouta Natah-Otann en forme de péroraison, il est ici; mais auprès de lui se trouve ce Balle-Franche, ce chasseur canadien, dans lequel il a la plus grande confiance.

— Hum! répondit le vieillard, tout cela est fort sérieux; d'abord, mon enfant, tu as eu tort de te faire connaître de cet individu pour ce que tu es; tu étais beaucoup plus fort que lui tant qu'il ne te croyait qu'un sauvage imbécile : tu t'es laissé emporter par ton orgueil, par le désir de briller aux yeux d'un Européen, de l'étonner; c'est une faute, une faute grave, parce que maintenant il se méfie de toi et se tient sur ses gardes. »

Le jeune chef baissa la tête sans répondre.

« Enfin, reprit le vieillard, je tâcherai d'arranger tout cela, mais d'abord il faut que je voie ce Balle-Franche et que je cause avec lui.

— Vous n'en obtiendrez rien, mon père, il est dévoué au comte.

— Raison de plus, enfant. Dans quelle hutte les as-tu logés?

— Dans l'ancienne hutte du conseil.

— Bien, là ils seront commodément, et il sera facile d'entendre tout ce qu'ils diront.

— C'est ce que j'ai pensé.

— Maintenant, une dernière observation.

— Laquelle?

— Pourquoi n'as-tu pas tué la Louve des prairies?

— Je ne l'ai pas vue, moi, je n'étais pas au camp, mais je ne l'eusse pas fait. »

Le vieillard lui posa la main sur l'épaule.

« Natah-Otann, mon enfant, lui dit-il d'une voix sévère, lorsque, comme toi, on est chargé de l'avenir d'un peuple, il ne faut reculer devant rien : un ennemi mort fait dormir tranquilles les vivants; la Louve des prairies est ton ennemie, tu le sais, son influence est immense sur l'esprit superstitieux des Peaux-Rouges; souviens-toi de ces paroles, dites par un homme expérimenté, tu n'as pas voulu la tuer, c'est elle qui te tuera. »

Natah-Otann sourit avec mépris.

« Oh! dit-il, une misérable femme à moitié folle.

— Ah! fit le Bison-Blanc en haussant les épaules, ignores-tu donc que derrière chaque grand événement se cache une femme; ce sont elles qui tuent les hommes de génie pour des intérêts futiles, de mesquines passions, et font avorter les plus beaux et les plus hardis projets.

— Oui, vous avez peut-être raison, répondit Natah-Otann, mais, je le sens, je ne pourrais rougir mes mains du sang de cette femme. »

Le Bison-Blanc sourit avec mépris.

« Des scrupules, pauvre enfant, dit-il avec dédain, c'est bien, je n'insiste pas; seulement sache bien ceci, ces scrupules te perdront. L'homme qui prétend gouverner les autres doit être de marbre et n'avoir de l'humanité que les dehors, sinon ses projets avorteront en germe et ses ennemis le bafoueront. Ce qui a perdu les plus grands génies, c'est qu'ils n'ont jamais voulu comprendre ceci : qu'ils travaillent pour ceux qui leur succéderont et non pour eux-mêmes. »

En parlant ainsi, le vieux tribun s'était malgré lui laissé emporter aux sentiments tumultueux qui bouillonnaient dans son âme; son œil étincelait, son front rayonnait, son geste avait une majesté irrésistible; il était revenu par la pensée à ses anciens jours de luttes et de triomphe.

Natah-Otann l'écoutait, en proie à une émotion étrange, subissant malgré lui l'ascendant dominateur de ce Titan foudroyé, si grand encore après sa chute.

« Mais que dis-je? je suis fou, pardonne-moi, enfant, reprit le vieillard en se laissant tomber avec découragement sur son fauteuil, va, laisse-moi; demain, au lever du soleil, peut-être aurai-je du nouveau à t'apprendre. »

Et d'un geste il congédia le chef.

Celui-ci, habitué à ces boutades subites, s'inclina sans répondre et sortit.

XVI

L'ESPION.

Le coup de pistolet tiré par le Bison-Blanc n'avait pas produit tout le résultat que sans doute celui-ci en espérait.

L'homme avait été touché, il est vrai, mais la précipitation que le chef avait été obligé de mettre en déchargeant son arme, avait nui à la sûreté de son coup d'œil, et l'écouteur en avait été quitte pour une légère blessure : la balle, mal dirigée, lui avait fait une éraflure au crâne, qu'elle avait simplement labouré, tout en causant, à la vérité, une assez forte hémorragie.

Cependant cet avertissement tant soit peu brutal avait suffi à l'espion, qui avait compris qu'il était démasqué et qu'un plus long séjour en cet endroit amènerait inévitablement une catastrophe; aussi avait-il trouvé, selon la locution indienne, des pieds de gazelle pour s'enfuir au plus vite.

Après une course de quelques minutes, certain d'avoir dépisté ceux qui auraient eu la fantaisie de le suivre, il s'arrêta afin de reprendre haleine et de panser sa blessure qui, bien que dénuée de gravité, saignait beaucoup.

Tout en reprenant haleine, il promena un regard inquiet autour de lui.

La prairie était calme et solitaire.

Une neige épaisse, qui depuis une heure en

viron tombait à flocons pressés, avait contraint tous les habitants de l'Atepelt à chercher un abri dans leurs tentes.

L'explosion du pistolet n'avait causé aucune panique; les Peaux-Rouges, habitués aux rixes nocturnes dans leurs villages, ne s'en étaient pas autrement inquiétés, nul n'avait bougé.

On n'entendait d'autre bruit que les aboiements de quelques chiens attardés et les cris rauques et saccadés des bêtes fauves qui vaguaient dans la prairie en quête d'une proie.

L'espion, rassuré par le calme qui régnait autour de lui, s'occupa sans plus attendre à panser sa blessure, tout en rendant intérieurement grâce à cette neige qui, en tombant, effaçait les traces de sang qu'il avait laissées dans sa fuite.

« Allons, murmura-t-il à demi-voix, je ne saurai rien encore cette nuit, le génie du mal protége ces hommes; rentrons au calli. »

Il jeta un dernier regard dans la campagne, et se prépara à partir.

Au même instant, une ombre blanche, glissant sur la neige comme un fantôme, passa à une faible distance de lui.

« Qu'est cela? murmura l'Indien, saisi tout à coup par une crainte superstitieuse, la *Vierge des Heures-Noires* vient-elle donc errer dans le village? quel malheur effroyable nous menace donc? »

Et l'Indien pencha le corps en avant, tendit le cou, et, comme attiré par une force supérieure, il suivit des yeux l'étrange apparition dont les blancs contours se fondaient déjà au loin dans les ténèbres.

« Cette créature ne marche pas, murmura-t-il avec épouvante, ses pieds ne laissent nulle empreinte sur la neige, elle semble planer sur la terre! est-ce donc un génie ennemi des Pieds-Noirs? Ceci cache un mystère que je veux éclaircir. »

L'instinct de l'espion surexcitant encore la curiosité de l'Indien, celui-ci oublia pour un moment sa terreur et s'élança résolûment à la suite du fantôme.

Au bout de quelques minutes, l'ombre ou le spectre s'arrêta et regarda autour de lui avec une visible indécision.

L'Indien, pour ne pas être découvert, n'eut que tout juste le temps de se cacher derrière la muraille d'un calli; mais un rayon blafard de la lune, glissant entre deux nuages, avait pendant une seconde éclairé le visage de celle qu'il poursuivait.

« Fleur-de-Liane! » murmura-t-il, en étouffant avec peine un cri de surprise.

En effet c'était elle qui errait ainsi au milieu des ténèbres.

Après quelques minutes d'hésitation, la jeune fille releva la tête et marcha résolûment vers un calli dont elle releva la peau de bison d'une main ferme.

Elle entra et laissa retomber derrière elle le rideau.

L'Indien bondit jusqu'au calli, en fit le tour, planta son couteau jusqu'à la poignée dans le mur, retourna deux ou trois fois la lame, afin d'agrandir le trou, puis, appuyant son visage à cette oreille de Denys d'un nouveau genre, il écouta.

Le silence le plus complet continuait à régner dans le village.

Au premier pas que fit la jeune fille dans la hutte, une ombre se dressa subitement devant elle, et une main tomba sur son épaule.

Instinctivement elle recula.

« Que voulez-vous? » demanda une voix menaçante.

Cette question était faite en français, ce qui la rendait doublement inintelligible pour la jeune Indienne.

« Répondez, ou je vous brûle la cervelle, » reprit la voix toujours aussi menaçante.

Et l'on entendit le bruit sec produit par l'échappement de la détente d'un pistolet qu'on arme.

« Ooah! répondit à tout hasard la jeune fille de sa voix douce et mélodieuse; je suis une amie.

— Il est évident que c'est une femme, grommela le premier interlocuteur; c'est égal, soyons prudent. Que diable vient-elle faire ici?

— Eh! s'écria tout à coup Balle-Franche, réveillé en sursaut par cette courte altercation; que se passe-t-il donc ici? A qui en avez-vous, Ivon!

— Ma foi! je ne sais pas; je crois que c'est une femme.

— Eh! eh! dit en riant le chasseur, voyons donc un peu; ne la laissez pas s'échapper.

— Soyez tranquille, reprit le Breton, je la tiens. »

Fleur-de-Liane restait immobile, sans essayer un geste pour se débarrasser de l'étreinte de l'homme qui la tenait.

Balle-Franche se leva, il alla en tâtonnant au foyer, s'accroupit auprès, et, avec son souffle, chercha à le raviver.

Ce fut l'affaire de quelques minutes; le feu couvait sous la cendre; quelques brassées de bois mort, jetées dessus, l'eurent bientôt rallumé. Une flamme brillante s'éleva presque immédiatement et illumina l'intérieur de la hutte.

« Tiens! tiens! s'écria le chasseur avec étonnement; soyez la bienvenue, jeune fille; que cherchez-vous donc ici? »

L'Indienne rougit et répondit en baissant les yeux:

« Fleur-de-Liane vient visiter ses amis, les visages pâles.

— L'heure est singulièrement choisie pour une visite, mon enfant, reprit le Canadien avec un sourire ironique. C'est égal, continua-t-il, en s'adressant au Breton, lâchez-la, Ivon; cet ennemi, si c'en est un, n'est pas bien à redouter. »

Celui-ci obéit de mauvaise grâce.

« Approchez-vous du feu, jeune fille, dit le chasseur; vos membres sont glacés; lorsque vous serez réchauffée, vous m'informerez de la cause de votre présence à cette heure avancée. »

Fleur-de-Liane sourit tristement et s'accroupit devant le feu.

Balle-Franche prit place auprès d'elle.

L'Indienne avait d'un regard exploré l'intérieur de la hutte, et aperçu le comte dormant paisiblement sur un monceau de fourrures.

La vie entière de Balle-Franche s'était écoulée au désert ; élevé dans une tribu indienne, il connaissait à fond le caractère des Peaux-Rouges, il savait que la circonspection et la prudence sont les deux qualités principales qui les caractérisent ; que, dans aucune circonstance, un Indien ne tente une démarche sans en avoir d'abord calculé dans sa tête toutes les conséquences, et que ce n'est jamais sans de fortes raisons qu'il se décide à faire une chose en dehors des habitudes et des mœurs indiennes.

Le chasseur soupçonnait donc que le but de la visite de la jeune fille était important, sans cependant pouvoir deviner, sous le masque d'impassibilité qui couvrait son visage, le mobile qui la faisait agir.

Les Peaux-Rouges ne sont pas de même que les autres hommes, faciles à interroger. L'astuce et la finesse n'obtiennent aucun résultat sur ces natures défiantes, concentrées et continuellement repliées sur elles-mêmes ; le plus habile juge d'instruction de nos pays n'obtiendrait rien et serait obligé de s'avouer vaincu, après avoir fait subir à un Indien l'interrogatoire le plus serré.

Il faut user de précautions extrêmes, même vis-à-vis de ceux dont l'intention est de parler ; car dès qu'ils se voient pressés de questions, leur défiance s'éveille, leur naturel ombrageux reprend le dessus et leur bouche se ferme pour ne plus s'ouvrir, quelques instances qu'on leur fasse et quel que soit l'intérêt qu'ils auraient à parler.

Aucune des nuances du caractère soupçonneux des Peaux-Rouges n'était ignorée du chasseur ; aussi se garda-t-il de laisser supposer à la jeune fille qu'il eût un intérêt quelconque à ce qu'elle s'expliquât.

D'un geste Balle-Franche intima à Ivon l'ordre de reprendre son sommeil, ce que fit immédiatement le Breton, rassuré par un clignement d'yeux du chasseur.

La jeune fille était assise devant le feu, se chauffant d'un air distrait, tout en jetant par intervalles un regard en dessous au Canadien.

Mais celui-ci avait allumé sa pipe, et à moitié voilé par les épais nuages de fumée qui l'enveloppaient, il semblait parfaitement absorbé par la douce occupation à laquelle il se livrait.

Les deux interlocuteurs demeurèrent ainsi face à face près d'une demi-heure, sans échanger une parole.

Enfin Balle-Franche secoua le fourneau de sa pipe sur l'ongle de sa main gauche pour en faire tomber la cendre, repassa sa pipe à sa ceinture et se leva.

Fleur-de-Liane, sans paraître y attacher d'importance, suivait du coin de l'œil les mouvements du chasseur, aucun de ses gestes ne lui échappait.

Elle le vit prendre des fourrures, les porter dans un coin obscur de la hutte et là, les étendre à terre de façon à former une espèce de lit.

Puis, lorsqu'il jugea que la couche était assez douce, il jeta dessus une couverture et revint nonchalamment s'asseoir auprès du feu.

« Mon frère pâle vient de faire un lit, dit Fleur-de-Liane, en lui mettant la main sur le bras, au moment où il allait reprendre sa pipe.

— Oui, répondit-il.

— A quoi bon quatre lits pour trois personnes? »

Balle-Franche la regarda avec une expression étonnée parfaitement jouée.

« Ne sommes-nous pas quatre? dit-il.

— Je ne vois que les deux chasseurs pâles et mon frère ; pour qui donc est le dernier lit?

— Mais pour ma sœur Fleur-de-Liane, je suppose, n'est-elle pas venue demander l'hospitalité à ses amis pâles? »

La jeune fille secoua la tête d'un air négatif.

« Les femmes de ma tribu, dit-elle avec un accent de fierté blessée, ont leurs callis pour dormir et ne passent pas la nuit dans les huttes des guerriers. »

Balle-Franche s'inclina d'un air convaincu.

« Je me suis trompé, répondit-il avec respect, mettons que je n'ai rien dit, je n'ai nullement l'intention de chagriner ma sœur ; mais en la voyant entrer si tard dans ma hutte, j'ai supposé qu'elle me venait demander l'hospitalité. »

La jeune fille sourit avec finesse.

« Mon frère est un grand guerrier des visages pâles, dit-elle ; sa tête est grise, il a beaucoup de ruse, pourquoi feint-il d'ignorer la raison qui amène Fleur-de-Liane sous sa hutte?

— Parce que je l'ignore en effet, répondit-il, comment le saurais-je? »

L'Indienne se tourna à demi du côté où reposait le jeune homme, et le désignant du doigt avec une moue charmante :

« L'OEil-de-Verre sait tout, fit-elle, il aura averti mon frère le chasseur.

— Je ne puis nier, répondit Balle-Franche avec un magnifique aplomb, que l'OEil-de-Verre ne sache bien des choses, mais dans cette circonstance il a été muet.

— Est-ce vrai? demanda-t-elle vivement.

— Pourquoi le nierais-je? Fleur-de-Liane n'est pas une ennemie pour nous.

— Non, je suis une amie, au contraire ; que mon frère ouvre ses oreilles.

— Parlez.

— L'OEil-de-Verre est puissant.

— On le dit, répondit évasivement le chasseur, trop honnête pour s'abaisser à mentir.

— Les anciens de la tribu le considèrent comme un génie supérieur aux autres hommes, disposant à son gré des événements et pouvant, s'il le veut, changer le cours des événements futurs.

— Qui dit cela?

— Tout le monde. »

Le chasseur secoua la tête, et, serrant entre les siennes la main mignonne de la jeune fille :

« On vous trompe, enfant, lui dit-il avec bonhomie, l'OEil-de-Verre n'est qu'un homme comme les autres, le pouvoir dont on vous a parlé n'existe pas ; je ne sais dans quel but les chefs de votre nation ont fait courir ce bruit ridicule, mais c'est un mensonge que je ne dois pas laisser se propager.

— Non, le Bison-Blanc est le sachem le plus sage des Pieds-Noirs, il possède toute la science de ses pères de l'autre côté du grand lac salé, il ne peut se tromper ; n'a-t-il pas annoncé, il y a longtemps déjà, l'arrivée de l'OEil-de-Verre parmi nous ?

— C'est possible ; bien que je ne puisse deviner comment il l'a su, puisqu'il y a trois jours à peine, nous ignorions nous-mêmes que nous mettrions les pieds dans ce village. »

La jeune fille sourit avec triomphe.

« Le Bison-Blanc sait tout, dit-elle ; du reste, depuis mille lunes et beaucoup davantage, les sorciers de la nation annoncent la venue d'un homme en tout semblable à l'OEil-de-Verre ; son apparition était si bien prédite que son arrivée n'a surpris personne, puisque tous l'attendaient. »

Le chasseur reconnut l'inutilité de lutter plus longtemps contre une conviction si profondément gravée dans le cœur de la jeune fille.

« Bon, répondit-il, le Bison-Blanc est un sachem très-sage ; quelles sont les choses qu'il ignore ?

— Aucune ! N'est-ce pas lui qui a prédit que l'OEil-de-Verre se mettrait à la tête des guerriers peaux-rouges et les délivrerait des faces pâles de l'Est ?

— C'est juste ! » fit le chasseur qui ne savait pas un mot de ce que lui dévoilait la jeune fille, mais qui commençait à soupçonner un vaste complot ourdi avec cette science ténébreuse que possèdent si bien les Indiens, et dont la curiosité, de plus en plus éveillée par ces demi-confidences, lui faisait désirer d'en apprendre davantage.

Fleur-de-Liane le regardait avec une expression de joie naïve.

« Mon frère voit que je sais tout, dit-elle.

— C'est vrai, reprit-il, ma sœur est mieux instruite que je ne le supposais ; maintenant elle peut m'expliquer sans crainte le service qu'elle désire de l'OEil-de-Verre. »

L'Indienne jeta un long regard sur le jeune homme qui dormait toujours.

« Fleur-de-Liane souffre, dit-elle d'une voix basse et tremblante, un nuage s'est abaissé sur son esprit et l'a obscurci.

— Fleur-de-Liane a seize ans, répondit en souriant le vieux chasseur, un nouveau sentiment s'éveille en elle, un petit oiseau chante dans son cœur, elle écoute à son insu les notes harmonieuses de ce chant qu'elle ne comprend pas encore.

— C'est vrai, murmura la jeune fille, devenue subitement rêveuse, mon cœur est triste, l'amour est-il donc une souffrance ?

— Enfant, répondit mélancoliquement le chasseur, les créatures sont ainsi faites sur le maître de la vie, toute sensation est une souffrance ; la joie poussée à l'extrême se résume par la douleur. Vous aimez sans le savoir : aimer c'est souffrir.

— Non, fit-elle avec un geste d'effroi, non, je n'aime pas, ou du moins de la façon que vous dites ; je suis venue, au contraire, chercher auprès de vous protection contre un homme qui m'aime, lui, mais dont l'amour me fait peur, et pour lequel je n'aurai jamais que de la reconnaissance.

— Êtes-vous bien certaine, pauvre enfant, que ce sentiment soit réellement celui que vous éprouvez pour cet homme ? »

Elle fit un signe affirmatif en baissant la tête.

Sans parler davantage, Balle-Franche se leva.

« Où allez-vous ? » lui demanda-t-elle en se redressant vivement.

Le chasseur se retourna vers elle.

« Dans tout ce que vous m'avez dit, enfant, répondit-il, il y a des choses tellement importantes, que je dois sans retard éveiller mon ami, afin qu'il puisse vous écouter à son tour, et si cela est possible vous venir en aide.

— Faites, » dit-elle avec découragement en laissant retomber sa tête sur sa poitrine.

Le chasseur s'approcha du jeune homme, et se penchant sur lui, il le toucha légèrement à l'épaule.

Le comte s'éveilla aussitôt.

« Qu'y a-t-il ? Que me voulez-vous ? dit-il en se levant et saisissant ses armes avec cette promptitude de l'homme habitué par la vie qu'il mène à toujours se tenir sur ses gardes.

— Rien qui doive vous effrayer, monsieur Édouard ; cette jeune fille désire vous parler. »

Le comte suivit la direction que lui indiquait le chasseur ; son regard rencontra celui de la jeune fille. Ce fut comme un choc électrique ; elle chancela, porta la main à son cœur, et baissa les yeux en rougissant.

Le Français s'élança vers elle.

« Qu'avez-vous ? A quoi puis-je vous être bon ? » lui dit-il.

Au moment où elle allait répondre, la portière fut levée, un homme bondit tout à coup par-dessus le corps d'Ivon et se trouva au milieu de la hutte.

Cet homme était l'espion.

Le Breton, réveillé en sursaut, s'élança vers lui ; mais l'Indien le retint d'une main ferme.

« Alerte ! dit-il.

— Le Loup-Rouge ! s'écria avec joie la jeune fille en se plaçant devant lui ; abaissez vos armes, dit-elle, c'est un ami.

— Parlez, » fit le comte en remettant à sa ceinture le pistolet qu'il en avait retiré.

L'Indien n'avait pas fait un geste pour se défendre ; il avait attendu, impassible, le moment de s'expliquer.

« Voici Natah-Otann, dit-il en se tournant vers la jeune fille.

— Oh ! je suis perdue s'il me trouve ici !

— Que m'importe cet homme ! s'écria le comte avec hauteur.

— De la prudence, fit Balle-Franche en s'interposant ; êtes-vous un ami, Peau-Rouge ?

— Demandez à Fleur-de-Liane, répondit-il dédaigneusement.

— Bon ; alors vous venez pour la sauver ?

— Oui.

— Vous devez avoir un moyen ?

— J'en ai un.

— Je ne comprends pas du tout, disait à part lui Ivon, confondu de tout ce qu'il voyait : quelle nuit !

— Hâtez-vous, dit le comte.

— Ni Fleur-de-Liane ni moi ne devons être vus

ici, reprit le Loup-Rouge; Natah-Otann est mon ennemi; c'est entre nous une guerre à mort : jetez toutes ces fourrures sur la jeune fille. »

Fleur-de-Liane, accroupie dans un coin, disparut bientôt sous les peaux amoncelées sur elle.

« Hum! l'idée est bonne, murmura Balle-Franche, et vous, comment allez-vous faire?

— Voyez. »

Le Loup-Rouge se plaça contre la peau de bison qui servait de portière, et se dissimula au milieu des plis.

« C'est ma foi vrai, fit Ivon, voyons comment il se sortira de là. »

A peine ces diverses dispositions étaient-elles prises, que Natah-Otann parut sur le seuil de la porte.

« Déjà levés! » dit-il avec étonnement, en promenant un regard soupçonneux autour de lui.

Et il s'avança rapidement vers le comte, qui l'attendait immobile au milieu de la hutte.

Le Loup-Rouge profita de ce mouvement pour sortir sans être vu du chef.

« Je viens prendre vos ordres pour la chasse, » continua Natah-Otann.

XVII

LE FORT MACKENSIE.

Le fort Mackensie, construit en 1832 par le major Mitchell, agent principal de la société des Pelleteries de l'Amérique du Nord, se dresse comme une sentinelle menaçante à cent vingt pas environ de la rive septentrionale du Missouri, et à soixante et dix milles des montagnes Rocheuses, au milieu d'une plaine unie, abritée par une chaîne de collines courant dans la direction du sud au nord.

Le fort Mackensie est bâti d'après le système de tous les postes avancés de la civilisation dans les prairies de l'ouest des États-Unis; il forme un carré parfait dont les côtés ont à peu près quarante-cinq pieds de façade; un fossé profond de huit toises et large d'autant, deux solides blockhaus et vingt pièces de canons, tels sont les éléments de défense de cette forteresse. Les habitations comprises dans l'enceinte sont basses, avec des fenêtres étroites où les vitres sont remplacées par des feuilles de parchemin. Les toits sont plats et recouverts de gazon.

Les deux portes du fort sont solides et doublées de fer. Au centre d'une place réservée dans l'intérieur de la forteresse, s'élève un mât au sommet duquel flotte le pavillon étoilé des États-Unis. Deux pièces de canon font sentinelle au pied de ce mât.

La plaine qui entoure le fort Mackensie est couverte d'une herbe haute de plus de trois pieds. Cette plaine est presque continuellement envahie par les tentes des tribus indiennes qui viennent trafiquer avec les Américains, notamment les Pieds-Noirs, les Assiniboines, les Mandans, les Têtes-Plates, les Gros-Ventres, les Corbeaux et les Koutnéhés.

Les Indiens avaient montré de la répugnance à laisser les blancs s'établir sur leurs domaines, et le premier agent que la compagnie des Pelleteries avait expédié vers eux avait failli payer de sa vie cette difficile mission. Ce ne fut qu'à force de patience et d'astuce que l'on parvint à conclure avec les tribus un traité de paix et de commerce qu'elles étaient disposées d'ailleurs à rompre sous le moindre prétexte. Aussi les Américains étaient-ils toujours sur le qui-vive, se considérant comme en état de siège perpétuel. De temps à autre il arrivait encore, malgré les protestations d'amitié de la part des Indiens, qu'on rapportât au fort quelque engagé ou trappeur de la compagnie assassiné et scalpé, sans qu'il fût possible de tirer vengeance (par politique même on s'en abstenait) de ces meurtres isolés, dont le nombre, il est vrai, devenait de plus en plus rare.

Les Indiens, avec leur esprit cupide, avaient fini par comprendre que mieux valait vivre en bonne intelligence avec les faces pâles qui les approvisionnaient abondamment, en échange des fourrures, d'eau-de-vie, sans compter l'argent.

En 1834, le fort Mackensie était commandé par le major Melvil, homme d'une grande expérience, qui avait passé presque toute sa vie au milieu des Indiens, soit à leur faire la guerre, soit à trafiquer avec eux, en sorte qu'il était rompu à toutes leurs habitudes et surtout à leurs ruses. Le général Jackson, dans l'armée duquel il avait servi comme officier, faisait grand cas de son courage, de son habileté, de son expérience. Le major Melvil joignait à une énergie morale peu commune une force physique extraordinaire; il était bien l'homme qui convenait pour tenir en respect les féroces peuplades auxquelles il avait affaire, et pour commander à ces chasseurs et à ces trappeurs au service de la compagnie, gens de sac et de corde, aventuriers indépendants, ne connaissant guère que la logique du rifle et du bownie-knife; il avait basé son autorité sur une sévérité inflexible et sur une justice irréprochable qui avait beaucoup contribué à entretenir les bonnes relations qui existaient entre les habitants du fort et leurs astucieux amis.

La paix, depuis quelques années, à part la défiance qui en était la principale base, semblait solidement établie entre les visages pâles et les Peaux-Rouges.

Les Indiens venaient chaque année camper devant le fort et troquer paisiblement leurs fourrures contre des liqueurs, des habits, de la poudre, etc. Les soixante-dix hommes qui formaient la garnison en étaient arrivés à se relâcher peu à peu de leurs précautions habituelles pour leur sûreté, tant ils se croyaient certains d'avoir enfin amené les Indiens à renoncer à leurs coutumes pillardes, à force de concessions et de bons traitements.

Voici quelle était la position respective des blancs et des Peaux-Rouges, le jour où les exigences du

Les environs sont charmants et merveilleusement accidentés. (Page 88, col. 1.)

récit que nous avons entrepris de faire au lecteur nous amènent au fort Mackensie.

Les environs du fort sont charmants et merveilleusement accidentés.

Or, le lendemain du jour où s'étaient passés dans le village des Kenhàs les événements que nous avons rapportés plus haut, une pirogue en cuir, montée par un seul rameur, descendait la rivière des Elks, se dirigeant du côté du poste américain.

Après avoir suivi les nombreux détours de la rivière, la pirogue entra enfin dans le Missouri, vira tout à coup vers le nord-ouest et côtoya la rive septentrionale, parsemée de magnifiques prairies d'au moins trente milles de profondeur, où paissaient d'innombrables troupeaux de bisons, d'antilopes et de bigorns, qui, les oreilles droites et l'œil effaré, regardaient avec un sombre mécontentement passer la silencieuse embarcation.

Mais l'individu, homme ou femme, qui montait la pirogue, semblait trop pressé d'arriver à sa destination pour perdre son temps à tirer quelques-uns de ces animaux, qu'il lui aurait été facile d'abattre.

Les yeux imperturbablement fixés devant lui, courbé vigoureusement sur les avirons, plus il avançait vers le but qu'il voulait atteindre, plus il redoublait d'ardeur, poussant parfois de sourdes exclamations de colère et d'impatience, sans cependant ralentir sa course.

Enfin il laissa échapper de ses lèvres serrées un ah! de satisfaction en doublant sur la droite un des innombrables coudes de la rivière : un splendide spectacle s'était subitement montré à lui.

Des pentes douces avec des sommets variés, les uns arrondis, les autres plats, d'une agréable couleur verte, formaient le fond du tableau; par devant il y avait de hautes forêts de peupliers d'un vert brillant, et des bois de saules sur le bord de la rivière, qui serpentait dans la prairie teinte d'une nuance bleu foncé par la lumière vive du soir; un peu plus loin, sur le sommet d'un monticule verdoyant, se dressait le fort Mackensie, où le

Une pirogue en cours descendait la rivière. (Page 88, col. 2.)

beau drapeau étoilé des États-Unis flottait dans l'air, doré par les derniers rayons du soleil couchant, tandis que d'un côté un camp indien, et de l'autre des troupeaux de chevaux paissant en liberté, animaient et vivifiaient cette scène majestueusement tranquille.

La pirogue s'approcha de plus en plus de la rive, et enfin, arrivée sous la protection des canons du fort, elle s'échoua doucement sur la plage.

D'un bond l'individu qui la montait s'élança sur le sable.

Alors dans cet individu il fut facile de reconnaître une femme.

Cette femme, disons-le tout de suite, n'était autre que l'être mystérieux auquel les Indiens donnaient le nom de la Louve des prairies, et que déjà à deux reprises nous avons vue apparaître dans ce récit.

Cette femme avait modifié son vêtement; son costume, bien que se rapprochant toujours par le tissu de celui des Indiens, puisqu'il se composait de peau d'elks et de bisons cousues ensemble, s'en éloignait cependant par la forme; et si, au premier coup d'œil, il était difficile de reconnaître le sexe de la personne qui le portait, on ne laissait pas cependant d'apercevoir que cette personne était blanche, à cause de la simplicité, de la propreté, et surtout de l'ampleur des plis soigneusement drapés autour de l'être étrange qui se cachait sous ces vêtements.

Après avoir quitté la pirogue, la Louve des prairies l'attacha solidement à une grosse pierre, et, sans plus s'en occuper, elle se dirigea à grands pas vers le fort.

Il était environ six heures du soir, les échanges avec les Indiens étaient finis; ceux-ci rentraient en riant et en chantant dans leurs tentes en peaux de bison, tandis que les engagés, après avoir réuni les chevaux, les ramenaient lentement vers le fort.

Le soleil se couchait derrière les cimes neigeuses des montagnes Rocheuses, nuançant le ciel de teintes de pourpre. Au fur et à mesure que l'astre du jour s'abaissait dans les lointains de l'horizon, l'ombre envahissait la terre en proportions égales.

Les chants des Indiens, les cris des engagés, les hennissements des chevaux et les aboiements des chiens formaient un de ces concerts singuliers qui, dans ces régions éloignées, en face de cette nature grandiose où le doigt de Dieu est marqué en caractères indélébiles, impriment à l'âme un sentiment de mélancolique recueillement.

La Louve arriva à la porte du fort au moment où le dernier engagé entrait, après avoir fait passer devant lui les retardataires de son troupeau.

Dans les postes des frontières, où l'on est astreint à une surveillance de toutes les secondes, afin de déjouer la trahison qui veille constamment dans l'ombre, des sentinelles spécialement chargées d'interroger les prairies mornes et solitaires qui s'étendent à perte de vue autour de leurs garnisons, se tiennent attentives jour et nuit, les yeux fixés dans l'espace, prêtes à signaler le moindre mouvement insolite qui s'exécute, soit de la part des animaux, soit de celle des hommes, dans les vastes solitudes qu'ils surveillent.

Depuis plus de six heures déjà la pirogue en cuir montée par la Louve avait été découverte, tous ses mouvements épiés avec soin, et lorsque, après avoir amarré son embarcation, la Louve se présenta à la porte du fort, elle la trouva fermée et soigneusement verrouillée, non point qu'elle inspirât de craintes personnelles à la garnison, mais parce que la consigne était que nul ne pouvait, à moins de raisons fort graves, s'introduire dans la place après le coucher du soleil.

La Louve réprima avec peine un geste de mécontentement en se voyant ainsi exposée à passer la nuit à la belle étoile, non pas à cause de la nécessité dans laquelle elle serait de camper dans la plaine, mais pour des motifs qui sans doute exigeaient son introduction immédiate, et dont elle seule connaissait l'importance.

Cependant elle ne se rebuta pas ; elle se baissa, ramassa une pierre et frappa deux fois à la porte.

Un guichet s'ouvrit immédiatement, et deux yeux brillèrent par l'ouverture qu'il laissa.

« Qui vive ? demanda une voix rude.

— Amie ! répondit la Louve.

— Hum ! ceci est bien vague à cette heure de nuit, reprit la voix avec un ricanement de mauvais augure pour le succès de la négociation qu'entamait la Louve : qui êtes-vous ?

— Je suis une femme, et une femme blanche, ainsi que vous pouvez le reconnaître à mon costume et à mon accent.

— C'est possible, mais la nuit est noire, et je ne puis vous bien distinguer dans l'ombre ; ainsi, si vous n'avez pas de meilleures raisons à me donner, bonsoir, passez votre chemin ; demain nous nous reverrons au lever du soleil. »

Et l'individu qui avait parlé fit le geste de refermer le guichet.

La Louve l'arrêta d'une main ferme.

« Un moment, dit-elle.

— Qu'est ce encore ? fit l'autre d'un ton de mauvaise humeur ; dépêchez-vous, je n'ai pas le temps de vous écouter ainsi toute la nuit.

— Je ne veux que vous adresser une question et vous demander un service.

— Peste ! reprit l'homme, comme vous y allez ; ce n'est donc rien que cela ? Enfin voyons toujours, cela ne m'engage à rien.

— Le major Melvil est-il au fort en ce moment ?

— Peut-être.

— Répondez oui ou non.

— Eh bien ! oui ; après ? »

La Louve poussa un soupir de satisfaction, arracha d'un mouvement brusque une bague qu'elle portait à l'annulaire de la main droite, et, la passant par le guichet à son interlocuteur inconnu :

« Portez cette bague au major, dit-elle ; j'attends ici la réponse.

— Hum ! prenez garde ! le commandant n'aime pas à être dérangé pour rien.

— Faites ce que je vous dis, je réponds de tout.

— Triste garantie, grommela l'autre ; c'est égal, je me risque. Attendez. »

Le guichet se referma.

La Louve s'assit sur le revers du fossé, et, appuyant ses coudes sur ses genoux, elle se cacha la tête dans les mains.

Cependant la nuit était complétement tombée ; au loin dans la plaine brillaient, comme des phares dans les ténèbres, les feux allumés par les Indiens ; la brise du soir mugissait sourdement dans les cimes houleuses des arbres, et les rauquements des bêtes fauves se mêlaient par intervalles aux rires stridents des Peaux-Rouges. Pas une étoile ne scintillait au ciel, noir comme de l'encre ; des frissonnements indéfinissables s'élevaient du fleuve ; la nature semblait recouverte d'un linceul, tout enfin présageait un orage prochain.

La Louve attendait, immobile comme un de ces sphinx de granit qui veillent, impassibles, depuis des milliers d'années à l'entrée des temples égyptiens.

Un quart d'heure s'écoula, puis un bruit de ferraille se fit entendre, et la porte du fort s'entrebâilla.

La Louve des prairies se dressa comme poussée par un ressort.

« Venez, » dit une voix.

Elle entra.

La porte fut immédiatement fermée et verrouillée derrière elle.

Un engagé, celui-là même qui lui avait parlé à travers le guichet, se tenait devant elle, une torche à la main.

« Suivez-moi, » lui dit-il.

Elle s'inclina sans répondre et marcha derrière son guide.

Celui-ci traversa la cour dans toute sa longueur, et, se tournant vers la Louve :

« C'est ici, dit-il ; le major vous attend.
— Frappez, répondit-elle.
— Non, frappez vous-même, vous n'avez plus besoin de moi. Je retourne à mon poste. »

Et, après l'avoir saluée assez légèrement, il se retira en emportant la torche.

La Louve resta seule dans l'obscurité.

Elle passa la main sur son front moite de sueur, et, faisant un effort suprême :

« Il le faut !... » murmura-t-elle sourdement.

Elle frappa un coup sec sur la porte.

« Entrez, » répondit-on de l'intérieur.

Elle tourna la clef, poussa la porte, qui s'ouvrit, et se trouva en face d'un homme d'un certain âge, revêtu d'un costume militaire, assis auprès d'une table sur laquelle il appuyait son coude, et qui la regardait fixement.

Cet homme, par la position qu'il occupait et la façon dont la lumière était disposée, la voyait parfaitement, tandis que la Louve au contraire ne pouvait distinguer ses traits cachés dans l'ombre.

La Louve fit résolûment quelques pas dans la chambre.

« Merci de m'avoir reçue, monsieur, dit-elle, je craignais que vous n'ayez complétement perdu le souvenir.

— Si c'est un reproche que vous m'adressez, je ne vous comprends pas, répondit lentement l'officier, je vous serai obligé de vous expliquer plus clairement.

— N'êtes-vous pas le major Melvil ?

— Je suis, en effet, celui qu'on nomme ainsi.

— La façon dont j'ai été introduite dans le fort me prouve que vous avez reconnu la bague que je vous ai fait passer.

— Je l'ai reconnue, car elle me rappelle une personne bien chère, dit-il avec un soupir étouffé ; mais comment cette bague se trouve-t-elle entre vos mains ? »

La Louve considéra un instant le major avec tristesse, s'approcha de lui, prit doucement sa main, qu'elle serra dans les siennes, et lui répondit avec un accent plein de larmes :

« Harry ! je suis donc bien changée par la souffrance, que ma voix même ne vous rappelle rien !... »

A cette parole, une pâleur livide couvrit le visage de l'officier, il se leva d'un mouvement prompt comme la foudre, son corps fut agité d'un tremblement convulsif, et saisissant à son tour les deux mains de cette femme, tandis qu'il la dévorait du regard :

« Margaret ! Margaret ! ma sœur ! s'écria-t-il avec délire, les morts sortent-ils du tombeau ? est-ce donc toi que je retrouve ?

— Ah ! fit-elle avec une expression de joie impossible à rendre, en se laissant aller dans ses bras, je savais bien qu'il me reconnaîtrait. »

Mais le coup qu'elle venait de recevoir était trop fort pour la pauvre femme, dont l'organisation était usée par la douleur ; habituée à la souffrance, elle ne put supporter la joie, et tomba évanouie entre les bras de son frère.

Le major souleva sa sœur dans ses bras, l'établit sur une espèce de canapé qui tenait un des côtés de la chambre, et, sans appeler personne à son aide, il lui prodigua tous les soins qu'exigeait son état.

La Louve demeura longtemps sans connaissance, en proie à une crise de nerfs terrible ; enfin, peu à peu elle revint à elle, rouvrit les yeux, et après avoir prononcé quelques paroles sans suite, elle fondit en larmes.

Son frère ne la quitta pas une minute, suivant d'un regard anxieux les progrès de son retour à la vie ; lorsqu'il reconnut que le plus fort de la crise était passé, il prit une chaise, s'assit auprès de sa sœur, et, par de douces paroles, chercha à lui rendre, non pas l'espoir, puisqu'il ignorait ce qu'elle avait souffert, mais le courage.

Enfin la pauvre femme releva la tête, essuya d'un geste énergique ses yeux rougis par les larmes et rongés par la fièvre, et, se tournant vers le major, attentif à ses moindres mouvements :

« Frère, lui dit-elle d'une voix creuse, voilà seize ans que je souffre un martyre atroce de toutes les heures, de toutes les secondes. »

Le major frissonna à cette révélation affreuse.

« Pauvre sœur ! murmura-t-il, que puis-je faire pour vous ?

— Tout ! si vous le voulez.

— Oh ! s'écria-t-il avec énergie en frappant du poing sur le bois du canapé, douteriez-vous donc de moi, Margaret ?

— Non, puisque je suis venue, répondit-elle en souriant à travers ses larmes.

— Vous voulez vous venger, n'est-ce pas ? reprit-il.

— Je le veux.

— Qui sont vos ennemis ?

— Les Peaux-Rouges.

— Ah ! ah ! fit-il avec un sourire amer, tant mieux ; moi aussi j'ai un vieux compte à régler avec ces démons ; et à quelle nation appartiennent vos ennemis ?

— A la nation des Pieds-Noirs ; ils sont de la tribu des Kenhas.

— Oh ! reprit le major, mes vieux ennemis les Indiens du sang, il y a longtemps que je cherche un prétexte pour leur infliger un châtiment exemplaire.

— Ce prétexte, je vous l'apporte, Harry, répondit-elle avec feu, et ne croyez pas que ce soit un prétexte vain forgé par la haine ; non, non, c'est la révélation d'un complot tramé par tous les Indiens missouris contre les blancs, complot qui doit éclater sous peu de jours, qui sait ? demain peut-être.

— Ah ! fit le major d'un air pensif, je ne sais pourquoi, mais depuis quelques jours des soupçons sont entrés dans mon esprit ! mes pressentiments ne m'ont donc pas trompé ; parlez, sœur, hâtez-vous, je vous en conjure, et puisque vous êtes venue vers moi pour assouvir votre haine contre ces diables rouges, *by God !* je vous promets une vengeance dont le souvenir fera frissonner de terreur leurs arrière-neveux dans cent ans d'ici.

— Je vous remercie de vos paroles, frère, et j'en prends acte, répondit-elle; écoutez-moi donc.
— Un mot avant tout, interrompit le major.
— Parlez, frère.
— Le récit de vos souffrances a-t-il quelque point de corrélation avec la conspiration que vous voulez me dévoiler?
— D'intimes.
— Bien, il est dix heures à peine, nous avons la nuit à nous, racontez-moi donc les aventures qui vous sont arrivées depuis notre séparation.
— Vous le voulez?
— Oui, je le veux, ma sœur, car c'est d'après votre récit que je réglerai la conduite que je compte tenir avec les Indiens.
— Écoutez donc, frère, et soyez indulgent pour moi, car, ainsi que vous allez l'apprendre, j'ai bien souffert. »

Le major lui pressa la main; sans répondre il prit une chaise, s'installa auprès d'elle, et après avoir poussé le verrou de la porte, afin de ne pas être dérangé pendant le cours du récit qu'il allait entendre :

« Parlez, Margaret, lui dit-il, et dites-moi bien tout, je ne veux rien ignorer des tortures que vous avez endurées pendant les longues années qui se sont écoulées depuis notre séparation. »

XVIII

LA CONFESSION D'UNE MÈRE.

Nous ne saurions dire pourquoi, mais il est des heures dans la vie où, soit action des objets extérieurs, soit dispositions communes et mystérieuses de l'être intérieur, une indéfinissable contagion de tristesse gagne tout à coup l'homme le plus fort, comme s'il la respirait dans l'air.

Le frère et la sœur, renfermés dans une chambre mal close, à peine éclairée par une lampe fumeuse, subissaient à leur insu l'influence secrète dont nous avons parlé.

Au dehors, la pluie fouettait les vitres, le vent pleurait à travers les ais mal joints, en faisant vaciller la flamme de la lampe, des rumeurs sans nom s'élevaient par intervalles et se perdaient peu à peu au loin comme un soupir.

Les molosses de garde se renvoyaient des aboiements saccadés, répétés en échos funèbres dans la prairie par les chiens des Peaux-Rouges.

Tout disposait l'âme à la rêverie et à la tristesse.

Après un assez long silence, la Louve, ou bien si on le préfère, Margaret Melvil, puisque maintenant nous connaissons son nom, prit enfin la parole d'une voix basse et mal assurée, parfaitement en harmonie avec l'état de la nature bouleversée en ce moment par un de ces ouragans terribles si communs dans ces climats, et dont, grâce au ciel, jusqu'à ce jour nos pays ont été exempts.

« Il y a près de dix-sept ans maintenant, dit-elle, il vous en souvient, Harry, vous sortiez de West-Point et vous veniez de recevoir, je crois, votre commission de lieutenant dans l'armée, vous étiez jeune alors, enthousiaste, l'avenir semblait pour vous se dessiner sous les plus riantes couleurs; un soir, par un temps comme celui-ci, dans le défrichement que nous exploitions, mon mari et moi, vous arrivâtes pour nous annoncer la nouvelle position que vous faisait le congrès, et en même temps pour nous dire un affectueux au revoir, car vous espériez, hélas! de même que nous, ne pas rester longtemps éloigné. Le lendemain matin, malgré nos prières pour vous retenir, après avoir embrassé mes enfants, serré la main de mon pauvre mari qui vous aimait tant, et m'avoir donné un dernier baiser, vous vous élançâtes sur votre cheval, qui partit comme un trait et disparut bientôt dans un tourbillon de poussière. Hélas! qui nous aurait dit alors, Harry, que nous ne devions plus nous revoir qu'aujourd'hui, après dix-sept ans de séparation, sur le territoire indien et dans des circonstances terribles? enfin, ajouta-t-elle avec un soupir, Dieu l'a voulu, que son saint nom soit béni! il lui a plu d'éprouver ses créatures et d'appesantir sur elles sa main redoutable.

— Ce fut avec un serrement de cœur indicible, répondit le major, que six mois après ces événements, lorsque je revenais parmi vous le cœur joyeux, je vis, en mettant pied à terre devant votre maison, un étranger m'en ouvrir la porte et répondre aux questions dont je le pressais, que depuis trois mois déjà toute la famille avait émigré, se dirigeant vers l'ouest, dans l'intention de fonder un nouvel établissement sur la frontière indienne. Ce fut en vain que pour avoir de vos nouvelles j'interrogeai l'un après l'autre tous vos voisins; ils vous avaient oubliés; nul ne put ou ne voulut peut-être me donner le moindre renseignement sur vous, et je fus obligé de repartir et de refaire, l'âme navrée, cette route que j'avais parcourue quelques jours auparavant le cœur si joyeux. Depuis, malgré tous les efforts que j'ai tentés, toutes les démarches que j'ai faites, jamais je n'ai rien pu apprendre sur votre sort et soulever le voile mystérieux qui enveloppait les événements sinistres dont, j'en étais convaincu, vous aviez été victimes pendant votre voyage.

— Vous ne vous trompiez qu'à demi, mon frère, dans vos suppositions, reprit-elle; deux mois après votre visite, mon mari, qui depuis longtemps cherchait à abandonner notre défrichement, dont, disait-il, la terre ne valait plus rien et ne lui rendait pas les peines qu'elle lui coûtait, eut une discussion assez grave avec un de nos voisins à propos des limites d'un champ dont il croyait ou feignait plutôt de croire que ce voisin avait, dans une mauvaise intention, reculé les bornes; dans toute autre circonstance, cette discussion aurait été facilement terminée; mais mon mari cherchait un prétexte pour s'en aller, ce prétexte il le trouvait, il résolut de ne pas le lâcher. Quelque observation qu'on lui fît pour vider ce différend, il ne voulut rien entendre, fit tout doucement les préparatifs de l'expédition qu'il méditait depuis si longtemps, et un jour il nous annonça que nous partirions le lendemain. Lorsque mon mari avait une fois dit une chose, il n'y avait plus qu'à lui obéir, il ne revenait jamais sur une détermination une fois prise. Le jour dit, au lever du soleil, nous quittâmes le défrichement, nos voisins nous accompagnèrent pendant la première journée, puis le soir venu, après des souhaits chaleureux pour la réussite de nos projets, ils se séparèrent de nous et nous laissèrent seuls. C'était avec un serrement de cœur inexprimable et une tristesse infinie que j'avais quitté pour ne plus la revoir cette maison dans laquelle je m'étais mariée, où étaient nés mes enfants et où, pendant de longues années, j'avais été si heureuse. Mon mari chercha en vain à me consoler et à me rendre le courage qui me manquait, rien ne pouvait effacer de mon cœur les doux et pieux souvenirs que j'y conservais précieusement; plus nous nous enfoncions dans le désert, plus ma tristesse devenait grande; mon mari, au contraire, voyait tout en rose, l'avenir lui appartenait, il allait enfin être son maître et agir à sa guise; il me détaillait ses projets, cherchait à m'y intéresser, et employait enfin tous les moyens en son pouvoir pour me distraire de mes sombres pensées, mais sans réussir à y parvenir. Cependant nous marchions sans relâche, la distance devenait chaque jour plus grande entre nous et les derniers établissements de nos compatriotes; en vain je remontrais à mon mari combien nous étions, en cas de danger, éloignés de tout secours, l'isolement dans lequel nous allions nous trouver; il ne faisait que rire de mes appréhensions, me répétait sans cesse que les Indiens étaient bien loin d'être aussi redoutables qu'on les représentait, que nous n'avions rien à craindre et qu'ils n'oseraient jamais nous attaquer. Mon mari était si convaincu de la vérité de ce qu'il avançait, qu'il négligeait de prendre les plus simples précautions pour se défendre d'une surprise, et il me répétait chaque matin, d'un air goguenard, au moment de nous mettre en route : « Tu vois bien « que tu es une folle, Margaret, sois donc raison« nable, les Indiens se garderaient bien de nous « insulter. » Une nuit, le camp fut attaqué par les Peaux-Rouges, nous fûmes surpris pendant notre sommeil, mon mari fut écorché tout vivant, pendant qu'à ses pieds ses enfants brûlaient à petit feu ! »

En prononçant ces paroles, la voix de la pauvre femme devint de plus en plus étranglée; aux derniers mots, son émotion fut si profonde qu'elle ne put continuer.

« Courage ! » lui dit le major aussi ému qu'elle, mais plus maître de ses sentiments.

Elle fit un effort sur elle même et reprit d'une voix brève et saccadée :

« Par un raffinement de cruauté dont je ne compris pas tout de suite la barbarie, mon plus jeune enfant, ma fille, fut épargnée par les païens. En voyant le supplice de mon mari et de mes enfants auquel on me forçait d'assister, j'éprouvai un tel déchirement de cœur que je crus que j'allais expirer ; je poussai un grand cri et je tombai à la renverse. Combien de temps restai-je dans cet état ? je ne sais ; lorsque je repris mes sens, j'étais seule, les Indiens m'avaient sans doute crue morte, ils m'avaient abandonnée. Je me relevai, et sans avoir conscience de ce que je faisais, mais poussée par une force supérieure à ma volonté, je revins chancelante et tombant presque à chaque pas à l'endroit où s'était passée cette lugubre tragédie. Le trajet dura trois heures. Comment étais-je si loin du camp ? c'est ce que je ne pourrais dire ; enfin j'arrivai : un spectacle affreux s'offrit à mes yeux épouvantés, je roulai sans connaissance sur les cadavres défigurés et à demi carbonisés de mes enfants; enfin, que vous dirai-je, mon frère, mon désespoir me rendit les forces qui me manquaient, je creusai une tombe, et, à demi folle de douleur, j'ensevelis dans la même fosse mon mari et mes enfants, tout ce que j'avais aimé sur la terre ! Ce pieux devoir accompli, je résolus de me laisser mourir là où avaient succombé les êtres qui m'étaient si chers ! Mais il est des heures dans les longues nuits, où pendant les ténèbres, les morts parlent aux vivants pour leur ordonner de les venger ! Cette voix terrible du sépulcre, je l'entendis une nuit sinistre où les éléments bouleversés semblaient menacer la nature d'un effroyable cataclysme. Dès ce moment ma résolution fut prise, je me résignai à vivre pour me venger ; depuis cette époque, j'ai marché ferme et implacable dans la voie que je m'étais tracée, rendant aux païens, chaque fois que l'occasion s'en est présentée, le mal qu'ils m'ont fait ! Je suis devenue la terreur des prairies, les Indiens me redoutent comme un mauvais génie; ils ont de moi une crainte superstitieuse, invincible; enfin ils m'ont surnommée la Louve-Menteuse des prairies, car chaque fois qu'une catastrophe les menace, qu'un danger affreux plane sur leurs têtes, ils me voient apparaître ! Voilà dix-sept ans que je guette ma vengeance sans jamais me fatiguer, sans jamais me décourager, certaine que le jour viendra où j'appuierai à mon tour le genou sur la poitrine de mes ennemis et leur infligerai les atroces tortures qu'ils m'ont condamnée à souffrir. »

Le visage de cette femme avait pris, en prononçant ces paroles, une telle expression de cruauté, que le major, tout brave qu'il était, se sentit frissonner.

« Et vos ennemis, lui dit-il au bout d'un instant, les connaissez-vous enfin, Margaret, savez-vous leurs noms?

— Je les connais tous, répondit-elle d'une voix sifflante, je sais leurs noms.

— Et ils se préparent à rompre la paix ? »

Mistress Margaret sourit avec ironie.

« Non, ils ne rompront pas la paix, mon frère, ils vous attaqueront à l'improviste, ils ont formé entre eux une ligue formidable à laquelle, ils le croient du moins, il vous sera impossible de résister.

— Ma sœur, s'écria le major avec énergie, donnez-moi les noms de ces misérables traîtres, et je vous jure que, fussent-ils cachés au fond des enfers, j'irai les y chercher pour leur infliger un châtiment exemplaire.

— Je ne puis encore vous donner ces noms, mon frère, mais soyez tranquille, bientôt vous les connaîtrez; vous n'aurez pas besoin de les chercher bien loin, je me charge de les amener à portée des rifles de vos soldats et de vos chasseurs.

— Prenez garde, ma sœur, dit le major en hochant la tête, la haine est mauvaise conseillère dans une affaire comme celle-ci; celui qui veut trop avoir risque souvent que tout lui échappe.

— Oh! reprit-elle, mes précautions sont prises de longue main; je les tiens, il me sera facile de les saisir lorsque cela me plaira, ou pour parler plus convenablement, lorsque le moment sera venu.

— Faites donc à votre guise, ma sœur, et comptez sur mon concours dévoué; cette vengeance me touche de trop près pour que je la laisse échapper.

— Merci, dit-elle.

— Pardonnez-moi, reprit-il après quelques minutes de réflexion, si je reviens sur les douloureux événements que vous venez de me raconter, mais vous avez, il me semble, oublié un détail important dans votre récit.

— Je ne vous comprends pas, mon frère.

— Je vais m'expliquer; vous m'avez dit, je crois, si ma mémoire est fidèle, que votre plus jeune fille avait échappé au sort affreux de ses frères et qu'elle avait été sauvée par un Indien.

— Oui, en effet, je vous ai dit cela, mon frère, répondit-elle d'une voix oppressée.

— Eh bien, qu'est devenue cette malheureuse enfant? Vit-elle encore? En avez-vous eu des nouvelles? L'avez-vous revue?

— Elle vit, je l'ai revue.

— Ah!

— Oui, l'homme qui l'avait sauvée l'a élevée; il l'a adoptée même, fit-elle avec sarcasme. Cet homme, savez-vous ce qu'il veut faire de la fille de celui dont il a été le bourreau, car c'est lui, lui seul, qui après avoir garrotté mon mari à un arbre, l'a écorché vif sous mes yeux; eh bien! savez-vous ce qu'il veut faire, dites, mon frère, le savez-vous?

— Parlez, au nom du ciel!

— Ce que j'ai à vous dire est bien épouvantable; c'est tellement affreux que j'hésite moi-même à vous le révéler.

— Mon Dieu! fit le major en reculant malgré lui devant le regard flamboyant de sa sœur.

— Eh bien, reprit-elle avec un éclat de rire nerveux, ma fille a grandi, l'enfant est devenue une femme, belle autant qu'il est possible de l'être; cet homme, ce bourreau, ce démon a senti son cœur de tigre s'amollir à la vue de l'ange; il l'aime d'un amour insensé, il veut en faire sa femme.

— Horreur! s'écria le major.

— N'est-ce pas que cela est bien hideux? reprit-elle en riant toujours de ce rire nerveux et saccadé qui faisait mal à entendre; il a pardonné à la fille de sa victime! Oui, il est généreux, il oublie les atroces tortures qu'il a infligées au père, et maintenant il convoite la fille.

— Oh! mais c'est effroyable cela, ma sœur, tant d'infamie et de cynisme est impossible, même parmi les Indiens.

— Croyez-vous donc que je vous en impose?

— Loin de moi une telle pensée, ma sœur; cet homme est un monstre.

— Oui, oui, cela est ainsi.

— Vous avez vu votre fille? vous avez causé avec elle?

— Oui; ensuite?

— Vous l'avez sans doute détournée de cet amour monstrueux?

— Moi! s'écria-t-elle en ricanant, je ne lui en ai pas dit un mot.

— Comment! fit-il avec étonnement.

— De quel droit lui aurais-je parlé ainsi, moi?

— Comment, de quel droit! N'êtes-vous pas sa mère?

— Elle l'ignore.

— Oh!

— Et ma vengeance! » répondit-elle froidement.

Ce mot, qui résumait si bien tout le caractère de la femme qu'il avait devant lui, glaça d'épouvante le cœur du vieux soldat.

« Malheureuse! » s'écria-t-il.

Un sourire de dédain plissa les lèvres de la Louve.

« Oui, voici comment vous êtes vous autres, dit-elle d'une voix âcre, hommes des villes, natures atrophiées par la civilisation; il faut, pour que vous la compreniez, que la passion soit maintenue dans certaines limites tracées d'avance; la grandeur de la haine avec toutes ses fureurs et tous ses excès vous fait peur; vous n'admettez que la vengeance légale et boiteuse que les codes vous permettent. Frère, qui veut la fin veut les moyens. Que m'importe à moi, pour arriver au but que je me suis tracé; croyez-vous donc que je regarde si mes pieds trébuchent contre les ruines ou marchent dans le sang? Non, je vais droit devant moi, avec l'impétuosité fatale du torrent qui brise et renverse tous les obstacles qui se dressent sur son passage. Mon but, à moi, c'est la vengeance; sang pour sang, œil pour œil, ceci est la loi des prairies; j'en ai fait la mienne, et je l'atteindrai, cette vengeance, dussé-je pour cela.... Mais, ajouta-t-elle en se reprenant, à quoi bon entre nous, mon frère, une discussion oiseuse; rassurez-vous, ma fille a été mieux prémunie par son instinct que par tous les conseils que j'aurais pu lui donner; elle n'aime pas cet homme, je le sais, elle me l'a dit, jamais elle ne l'aimera.

— Dieu soit loué! s'écria le major.

— Je n'ai qu'un désir, un seul, reprit-elle avec mélancolie, c'est, après l'accomplissement de ma vengeance, de retrouver ma fille, de la serrer dans mes bras et de la couvrir de baisers en lui révélant enfin que je suis sa mère.

Le major secoua la tête avec tristesse.

« Prenez garde, ma sœur, dit-il d'une voix sévère; Dieu a dit : « La vengeance m'appartient. »

Prenez garde qu'après avoir voulu être l'instrument de la Providence et vous mettre à sa place, vous ne soyez châtiée cruellement par elle dans vos plus chères affections.

— Oh! ne parlez pas ainsi, mon frère, s'écria-t-elle avec un geste d'effroi, vous me rendriez folle. »

Le major baissa silencieusement la tête.

Pendant quelques minutes, le frère et la sœur demeurèrent en face l'un de l'autre sans prononcer une parole.

Tous deux réfléchissaient.

Ce fut la Louve qui renoua l'entretien.

« Maintenant, mon frère, dit-elle, si vous me le permettez, nous laisserons pour un instant ce triste sujet et nous nous occuperons un peu de ce qui vous regarde, c'est-à-dire de la formidable conspiration ourdie contre vous par les Indiens.

— Ma foi, répondit-il avec un soupir de soulagement, je vous avoue, ma sœur, que je ne demande pas mieux; j'ai la tête bourrelée, et si cela continuait encore quelques instants ainsi, je crois, Dieu me pardonne, que je resterais pendant plusieurs heures sans pouvoir remettre un peu d'ordre dans mes pensées, tant tout ce que vous m'avez raconté m'a touché.

— Merci.

— La nuit s'avance, ma sœur, elle est même écoulée presque tout entière. Nous n'avons pas un seul instant à perdre, donc je vous écoute.

— La garnison du fort est-elle complète?

— Oui.

— De combien d'hommes se compose-t-elle?

— Soixante-dix, sans compter une quinzaine de chasseurs et de trappeurs occupés en ce moment au dehors, mais que je vais rappeler sans retard.

— Très-bien; toute votre garnison vous est-elle indispensable pour la défense du fort?

— C'est selon. Pourquoi?

— Parce que j'ai l'intention de vous emprunter une vingtaine d'hommes.

— Hum! dans quel but?

— Vous allez le savoir; vous êtes seul ici, sans pouvoir espérer de secours d'aucun côté; voici pour quelle raison: pendant que les Indiens feront le siège de la place que vous défendez, ils intercepteront vos communications avec le fort Clarke, le fort Union et les autres postes disséminés sur le Missouri.

— Je le crains, mais que faire?

— Je vais vous le dire; vous avez sans doute entendu parler d'un squatter américain qui, il y a quelques jours à peine, s'est établi à trois ou quatre lieues environ en avant de vous?

— En effet, un certain John Bright, je crois.

— C'est cela même; eh bien, le défrichement de cet homme vous sert naturellement d'avant-garde, n'est-ce pas?

— Parfaitement.

— Profitez du peu de temps qui vous reste; sous prétexte d'une chasse au bison, faites sortir une vingtaine d'hommes du fort et cachez-les chez John Bright, afin que, le moment venu d'agir, ils puissent faire en votre faveur une démonstration qui placera vos ennemis entre deux feux et leur donnera à supposer qu'il vous est venu des renforts des autres postes.

— C'est une idée, cela, dit le major.

— Seulement, choisissez des hommes sur lesquels vous puissiez compter.

— Tous me sont dévoués; vous les verrez à l'œuvre.

— Tant mieux; ainsi c'est bien convenu?

— Oui!

— Maintenant, comme il est urgent que tout le monde ignore nos relations, ce qui autrement compromettrait le succès de notre affaire, je vous prie, mon frère, de m'ouvrir la porte du fort.

— Hé quoi! sitôt? par cette nuit affreuse?

— Il le faut, mon frère, il est de la plus haute importance que je parte à l'instant.

— Vous l'exigez?

— Je vous en prie, dans notre intérêt commun.

— Venez donc alors, ma sœur, et ne m'en veuillez point de ne pas vous retenir. »

Dix minutes plus tard, malgré l'orage qui sévissait toujours avec la même fureur, la Louve des prairies était remontée dans sa pirogue et s'éloignait à force de rames du fort Mackensie.

XIX

LA CHASSE.

Lorsque Natah-Otann avait pénétré dans la hutte habitée par les blancs, sous prétexte de les avertir de se préparer pour la chasse, son œil investigateur avait en quelques secondes exploré les recoins les plus cachés de l'habitation.

Le chef indien était trop rusé pour que les manières contraintes du comte et son air embarrassé lui eussent échappé; mais il comprit que montrer les soupçons qu'il avait conçus, serait impolitique, aussi ne parut-il en aucune façon remarquer la gêne causée par sa présence, et il continua la conversation avec cette exquise politesse que possèdent les Peaux-Rouges lorsqu'ils veulent s'en donner la peine.

De leur côté, le comte et Balle-Franche avaient presque immédiatement repris leur sang-froid.

« Je n'espérais pas rencontrer mes frères pâles déjà éveillés, dit Natah-Otann avec un sourire.

— Pourquoi donc? répondit le jeune homme, la vie du désert accoutume à peu dormir.

— Ainsi les visages pâles viendront chasser avec leurs amis rouges?

— Certes, à moins que cela ne vous contrarie.

— N'ai-je pas moi-même proposé à l'Œil-de-Verre de lui faire faire une belle chasse?

Les guerriers se préparant à la chasse. (Page 96, col. 1.)

— C'est juste, dit en riant le jeune homme, mais prenez-y garde, chef, je suis difficile en diable depuis que je suis dans la prairie; il y a peu de gibier que je n'aie chassé, puisque c'est l'amour seul de la chasse qui m'a poussé dans ces contrées inconnues; ainsi, je vous le répète, il me faut un gibier de choix. »

Natah-Otann sourit avec orgueil.

« Mon frère sera content, dit-il.

— Et quel est l'animal que nous allons traquer? demanda le jeune homme avec étonnement.

— L'autruche. »

Le comte fit un geste d'étonnement.

« Comment l'autruche ! s'écria-t-il; c'est impossible, chef.

— Parce que?...

— Eh, mon Dieu! tout simplement parce qu'il n'y en a pas dans ces régions.

— L'autruche disparaît en effet, elle fuit et recule devant les blancs et devient plus rare de jour en jour, mais elle est encore nombreuse dans les prairies; dans quelques heures mon frère en aura la preuve.

— Je ne demande pas mieux.

— Bon! tout est convenu; les guerriers terminent leurs préparatifs, bientôt je viendrai prendre mon frère. »

Le chef salua avec courtoisie et se retira après avoir jeté un dernier regard autour de lui.

A peine le rideau de la porte fut-il retombé derrière le chef que le monceau de fourrures qui recouvrait la jeune fille s'agita, et Fleur-de-Liane s'élança auprès du comte.

« Écoute, lui dit-elle en lui saisissant la main qu'elle pressa avec tendresse, je ne puis rien t'expliquer en ce moment, le temps me presse; seulement, souviens-toi que tu as une amie qui veille sur toi! »

Et avant que le comte, revenu de son étonnement, eût le temps de lui répondre ou songeât même à la retenir, d'un bond de gazelle elle s'enfuit.

Le jeune homme passa à plusieurs reprises sa main sur son front, le regard fixé vers l'endroit où avait disparu l'Indienne.

« Ah! murmura-t-il au bout d'un instant, aurais-je donc enfin rencontré une véritable femme?

— C'est un ange! dit le chasseur, répondant à sa pensée; pauvre enfant, elle a bien souffert!

— Oui, mais je suis là maintenant, et je la protégerai, s'écria-t-il avec exaltation.

— Songeons à nous d'abord, monsieur le comte, et tâchons de nous tirer sains et saufs d'ici; ce ne sera pas une petite affaire, je vous assure.

Aussitôt les autruches s'enfuirent. (Page 99, col 1.)

— Que voulez-vous dire, mon ami?

— Suffit! je m'entends, répondit le vieux chasseur en hochant la tête; ne pensons actuellement qu'à nos préparatifs, nos amis les Peaux-Rouges ne tarderont pas à arriver, » ajouta-t-il avec un sourire railleur qui ne laissa pas que d'inquiéter le comte.

Mais l'impression causée par les paroles ambiguës du Canadien se dissipa promptement; l'amour venait subitement d'entrer dans le cœur du jeune homme; il ne songeait plus qu'à une seule chose, revoir celle que déjà il aimait de toutes les forces de son âme.

Chez un homme comme le comte de Beaulieu, doué d'une organisation de feu, tout sentiment devait nécessairement être poussé à l'extrême; ce fut en cette circonstance ce qui arriva.

Je ne sais qui a dit que l'amour n'est autre chose qu'une folie temporaire; cette appréciation, peut-être brutale, de ce que l'on est convenu d'appeler un des plus nobles sentiments de l'homme, est cependant d'une rigoureuse exactitude.

L'amour ne se commande ni ne s'évite; on ne sait ni quand ni pourquoi il vient, ni quand ni pourquoi il s'en va; quand il entre dans le cœur d'un homme, il y commande en maître, courbant sous sa volonté de fer les caractères les plus énergiques, et leur faisant commettre, selon les circonstances, de grandes lâchetés ou de grands actes d'héroïsme.

L'amour naît d'un mot, d'un geste, d'un regard, et à peine né, il devient subitement un géant.

Le comte devait à ses dépens en faire l'épreuve.

Une demi-heure à peine après le départ de Natah-Otann, le galop de plusieurs chevaux se fit entendre, et une troupe de cavaliers s'arrêta devant le calli.

Le comte de Beaulieu, Balle-Franche et Ivon sortirent du calli.

Natah-Otann attendait à la tête d'une soixantaine de guerriers d'élite, revêtus de leur grand costume et parfaitement armés.

« Partons! dit-il.

— Quand vous voudrez, » répondit le comte.

Le chef fit un geste.

Trois magnifiques chevaux, superbement caparaçonnés à l'indienne, furent amenés, tenus en bride par des enfants.

Les blancs se mirent en selle, et toute la troupe s'ébranla dans la direction de la prairie.

Il était environ six heures du matin; l'orage de la nuit avait entièrement balayé le ciel, qui était d'un bleu mat; le soleil, complétement paru à l'horizon, répandait à profusion ses chauds rayons tamisés par les vapeurs âcres et odoriférantes du sol; l'atmosphère était d'une transparence inouïe; un léger souffle de vent rafraîchissait l'air, et des troupes d'oiseaux brillant de mille couleurs voletaient çà et là en poussant des cris joyeux.

La troupe marchait gaiement à travers les hautes herbes de la plaine, soulevant la poussière autour d'elle et ondulant comme un long serpent dans les détours sans fin de la route.

L'endroit où la chasse devait avoir lieu était éloigné de dix lieues à peu près du village.

Dans le désert toutes les plaines se ressemblent: de hautes herbes au milieu desquelles disparaissent complètement les cavaliers, des buissons rabougris, et çà et là de hautes futaies dont les cimes imposantes s'élèvent à des hauteurs immenses.

Tel était le chemin que les Indiens devaient suivre jusqu'à l'endroit où se trouvaient les animaux qu'on allait chasser.

Dans les prairies de l'Arkansas et du haut Missouri, à l'époque où se passe cette histoire, les autruches étaient encore nombreuses, et leur chasse un des grands divertissements des Peaux-Rouges et des coureurs des bois.

Il est probable que les envahissements successifs des blancs et les défrichements immenses exécutés par le feu et la hache les ont contraintes maintenant à abandonner ce territoire et à se retirer dans les inabordables déserts des montagnes Rocheuses ou dans les sables du Far-West.

Nous dirons ici, sans aucune prétention scientifique, quelques mots sur cet animal singulier, encore fort peu connu en Europe.

L'autruche vit d'ordinaire en petites familles de huit à dix, disséminées sur le bord des marais, des étangs et des rivières; elles se nourrissent d'herbes fraîches.

Fidèles au sol natal, elles ne quittent guère le voisinage de l'eau, et au mois de novembre elles vont déposer dans les endroits les plus sauvages de la plaine leurs œufs, au nombre de cinquante ou soixante, qui, la nuit seulement, sont couvés par les mâles et par les femelles, à tour de rôle, avec une touchante tendresse. L'incubation arrivée à son terme, l'oiseau casse avec son bec les œufs non fécondés, qui se couvrent aussitôt de mouches et d'insectes, nourriture des petits.

L'autruche des prairies de l'ouest diffère un peu du *ñandus* des pampas de la Patagonie et de l'autruche africaine.

Sa taille est d'environ cinq pieds de haut sur quatre et demi de longueur, de l'estomac à l'extrémité de la queue; son bec est fort pointu et mesure un peu plus de cinq pouces.

Un trait caractéristique des mœurs de l'autruche, c'est son extrême curiosité.

Dans les villages indiens, où elles vivent à l'état domestique, il n'est pas rare de les voir se faufiler au milieu des groupes de gens qui causent, et les regarder avec une attention soutenue.

Dans la plaine, cette curiosité leur est souvent funeste, par la raison qu'elle les pousse à venir sans hésiter reconnaître tout ce qui leur paraît étrange.

Voici à ce sujet une assez bonne histoire indienne, dont nous ne garantissons pas autrement l'authenticité:

Les jaguars sont très-friands de la chair de l'autruche; malheureusement, quelque grande que soit leur légèreté, il leur est presque impossible de l'atteindre à la course; mais les jaguars sont des animaux très-fins, ordinairement ce qu'ils ne peuvent obtenir par force, ils s'en emparent au moyen de la ruse.

Voici le stratagème qu'ils emploient dans la circonstance dont nous parlons :

Ils se couchent à terre comme s'ils étaient morts, lèvent leur queue en l'air, et l'agitent vivement dans tous les sens ; les autruches, attirées par la vue de cet objet inconnu, s'approchent naïves ; on devine le reste : elles deviennent la proie des rusés jaguars.

Les chasseurs, après une marche assez rapide de trois heures, arrivèrent dans une immense plaine nue et sablonneuse ; pendant la route, quelques mots à peine avaient été échangés entre Natah-Otann et ses hôtes blancs ; presque tout le temps qu'avait duré le voyage, il avait marché en avant, causant à voix basse avec le Bison-Blanc.

Les Indiens mirent pied à terre auprès d'un ruisseau et échangèrent leurs montures contre des coursiers que le chef avait pris le soin de faire, pendant la nuit, conduire à cet endroit, et qui se trouvaient naturellement reposés et capables de fournir une longue traite.

Natah-Otann divisa les chasseurs en deux troupes égales ; il conserva le commandement de la première et offrit courtoisement celui de la seconde au comte de Beaulieu.

Le jeune Français n'avait jamais assisté à pareille chasse ; il ignorait complétement de quelle façon elle se faisait : aussi déclina-t-il cet honneur, tout en remerciant le chef son offre gracieuse.

Natah-Otann réfléchit quelques instants, puis il se tourna vers Balle-Franche :

« Mon frère connaît les autruches ? lui demanda-t-il.

— Eh ! répondit en souriant le Canadien, Natah-Otann n'était pas né encore que déjà je les chassais dans la prairie.

— Bon ! reprit le chef ; alors ce sera mon frère qui commandera la seconde troupe.

— Soit ! fit le chasseur en s'inclinant, j'accepte avec plaisir. »

Ces premiers arrangements pris, la chasse commença.

A un signal donné, la première troupe, commandée par Natah-Otann, s'enfonça dans la plaine, en décrivant un demi-cercle, de manière à pousser le gibier vers un ravin situé entre deux dunes mouvantes.

La seconde troupe, ayant à sa tête Balle-Franche, auprès duquel se tenaient le comte et Yvon, s'échelonna sur une ligne de front et forma l'autre moitié du cercle.

Ce cercle, par la marche des cavaliers, allait se rétrécissant insensiblement, lorsqu'une dizaine d'autruches se montrèrent dans un pli de terrain ; mais le mâle, placé en sentinelle, par un cri aigu comme le sifflet d'un contre-maître, prévint la famille du danger.

Aussitôt les autruches s'enfuirent en ligne droite, rapidement et sans regarder en arrière.

Tous les chasseurs s'élancèrent au galop sur leurs traces.

La plaine, jusqu'alors silencieuse et morne, s'anima et présenta l'aspect le plus bizarre.

Les cavaliers poursuivaient de toute la vitesse de leurs chevaux les malheureux animaux, en soulevant sur leur passage les flots d'une poussière impalpable.

A douze ou quinze pas du gibier, les Indiens, galopant toujours et piquant de l'éperon les flancs de leurs montures haletantes, se penchaient en avant, faisaient tournoyer autour de leur tête leurs redoutables casse-têtes, et les lançaient à toute volée après l'animal.

S'ils manquaient leur coup, ils se courbaient de côté, rasaient la terre sans ralentir leur course effrénée, ramassaient l'arme, qu'ils jetaient de nouveau.

Plusieurs familles d'autruches s'étaient levées.

La chasse prit alors les proportions d'une joie délirante.

Cris et hourras retentissaient avec un bruit effroyable.

Les casse-têtes sifflaient dans l'air et frappaient le cou, les ailes et les jambes des autruches qui, ahuries et folles de terreur, faisaient mille feintes et mille zigzags pour échapper à leurs implacables ennemis, et, par des coups d'aile à droite et à gauche, s'efforçaient de piquer les chevaux avec l'espèce d'ongle dont est armé le bout de leurs ailes.

Quelques coursiers se cabrèrent, et, embarrassés par cinq ou six autruches qui entravaient leurs jambes, entraînèrent leurs cavaliers dans leur chute.

Les oiseaux, profitant du désordre, s'élancèrent en avant, et, sans le savoir, se sauvèrent du côté où les attendaient les autres chasseurs, qui les reçurent par une volée de casse-têtes.

Chaque chasseur descendait de cheval, tuait la victime qu'il avait abattue, lui coupait les ailes en signe de triomphe, et reprenait la poursuite avec une nouvelle ardeur.

Autruches et chasseurs fuyaient et galopaient comme le *cordonazo*, ce terrible vent des déserts mexicains.

Une quarantaine d'autruches jonchaient la plaine.

Natah-Otann jeta un regard autour de lui et donna le signal de la retraite.

Les oiseaux qui n'avaient pas succombé à cette rude agression se hâtèrent des ailes et des pieds vers des abris sûrs.

Les morts furent ramassés avec soin, car l'autruche est un excellent mets, et les Indiens préparent, surtout avec la chair de la poitrine, un plat renommé pour sa délicatesse et sa saveur exquise.

Les guerriers allèrent alors à la recherche des œufs, fort estimés aussi, et ils en recueillirent une ample moisson.

Bien que la chasse n'eût duré que deux heures à peine, les chevaux suaient, soufflaient et avaient besoin de prendre du repos avant de retourner au village.

Natah-Otann ordonna de camper.

Le comte de Beaulieu ne s'était jamais trouvé à pareille fête, jamais il n'avait assisté à une chasse aussi étrange, lui qui, cependant, depuis qu'il était dans les prairies, avait poursuivi chaque jour les différents animaux qui les habitent; aussi s'était-il laissé aller à cette chasse avec tout l'entraînement de la jeunesse, se lançant à toute bride contre les autruches, et les abattant avec une joie d'enfant.

Lorsque le signal de la retraite fut donné par le chef, il ne s'arracha qu'avec peine à ce passe-temps qui pour lui en ce moment avait tant de charme, et revint au petit pas rejoindre ses compagnons.

Tout à coup un grand cri fut poussé par les Indiens et chacun sauta sur ses armes.

Le comte regarda avec étonnement autour de lui, et un léger frisson parcourut ses membres.

La chasse aux autruches était terminée; mais, comme cela arrive souvent dans ces contrées, une bien plus terrible allait commencer.

La chasse aux couguars.

Deux de ces animaux venaient d'apparaître subitement.

Le comte se remit presque aussitôt, et, armant sa carabine, il se prépara à faire tête à ce gibier d'une nouvelle espèce.

Natah-Otann, lui aussi, avait aperçu les fauves.

D'un geste, il ordonna à une dizaine de guerriers d'entourer Fleur-de-Liane, qu'il avait obligée à l'accompagner, ou qui plutôt avait voulu absolument suivre la chasse; puis certain que la jeune fille était, provisoirement du moins, en sûreté, il se retourna vers un guerrier qui se tenait à ses côtés :

« Découplez les chiens, » dit-il.

On délia une douzaine de molosses qui, aux approches des fauves, hurlaient tous ensemble.

Les Indiens, habitués à voir troubler de cette façon la chasse aux autruches, ne manquent jamais, lorsqu'ils partent pour se livrer à leur exercice favori, de conduire avec eux des chiens dressés à attaquer le lion.

A deux cents mètres à peu près de l'endroit où les Indiens avaient fait halte, deux couguars[1] se tenaient en arrêt, l'œil fixé sur les guerriers peaux-rouges.

Ces animaux, jeunes encore, étaient de la grosseur d'un veau; leur tête ressemblait beaucoup à celle d'un chat, et leur robe douce et lisse, d'un fauve argenté, était mouchetée de noir.

« Allons, s'écria Natah-Otann, en chasse!

— En chasse! » répétèrent tous les assistants.

Cavaliers et chiens se ruèrent à l'envi sur les bêtes féroces avec des hurlements, des cris et des aboiements capables d'effrayer les lions novices.

Les nobles bêtes, immobiles et étonnées, flagellaient leurs flancs de leur forte queue et aspiraient l'air à pleins poumons; un instant elles demeurèrent immobiles, puis tout à coup elles s'élancèrent et se mirent à fuir en bondissant.

Une partie des chasseurs avait couru en ligne droite pour leur couper la retraite, tandis que d'autres, penchés sur leurs selles et gouvernant leurs chevaux avec les genoux, décochaient leurs flèches

---

1. Le *felis discolor* de Linnée, ou lion d'Amérique.

ou déchargeaient leurs rifles, sans arrêter les couguars qui, furieux, se retournaient contre les chiens et les envoyaient à dix pas d'eux glapir de douleur. Cependant les molosses, habitués de longue main à cette chasse, épiaient l'occasion favorable, se jetaient sur le dos des lions et enfonçaient les crocs dans leur chair; mais ceux-ci, d'un coup de leur griffe meurtrière, les balayaient comme des mouches et reprenaient leur course effarée.

L'un d'eux, percé par plusieurs flèches et entouré par les chiens, roula sur le sol en faisant voler le sable sous sa griffe crispée et en poussant un hurlement effroyable.

Le Canadien l'acheva par une balle qu'il lui planta dans l'œil.

Mais il restait le second couguar qui était encore sans blessure et dont les bonds déroutaient l'attaque et l'adresse des chasseurs.

Les molosses, fatigués, n'osaient l'affronter.

Sa fuite l'avait conduit à quelques pas de l'endroit où se tenait Fleur-de-Liane; tout à coup il fit un crochet sur la droite, bondit par-dessus les Indiens dont deux roulèrent éventrés, et tomba en arrêt devant la jeune fille.

Fleur-de-Liane, pâle comme une morte, l'œil éteint, joignit instinctivement les mains, poussa un cri étouffé et s'évanouit.

Deux cris répondirent au sien, et, au moment où le lion allait s'élancer sur la jeune fille, deux coups de feu le frappèrent en plein poitrail.

Il fit volte-face devant son nouvel adversaire.

C'était le comte de Beaulieu.

« Que personne ne bouge, s'écria-t-il en arrêtant d'un geste Natah-Otann et Balle-Franche qui accouraient, ce gibier est à moi, nul autre que moi ne le tuera. »

Le comte avait mis pied à terre, les pieds écartés et fortement appuyés sur le sol, le rifle à l'épaule, immobile comme un bloc de pierre, le regard fixé sur le lion, il l'attendit.

Une angoisse suprême serrait le cœur des assistants, nul n'osait bouger.

Le lion hésita, lança un dernier regard sur la proie gisante à quelques pas de lui, et s'élança en rugissant sur le jeune homme.

Celui-ci lâcha de nouveau la détente.

Le quadrupède se tordit sur le sable; le comte, son couteau de chasse en main, courut vers lui.

L'homme et le lion roulèrent ensemble, mais bientôt un seul des combattants se releva, ce fut l'homme.

Fleur-de-Liane était sauvée.

La jeune fille rouvrit les yeux, jeta un regard effaré autour d'elle, et tendant la main au Français :

« Merci, oh! merci, » s'écria-t-elle en fondant en larmes.

Natah-Otann s'avança vers la jeune fille :

« Silence! lui dit-il durement, ce que ce visage pâle a fait, Natah-Otann aurait pu l'accomplir. »

Le comte sourit avec dédain, mais ne répondit pas, il avait reconnu un rival.

XX

DIPLOMATIE INDIENNE.

Natah-Otann feignit de ne pas avoir aperçu le sourire du comte.

« Maintenant que vous êtes remise, dit-il à Fleur-de-Liane d'un ton plus doux que celui qu'il avait d'abord pris avec elle, remontez à cheval et retournez au village, le Loup-Rouge vous accompagnera; qui sait, ajouta-t-il avec un sourire indien, nous pouvons encore rencontrer les couguars, vous en avez si peur que je crois vous rendre service en vous priant de vous éloigner. »

La jeune fille s'inclina encore toute tremblante et remonta à cheval.

Le Loup-Rouge avait, malgré lui, fait un mouvement de joie à l'ordre que lui avait donné le chef, mais celui-ci, tout à ses pensées, ne l'avait pas surpris.

« Un moment encore, reprit Natah-Otann; si les lions vivants vous font peur, je sais qu'en revanche vous prisez fort leur fourrure; permettez-moi donc de vous offrir celle-ci. »

Personne n'égale l'habileté des Peaux-Rouges pour écorcher les animaux; en un instant, les deux lions, au-dessus desquels déjà planaient et tournoyaient en longs cercles les vautours, furent dépouillés de leurs riches robes que, sur un geste du chef, on jeta sur la croupe du cheval du Loup-Rouge.

L'animal, effrayé par la senteur âcre qu'exhalaient les peaux des fauves, se cabra avec fureur et faillit désarçonner son cavalier qui eut beaucoup de peine à s'en rendre maître.

« Allez, maintenant, » dit sèchement le chef en les congédiant d'un geste hautain.

Fleur-de-Liane et le Loup-Rouge s'éloignèrent au galop.

Natah-Otann les suivit assez longtemps du regard; puis il laissa tomber sa tête sur la poitrine en poussant un soupir étouffé, et parut se plonger dans de sombres méditations.

Au bout d'un instant, il sentit une main qui s'appuyait fortement sur sa poitrine.

Il releva la tête.

Le Bison-Blanc était devant lui.

« Que me voulez-vous? lui demanda-t-il d'un ton de mauvaise humeur.

— Ne le savez-vous pas? » répondit le vieillard en le regardant fixement.

Natah-Otann tressaillit.

« C'est juste, dit-il, l'heure est venue, n'est-ce pas?

— Oui.

— Les précautions sont prises?

— Toutes.

— Allons donc; mais où sont-ils?

— Voyez-les. »

En disant ces deux mots, le Bison-Blanc désigna du doigt le comte et ses deux compagnons couchés sur l'herbe, sur la lisière d'un bois qui verdissait à deux cents pas de l'endroit où campaient les Indiens.

« Ah! ils font bande à part, observa le chef avec amertume.

— Cela ne vaut-il pas mieux ainsi pour la conversation que nous désirons avoir avec eux?

— Vous avez raison. »

Les deux hommes se dirigèrent alors à grands pas vers les blancs, sans échanger d'autres paroles.

Ceux-ci s'étaient en effet retirés à l'écart, non par mépris pour les Indiens, mais afin d'être plus libres.

Ce qui s'était passé après la mort des couguars, la façon brutale dont le chef avait parlé à Fleur-de-Liane, avait froissé le comte; il avait fallu la puissance qu'il possédait sur lui-même et les prières de Balle-Franche pour l'empêcher d'éclater en reproches envers le chef dont la conduite lui avait paru d'une grossièreté inqualifiable.

« Hum! dit-il, cet homme est bien décidément une vilaine nature, je commence à me ranger de votre avis, Balle-Franche.

— Bah! ce n'est rien encore, répondit celui-ci en haussant les épaules, nous en verrons bien d'autres si nous restons seulement huit jours avec ces démons. »

Tout en causant, le Canadien avait rechargé son rifle et ses pistolets.

« Faites comme moi, continua-t-il, on ne sait pas ce qui peut arriver.

— A quoi bon cette précaution, ne sommes-nous pas sous la sauve-garde des Indiens dont nous sommes les hôtes?

— C'est possible; mais c'est égal, croyez-moi, suivez toujours mon conseil, avec les Indiens on ne peut jamais répondre de l'avenir.

— Au fait, il y a du vrai dans tout ce que vous me dites, ce que je viens de voir ne me porte nullement à la confiance. »

Le comte se mit aussitôt en devoir de recharger ses armes.

Quant à Ivon, son fusil et ses pistolets étaient en état.

Les deux chefs indiens arrivèrent auprès du comte au moment où il achevait de charger son dernier pistolet.

« Oh! oh! dit en français Natah-Otann en saluant le jeune homme avec une exquise politesse, auriez-vous éventé quelque bête fauve aux environs, monsieur le comte?

— Peut-être, répondit celui-ci en repassant à sa ceinture le pistolet, après l'avoir amorcé avec soin.

— Que voulez-vous dire, monsieur?

— Rien autre chose que ce que je dis, monsieur!

— Malheureusement pour moi, sans doute, cela est tellement subtil, que je ne le comprends pas.

— J'en suis fâché, monsieur; mais je ne saurais vous répondre que par un vieil adage latin.

— Qui est?...

— A quoi bon vous le répéter, vous ne comprenez pas le latin.

— Supposez que je le comprenne.

— Eh bien, donc, puisque vous le voulez, le voici: *Si vis pacem, para bellum.*

— Ce qui signifie..... répondit imperturbablement le chef, tandis que le Bison-Blanc se mordait les lèvres.

— Ce qui signifie.... dit le comte.

— Si tu veux la paix, prépare-toi à la guerre, interrompit vivement le Bison-Blanc.

— C'est vous qui l'avez dit, monsieur, » fit le comte s'inclinant avec un sourire railleur.

Les trois hommes se trouvaient face à face, comme des duellistes émérites qui tâtent le fer avant de l'engager, et qui du premier coup s'étant reconnus de même force, redoublent de prudence et se replient sur eux-mêmes avant de porter une botte décisive.

Balle-Franche, quoiqu'il ne comprît pas grand'chose à cette escarmouche de mots, avait cependant, grâce à la méfiance qui faisait le fond de son caractère, échangé à la dérobée, avec Ivon, un regard que celui-ci avait compris, et tous deux, bien qu'inattentifs en apparence, se tenaient prêts à tout événement.

Après la dernière parole du comte il y avait eu un assez long silence.

Ce fut Natah-Otann qui le rompit.

« Vous croyez-vous donc parmi des ennemis, monsieur le comte? lui demanda-t-il d'un ton de dignité blessée.

— Je ne dis pas cela, monsieur, répondit-il, et telle n'est point ma pensée; seulement je vous avoue que tout ce que je vois depuis quelques jours autour de moi me semble tellement étrange, que, malgré moi, je ne puis me former une opinion arrêtée ni sur les hommes ni sur les choses, ce qui me donne fort à réfléchir.

— Ah! reprit froidement l'Indien; et que voyez-vous donc de si étrange autour de vous, monsieur? Seriez-vous assez bon de m'en faire part?

— Je n'y vois pas d'inconvénient, si vous le désirez.

— Vous me ferez infiniment de plaisir en vous expliquant, monsieur.

— Je ne demande pas mieux, d'autant plus que j'ai toujours eu l'habitude de dire franchement ma façon de penser et que je ne vois pas de raison qui m'oblige à la déguiser aujourd'hui. »

Les deux chefs s'inclinèrent sans répondre; le comte continua en appuyant les deux mains sur l'extrémité du canon de son fusil, dont la crosse reposait à terre, et en les regardant fixement:

« Ma foi, messieurs, puisque vous voulez que je vous dévoile ma pensée, la voici tout entière : nous sommes ici au milieu des prairies américaines, c'est-à-dire les contrées les plus sauvages du nouveau continent; vos rapports avec les blancs sont continuellement hostiles; vous passez, vous autres Pieds-Noirs, pour les Indiens les plus indomptables, les plus féroces et les plus sauvages, autrement les plus privés de civilisation de toutes les nations aborigènes.

— Eh bien! fit Natah-Otann, que trouvez-vous là d'étrange? est-ce notre faute si nos spoliateurs, depuis la découverte du nouveau monde, nous ont traqués comme des bêtes fauves, refoulés dans les déserts et considérés comme des êtres doués à peine de l'instinct de la brute; c'est à eux et non pas à nous que vous devez vous en prendre. De quel droit nous reprochez-vous un avilissement et une barbarie qui sont le fait de nos persécuteurs et non pas le nôtre?

— Vous ne m'avez pas compris, monsieur; si, au lieu de m'interrompre, ainsi que vous l'avez fait, vous m'aviez écouté patiemment quelques minutes de plus, vous auriez vu que non-seulement je ne vous reproche pas cet avilissement, mais que j'en gémis dans mon cœur; car bien que depuis quelques mois à peine dans le désert, j'ai été en plusieurs occasions à même de juger la race malheureuse à laquelle vous appartenez, et d'apprécier comme elle le mérite et les bonnes qualités qu'elle possède encore et que l'odieuse tyrannie des blancs n'est point parvenue à lui enlever, malgré tous les moyens qu'elle a employés pour parvenir à ce but. »

Les deux chefs échangèrent un regard de satisfaction; les paroles généreuses prononcées par le jeune homme leur donnaient bon espoir pour le succès de leur négociation.

« Pardonnez-moi et veuillez continuer, monsieur, répondit Natah-Otann en s'inclinant.

— Ainsi ferai-je, monsieur, reprit le comte; je le répète, ce n'est pas cette barbarie qui m'a étonné, car je la supposais plus grande qu'elle n'est réellement; ce qui m'a semblé étrange, c'est de trouver au fond du désert où nous sommes, au milieu des Indiens féroces qui nous entourent, deux hommes, deux chefs de ces mêmes Indiens, je ne dirai pas civilisés, le mot ne serait pas assez fort, mais connaissant à fond tous les secrets de la civilisation la plus avancée et la plus raffinée, parlant avec la pureté la plus excessive ma langue maternelle et semblant en un mot n'avoir des Indiens que le costume qu'ils portent. Ce qui m'a semblé étrange, c'est que ces deux hommes, dans un but qui m'échappe, changeant tour à tour, suivant les circonstances, de façons, de mœurs et de langage, sont tantôt des Indiens sauvages, tantôt des hommes du meilleur ton, au lieu de chercher à arracher leurs compatriotes à la barbarie dans laquelle ils croupissent, s'y vautrent avec eux, feignant d'être aussi ignorants et aussi cruels qu'eux-mêmes, alliant ainsi dans un même individu les deux principes les plus opposés et réunissant tous les degrés de la société humaine; je vous avoue, messieurs, que tout cela non-seulement m'a paru étrange, mais encore m'a effrayé.

— Effrayé ! s'écrièrent en même temps les deux chefs.

— Oui, effrayé, reprit vivement le comte, parce

qu'une vie de feintes continuelles comme celle que vous faites doit cacher des menées ténébreuses, quelque noir complot; enfin je suis effrayé parce que votre conduite à mon égard, l'insistance que vous avez mise à m'attirer parmi vous, fait naître malgré moi des soupçons dans mon cœur, sur vos intentions cachées.

— Et quels sont ces soupçons, monsieur? demanda Natah-Otann avec hauteur.

— Je crains que vous ne vouliez faire de moi l'enjeu de quelque partie honteuse. »

Ces paroles, prononcées avec véhémence, éclatèrent comme la foudre aux oreilles des deux chefs confondus; malgré eux ils furent épouvantés de la perspicacité du jeune homme et pendant quelques instants ils ne surent que dire pour se disculper.

« Monsieur! » s'écria enfin Natah-Otann avec violence.

Le Bison-Blanc l'arrêta d'un geste majestueux.

« C'est à moi à répondre aux paroles de notre hôte, dit-il; à son tour, après la franche et loyale explication qu'il nous a donnée, il a droit à une explication non moins franche de notre part.

— Je vous écoute, monsieur, fit le jeune homme impassible.

— Monsieur, des deux hommes qui sont devant vous, l'un est votre compatriote.

— Ah! murmura le comte.

— Et ce compatriote, c'est moi. »

Le jeune homme s'inclina froidement.

« Je m'en doutais, dit-il, raison de plus pour accroître encore mes soupçons. »

Natah Otann fit un geste.

« Laissez parler monsieur, dit le Bison-Blanc en le contenant.

— Ce que j'ai à dire ne sera pas long, monsieur; mon avis est que l'homme qui consent à échanger les bienfaits de la civilisation européenne contre la vie précaire des prairies, qui rompt tous les liens de famille et d'amitié qui le retenaient dans sa patrie pour adopter l'existence indienne, mon avis est que cet homme doit avoir bien des actions honteuses à se reprocher, peut-être des crimes, pour que ses remords l'obligent à se condamner à une pareille expiation. »

Les sourcils du vieillard se froncèrent, une pâleur livide couvrit son visage:

« Vous êtes bien jeune, monsieur, dit-il, pour avoir le droit de porter de telles accusations contre un vieillard dont les actes, la vie et le nom vous sont également inconnus.

— C'est vrai, monsieur, répondit noblement le comte. Pardonnez-moi ce qu'il peut y avoir de blessant dans mes paroles.

— Pourquoi vous en voudrais-je, reprit-il d'une voix triste; enfant né d'hier, dont les yeux se sont ouverts au milieu des chants et des fêtes, dont la vie qui ne compte à peine que quelques jours s'est écoulée douce et tranquille au milieu de la paix et de la prospérité de cette chère France que je pleure tous les jours.

— Ici, je vous arrête, monsieur; cette paix dont vous parlez n'existe pas en France.

— Que voulez-vous dire?

— Que le peuple révolté pour la seconde fois fait reprendre aux Bourbons le chemin de l'exil. »

L'œil du proscrit étincela, un mouvement fébril agita tous ses membres, et saisissant fortement le bras du comte:

« Ah!... s'écria-t-il avec un accent impossible à rendre, et quel est donc le gouvernement qui régit la France aujourd'hui?

— La royauté.

— Comment, la royauté! c'est impossible, puisque, dites-vous, les Bourbons sont en exil.

— La branche aînée, oui, mais la branche cadette....

— Ainsi, interrompit le vieillard avec une agitation croissante. le duc d'Orléans a enfin saisi la couronne?

— Oui, répondit le comte à voix basse.

— Oh! murmura le proscrit en se cachant la tête dans les mains, était-ce donc pour en arriver là que nous avons lutté si longtemps! »

Malgré lui, le jeune homme se sentit ému en voyant l'immense douleur de cet homme qui était pour lui une énigme.

« Qui êtes-vous donc, monsieur? lui demanda-t-il.

— Qui je suis, moi? répondit le vieillard avec amertume, qui je suis? je suis un de ces Titans foudroyés qui siégeaient à la Convention en 1793! »

Le comte fit un pas en arrière en lâchant la main qu'il avait saisie.

« Oh! » fit-il.

Le proscrit lui lança un regard d'une expression indéfinissable.

« Finissons-en, dit-il en relevant la tête et en prenant un ton bref et résolu; vous êtes entre nos mains, monsieur, toute résistance serait inutile, écoutez nos propositions. »

Le comte haussa les épaules.

« Vous jetez le masque, répondit-il, je préfère cela; un mot seulement avant de vous écouter.

— Lequel?

— Je suis noble, vous le savez, donc nous sommes de vieux ennemis; sur quelque terrain que nous nous rencontrions, nous ne pouvons nous trouver que face à face, côte à côte est impossible.

— Oui, toujours les mêmes, murmura-t-il; on peut briser cette race hautaine, mais jamais la faire plier. »

Le comte s'inclina et croisa les bras sur la poitrine.

« J'attends, dit-il.

— Le temps presse, reprit le conventionnel, toute discussion entre nous serait superflue, nous ne pourrions nous entendre.

— Au moins ceci est net, répondit le comte en souriant, voyons la suite.

— La suite, la voici: sous deux jours toutes les nations indiennes, à un signal convenu, se soulèveront comme un seul homme pour abattre la tyrannie américaine.

— Que m'importe, à moi? suis-je donc venu si loin pour faire de la politique? »

Le proscrit réprima un geste de colère.

« Malheureusement, votre volonté n'est pas libre, vous êtes ici pour subir nos conditions, et non

Le lion hésita. (Page 100, col. 2.)

pour nous imposer les vôtres; il faut accepter ou mourir.

— Oh! oh! toujours vos anciens moyens, à ce qu'il paraît, mais j'aurai de la patience; voyons, qu'attendez-vous de moi?

— Nous exigeons, reprit-il en pesant avec intention sur chaque parole, que vous preniez le commandement de tous les guerriers et qu'en personne vous dirigiez l'expédition.

— Pourquoi moi plutôt qu'un autre?

— Parce que vous seul pouvez remplir le rôle que nous vous assignons.

— Allons donc, vous êtes fou.

— C'est vous qui l'êtes, si, depuis que vous vous trouvez avec les Indiens, vous n'avez pas compris que depuis longtemps vous auriez été tué si nous n'avions pas pris, au contraire, le soin de répandre à votre sujet des bruits qui vous ont entouré du respect général, malgré votre témérité et votre folle confiance en vous-même.

— Eh! ceci est préparé de longue main, alors?

— Depuis des siècles.

— Diable! fit le comte toujours railleur; et qu'ai-je à voir dans tout cela, moi?

— Oh! monsieur, pas grand'chose, répondit le proscrit en raillant, et tout autre que vous nous eût parfaitement convenu; malheureusement pour vous, vous ressemblez à s'y méprendre à l'homme qui seul peut marcher à notre tête, et comme cet homme est mort depuis longtemps, qu'il n'est pas probable qu'il ressuscitera tout exprès pour nous guider au combat, c'est vous qui prendrez sa place.

— Fort bien; et y aurait-il indiscrétion à vous demander le nom de cet homme auquel j'ai l'honneur de ressembler si fort?

— Pas la moindre, répondit froidement le vieillard, d'autant plus que déjà vous avez sans doute entendu prononcer son nom, il se nommait Montezuma. »

Le comte partit d'un éclat de rire.

« Allons, dit-il, la plaisanterie est charmante, seulement je la trouve infiniment prolongée; maintenant, un mot à mon tour.

— Parlez.

— Quoi que vous fassiez, quelque moyen que vous employiez, jamais je ne consentirai à vous servir en aucune façon. Maintenant, comme je suis votre hôte, placé sous la garantie de votre honneur, je vous somme de m'ouvrir passage.

— Cette résolution est bien arrêtée dans votre esprit?

— Oui.

— Vous n'en changerez pas?

— Quoi qu'il arrive.

— C'est ce que nous verrons, » dit froidement le vieillard.

Le comte lui lança un regard de mépris.

« Passage! » dit-il résolûment.

Les deux chefs haussèrent les épaules.

« Nous sommes des sauvages! fit Natah-Otann d'un air moqueur.

— Passage! » répéta le comte en armant son fusil.

Natah-Otann siffla.

Une quinzaine d'Indiens sortirent du bois. (Page 105, col. 1.)

Au même instant, une quinzaine d'Indiens sortirent du bois et se jetèrent à corps perdu sur les trois blancs.

Ceux-ci, bien que surpris, reçurent bravement le choc.

Se plaçant pour ainsi dire instinctivement dos à dos, fortement appuyés épaules contre épaules, ils formèrent subitement un redoutable triangle devant lequel les Peaux-Rouges furent malgré eux contraints de s'arrêter.

« Oh! oh! fit Balle-Franche, je crois que nous allons rire.

— Oui, murmura Ivon en faisant religieusement le signe de la croix, mais nous serons tués.

— Probablement! fit le Canadien.

— En retraite! » commanda le comte.

Alors les trois hommes commencèrent à reculer lentement du côté du bois, seul abri qui s'offrait à eux, sans se disjoindre et présentant toujours aux Indiens les canons de leurs carabines.

Les Peaux-Rouges sont braves, téméraires même, cette question ne peut ni être discutée ni être mise en doute, mais chez eux le courage est calculé, ils ne combattent que pour atteindre un but, la victoire, aussi ne risquent-ils jamais leur vie qu'à bon escient.

Ils hésitèrent.

« Je crois que nous avons bien fait de recharger nos armes, dit ironiquement le comte toujours impassible.

— Pardieu! fit en ricanant Balle-Franche.

— C'est égal, j'ai bien peur! dit Ivon, l'œil étincelant et la lèvre frémissante.

— *Eha!* fils du sang! s'écria Natah-Otann en ar-

14

mant son rifle, trois visages pâles vous font-ils peur? En avant! en avant! »

Les Indiens poussèrent leur cri de guerre et se jetèrent sur les chasseurs.

Les autres Peaux-Rouges, avertis de ce qui se passait par les cris de leurs compagnons, accouraient en toute hâte afin de prendre part à la lutte.

XXI

LA MÈRE ET LA FILLE.

Maintenant il nous faut, pour quelques instants, quitter nos trois vaillants champions dans la position critique où ils se trouvent, pour parler de l'un des personnages importants de ce récit, dont depuis trop longtemps nous ne nous sommes pas occupés.

Aussitôt après le départ des Indiens, John Bright, avec cette activité américaine qui ne peut être comparée à nulle autre, s'était mis à commencer son défrichement.

Le péril qu'il avait couru et auquel il n'avait échappé que par un miracle incompréhensible pour lui, lui avait fait faire cependant de sérieuses réflexions.

Il avait compris que dans la situation isolée où il se trouvait placé, il n'avait de secours à attendre de personne; que, seul, il lui faudrait faire face aux dangers qui, sans doute, le menaceraient chaque jour; que, conséquemment, il devait avant tout songer à mettre son établissement à l'abri d'un coup de main.

Le major Melvil avait, par ses engagés et ses trappeurs, entendu parler du colon, mais celui-ci ignorait complétement qu'il se trouvât éloigné seulement d'une dizaine de kilomètres au plus du fort Mackensie.

Sa résolution prise, John Bright l'exécuta immédiatement.

Pour qui n'a pas vu les défrichements des pionniers et des squatters américains, les procédés simples et rapides à la fois employés par ceux-ci et l'adresse avec laquelle ils coupent en quelques instants les plus gros arbres, sembleraient tenir du prodige.

Le squatter jugea qu'il n'avait pas un instant à perdre, et, aidé par ses fils et ses serviteurs, il se mit immédiatement à l'œuvre.

Le camp provisoire avait été, ainsi que nous l'avons dit, placé sur un monticule assez élevé qui dominait au loin la prairie. Ce fut en ce lieu que le colon se décida à établir définitivement sa demeure future.

Il commença par faire planter tout autour de la plate-forme de la colline une rangée de pieux énormes, hauts de douze pieds et reliés entre eux par des crampons solidement attachés.

Cette première enceinte terminée, il fit creuser derrière lui un large fossé de huit pieds environ, profond de quinze, dont la terre fut rejetée en talus en arrière, de façon à former une seconde enceinte.

Puis, dans l'intérieur de cette forteresse improvisée qui, défendue par une garnison résolue, était imprenable, à moins d'avoir du canon pour la battre en brèche, car les pentes abruptes de la colline où l'on n'avait conservé qu'un chemin étroit et en zigzag rendaient tout assaut impossible, il creusa enfin les fondations de l'habitation définitive de sa famille.

Les arrangements provisoires qu'il avait pris lui permettaient désormais de continuer ses travaux avec moins de hâte; grâce à son activité prodigieuse, il pouvait défier les attaques de tous les rôdeurs de la prairie.

Sa femme et sa fille s'étaient activement employées à l'aider, car elles comprenaient mieux que tout le reste de la famille l'utilité de ces travaux de défense.

Les pauvres femmes, peu habituées au rude labeur auquel elles s'étaient livrées, avaient besoin de repos. John Bright ne s'était pas plus ménagé que les autres; il comprit la justesse de la demande que sa femme et sa fille lui adressaient, et comme il n'avait plus rien à redouter provisoirement, il accorda généreusement un jour entier de repos à la petite colonie.

Les événements qui avaient marqué l'arrivée des squatters dans la province avaient laissé une profonde impression dans le cœur de mistress Bright et de sa fille.

Diana surtout avait conservé du comte de Baulieu un souvenir que, loin de l'affaiblir, le temps ne faisait que rendre plus vif.

Le caractère chevaleresque du comte, la noble façon dont il avait agi, et, disons la vérité tout entière, les qualités physiques de sa personne, tout concourait à le rendre cher à la jeune fille, dont jusque-là les jours s'étaient écoulés calmes et tranquilles, sans que rien ne fût venu jamais jeter un intérêt dans cette vie, et un nuage dans ce cœur qui s'ignorait.

Bien des fois, depuis le départ du jeune homme, elle s'arrêtait au milieu de ses travaux, relevait la tête, regardait avec anxiété autour d'elle, puis elle reprenait son ouvrage en étouffant un soupir.

Les mères sont clairvoyantes, surtout celles qui, comme mistress Bright, aiment réellement leurs filles.

Ce dont son mari et son fils ne se doutaient pas, elle le devina, rien qu'en considérant quelques secondes le visage pâle de la pauvre enfant, ses yeux cernés d'un cercle de bistre, son regard pensif et sa démarche nonchalante.

Diana aimait.

Mistress Bright regarda autour d'elle. Personne ne pouvait être l'objet de cet amour; aussi loin qu'elle creusât ses souvenirs, elle ne se rappelait personne que sa fille eût semblé distinguer avant son départ du défrichement où s'était écoulée sa jeunesse.

D'ailleurs, lorsque la petite troupe s'était mise en route pour aller à la découverte d'un nouveau territoire, Diana semblait joyeuse; elle gazouillait gaiement comme un oiseau, ne paraissant nullement se soucier de ceux qu'elle laissait derrière elle.

Après ces réflexions, à son tour la mère soupira; car si elle avait deviné l'amour de sa fille, elle n'avait pu parvenir à découvrir l'homme qui était l'objet de cet amour.

Mistress Bright se résolut à interroger sa fille, dès qu'elle se trouverait seule avec elle. Jusque-là, elle continua à feindre de tout ignorer.

Le jour de congé accordé par John Bright à sa famille parut devoir lui offrir l'occasion favorable qu'elle attendait avec impatience; aussi fut-ce avec joie qu'elle reçut cette nouvelle que lui donna son mari, le soir, après la prière que, selon la coutume de la famille, on faisait en commun avant de se livrer au sommeil.

Le lendemain au lever du soleil, selon leur habitude de chaque jour, les deux femmes s'occupèrent du déjeuner, pendant que les serviteurs allaient conduire les bestiaux au fleuve.

« Femme, dit le squatter en déjeunant, Williams et moi nous avons l'intention, puisqu'aujourd'hui le travail est suspendu, de monter à cheval après le repas, et d'aller visiter un peu les environs que nous ne connaissons pas.

— Ne vous éloignez pas trop, mon ami, et surtout sortez bien armés; vous savez qu'au désert les mauvaises rencontres sont fréquentes.

— Oui; aussi soyez tranquille. Bien que je croie que nous n'avons rien à craindre quant à présent, je serai prudent. N'auriez-vous pas le désir de nous accompagner, ainsi que Diana, vous profiteriez de l'occasion pour connaître votre nouveau domaine? »

Les yeux de la jeune fille brillèrent de joie à cette proposition; elle ouvrit la bouche pour répondre, mais sa mère lui posa la main sur la bouche en lui lançant un regard, et prit la parole à sa place.

« Vous nous excuserez, mon ami, dit-elle avec une certaine vivacité; les femmes, vous le savez, ont toujours quelque chose à faire. Pendant votre absence, Diana et moi nous mettrons tout en ordre ici, ce que les occupations pressées des jours précédents nous ont empêchées de faire.

— Comme il vous plaira, femme.

— D'autant plus, continua-t-elle avec un sourire, qu'il est probable que nous resterons longtemps ici....

— Je le suppose, interrompit le squatter.

— Ce qui fait, reprit-elle, que je ne manquerai pas d'occasions de visiter nos nouveaux domaines, ainsi que vous les appelez, un autre jour.

— Parfaitement raisonné, mistress, je suis complétement de votre avis; nous ferons donc, Williams et moi, notre tournée tout seuls; je vous recommande de ne pas trop vous inquiéter si par hasard nous rentrions un peu tard.

— Non; mais à condition que vous serez de retour avant la nuit.

— C'est convenu. »

On parla d'autre chose; cependant, vers la fin du repas, Sem, sans y songer, replaça la conversation à peu près sur le même sujet.

« Je soutiens, James, dit-il à son compagnon, que le jeune homme était un Français et non un Canadien, ainsi que vous le croyez à tort.

— De qui parlez-vous? demanda le squatter.

— Du gentleman qui accompagnait les Peaux-Rouges et qui nous a fait restituer nos bestiaux.

— Oui, sans compter que nous lui avons bien d'autres obligations encore, car si je me vois enfin propriétaire d'un défrichement, c'est à lui que je le dois.

— C'est un digne gentleman, dit avec intention mistress Bright.

— Oh! oui, murmura Diana d'une voix indistincte.

— Il est Français, appuya John Bright, il n'y a pas à douter; ces fils de louve de Canadiens sont incapables de se conduire comme il l'a fait à notre égard. »

Ainsi que tous les Américains du Nord, John Bright détestait cordialement les Canadiens; pourquoi? il n'aurait su le dire, mais cette haine était innée dans son cœur.

« Bah ! fit Williams, qu'importe son pays, c'est un brave cœur et un vrai gentleman. Pour ma part, je connais, père, un certain Williams Bright qui se ferait avec plaisir rompre les os pour lui.

— By God! s'écria le squatter en frappant du poing sur la table, en agissant ainsi tu ne ferais que ton devoir et payer une dette sacrée. Je donnerais quelque chose pour le revoir, ce jeune homme, afin de lui prouver que je ne suis pas ingrat.

— Bien parlé, père ! exclama Williams avec joie; les honnêtes gens sont trop rares dans ce monde pour qu'on ne tienne pas à ceux que l'on connaît; si quelque jour nous nous retrouvons ensemble, je lui montrerai quel homme je suis. »

Pendant cet échange rapide de paroles, Diana ne disait rien; elle écoutait, le cou tendu, le visage rayonnant et le sourire aux lèvres, heureuse d'entendre ainsi parler de l'homme que, sans le savoir, elle aimait depuis qu'elle l'avait vu.

Mistress Bright jugea prudent de donner un autre cours à la conversation.

« Il est une autre personne encore à laquelle nous avons de grandes obligations, car si Dieu ne l'avait pas si à propos envoyée à notre secours, nous aurions été impitoyablement massacrés par les Indiens; avez-vous donc déjà oublié cette personne?

— Dieu m'en garde! s'écria vivement le squatter; la pauvre créature nous a rendu un trop grand service pour que je le mette en oubli.

— Mais qui diable peut être cette femme? demanda Williams.

— Ma foi ! je serais bien embarrassé de le dire; je crois même que les Indiens et les trappeurs, qui parcourent les prairies, ne pourraient guère nous donner de renseignements sur elle.

— Elle n'a fait que paraître et disparaître, observa James.

— Oui, mais son passage, si rapide qu'il a été, a laissé de profondes traces, reprit mistress Bright.

— Sa vue seule a suffi pour terrifier les Indiens ; du reste cette femme, quelque opinion qu'on émette en ma présence sur son compte, sera toujours pour moi un bon génie.

— Celle à laquelle nous devons de ne pas avoir souffert d'atroces tortures.

— Dieu la bénisse, la digne créature, s'écria le squatter ; si jamais elle a besoin de moi, elle peut venir en toute sûreté ; moi et tout ce que je possède est à sa disposition. »

Le repas était fini, on se leva de table, Sem avait sellé deux chevaux.

John Bright et son fils prirent leurs pistolets, leurs bowie-knifes et leurs rifles, montèrent à cheval, et, après avoir une dernière fois promis de ne pas revenir trop tard, ils descendirent avec précaution le sentier tortueux qui conduisait dans la plaine.

Diana et sa mère s'occupèrent alors activement, à remettre, ainsi que cela avait été convenu, tout en ordre dans le camp.

Lorsque mistress Bright eut vu son mari et son fils disparaître dans les méandres infinis de la prairie, qu'elle se fut assurée que les deux serviteurs assis non loin l'un de l'autre au dehors travaillaient, tout en causant entre eux, à réparer des harnais endommagés, elle prit un ouvrage à l'aiguille, se plaça sur un pliant et fit signe à sa fille de venir s'asseoir à ses côtés.

Diana obéit avec une certaine appréhension intérieure, jamais jusqu'alors sa mère n'avait employé avec elle ces façons mystérieuses, auxquelles elle ne comprenait rien.

Pendant quelques instants, les deux femmes travaillèrent silencieusement en face l'une de l'autre.

Enfin mistress Bright arrêta son aiguille et regarda sa fille.

Celle-ci continua à coudre sans paraître remarquer cette interruption.

« Diana, lui demanda-t-elle, n'avez-vous rien à me dire ?

— Moi ! ma mère, répondit la jeune fille en levant la tête d'un air étonné.

— Oui, vous, mon enfant.

— Pardonnez-moi, ma mère, reprit-elle avec un certain tremblement de la voix, mais je ne vous comprends pas. »

Mistress Bright soupira.

« Oui, murmura-t-elle, il en doit être ainsi ; il arrive un moment où les jeunes filles ont malgré elles, sans le savoir, un secret pour leur mère. »

La pauvre femme essuya une larme.

Diana se leva vivement, et serrant avec tendresse sa mère dans ses bras :

« Un secret ! moi, un secret pour vous, ma mère ! Oh ! mon Dieu, pouvez-vous le supposer !

— Enfant, répondit mistress Bright avec un sourire d'ineffable bonté, on ne trompe pas l'œil d'une mère ; et posant le bout de son doigt sur le cœur palpitant de sa fille : ton secret est là, » dit-elle.

Diana rougit et se recula toute confuse.

« Hélas ! reprit la bonne dame, ce n'est pas un reproche que je t'adresse, pauvre chère enfant bien-aimée. Tu subis à ton insu les lois de la nature ; j'ai été, moi aussi, à ton âge, comme tu es en ce moment, et lorsque ma mère me demanda mon secret, comme toi je répondis que je n'en avais pas, parce que ce secret je l'ignorais moi-même. »

La jeune fille cacha dans le sein de sa mère son visage inondé de larmes.

Celle-ci écarta doucement le flot onduleux de cheveux blonds qui voilaient le front de sa fille et, lui donnant un baiser, elle lui dit avec cet accent que possèdent seules les mères :

« Voyons, ma Diane chérie, sèche tes larmes, ne te tourmente pas ainsi, dis-moi seulement ce que tu éprouves depuis quelques jours.

— Hélas ! ma bonne mère, répondit l'enfant souriant à travers ses larmes, je n'y comprends rien moi-même, je souffre sans savoir pourquoi, je suis inquiète, ennuyée, tout me dégoûte et me fatigue, et pourtant il me semble que rien n'est changé dans ma vie.

— Tu te trompes, enfant, répondit gravement mistress Bright, ton cœur a parlé à ton insu ; alors, de jeune fille insouciante et rieuse que tu étais, tu es devenue femme, tu as pensé, ton front a pâli et tu souffres.

— Hélas ! murmura Diana.

— Voyons, depuis combien de temps es-tu triste ainsi ?

— Je ne sais, ma mère.

— Rappelle tes souvenirs.

— Je crois que c'est.... »

Mistress Bright, comprenant l'hésitation de sa fille, lui coupa la parole.

« Depuis le lendemain de notre arrivée ici, n'est-ce pas ? »

Diana leva sur sa mère ses grands yeux bleus dans lesquels se lisait un étonnement profond.

« En effet, murmura-t-elle.

— Ta tristesse a commencé au moment où les étrangers, qui nous avaient si noblement aidés, ont pris congé de nous ?

— Oui, » fit la jeune fille d'une voix basse comme un souffle, les yeux baissés et le front rougissant.

Mistress Bright continua en souriant ce singulier interrogatoire :

« En les voyant partir, ton cœur s'est serré, tes joues ont pâli, tu as frissonné malgré toi, et si je ne t'avais pas retenue, moi, qui te surveillais avec soin, pauvre chère, tu serais tombée ; tout cela n'est-il pas vrai ?

— C'est vrai, ma mère, répondit la jeune fille d'une voix plus assurée.

— Bien ; et l'homme dont tu regrettais d'être séparée, celui qui cause aujourd'hui ta tristesse et ta souffrance, enfin cet homme c'est...?

— Ma mère ! s'écria-t-elle en se jetant dans ses bras et se cachant honteuse le visage dans son sein.

— C'est...? reprit-elle.
— Édouard ! » dit la jeune fille d'une voix inarticulée, en fondant en larmes.

Mistress Bright lança à sa fille un regard de suprême pitié, l'embrassa avec ardeur à plusieurs reprises et lui dit d'une voix douce :

« Tu vois bien que tu avais un secret, pauvre enfant, puisque tu l'aimes.

— Hélas! murmura-t-elle naïvement, je ne sais pas, moi, ma mère. »

La bonne dame hocha la tête avec satisfaction, replaça doucement sa fille sur son siége, et se rasseyant elle-même :

« Maintenant que nous nous sommes expliquées, lui dit-elle, que nous n'avons plus de secrets l'une pour l'autre, causons un peu, veux-tu, Diana ?

— Je le veux bien, ma mère.

— Écoute-moi ; hélas ! mon âge et mon expérience, à défaut de ma qualité vis-à-vis de toi, m'autorisent à te donner des conseils, veux-tu les entendre ?

— Oh ! ma mère, vous savez combien je vous aime et je vous respecte !

— Je le sais, chère enfant ; je sais aussi, moi qui ne t'ai quittée depuis ta naissance et sans cesse ai veillé sur toi, combien ton âme est généreuse, ton cœur noble et capable de dévouement ; je vais te causer une grande douleur, pauvre enfant, mais mieux vaut faire saigner à présent une plaie qui n'est pas encore bien profonde, que d'attendre pour y porter remède que le mal soit incurable.

— Hélas !

— Cet amour naissant, qui s'est introduit malgré toi dans ton cœur, ne saurait être bien grand, c'est plutôt chez toi le réveil de l'âme aux sensations douces et aux nobles instincts qui embellissent l'existence et caractérisent la femme, qu'une passion ; ton amour n'est réellement qu'une exaltation momentanée du cerveau, qu'une fièvre de l'imagination, qu'un amour véritable ; comme toutes les jeunes filles, tu aspires à l'inconnu, tu cherches un idéal dont la réalité n'existe pas encore pour toi, tu t'élances dans les champs fleuris de l'avenir avec cette surabondance de sève, ce besoin, dirai-je, cette soif de sensation qui, à ton âge, font trop souvent prendre le cerveau pour le cœur ; mais tu n'aimes pas, bien plus, tu ne peux pas aimer. Chez toi, en ce moment, le sentiment que tu éprouves est tout dans la tête sans que le cœur y soit pour rien.

— Ma mère ! interrompit la jeune fille.

— Chère Diana, continua-t-elle en lui prenant la main qu'elle pressa, laisse-moi te faire un peu souffrir en ce moment pour t'épargner plus tard les douleurs horribles qui feraient le désespoir de toute ton existence. L'homme que tu crois aimer, tu ne le reverras probablement jamais, il ignore ton amour, il ne le partage pas. C'est la froide et implacable raison qui te parle ici par ma bouche ; elle est logique et nous évite bien des chagrins, au lieu que la passion ne l'est pas et nous prépare toujours des peines ; mais supposons un instant que ce jeune homme t'aime, jamais tu ne pourras être à lui.

— Mais s'il m'aime, ma mère ? dit-elle timidement.

— Pauvre folle ! reprit-elle avec un geste de pitié sublime, sais-tu seulement s'il est libre ? Qui te dit qu'il n'est pas marié ? d'où le sais-tu ? Mais je veux bien, pour un instant, abonder dans ton sens : ce jeune homme est noble, il appartient à une des plus grandes et des plus anciennes familles de l'Europe, sa fortune est immense, crois-tu donc qu'il consentira jamais à abandonner tous les avantages sociaux que lui garantit sa position ? qu'il fera plier son orgueil de race jusqu'à donner sa main à la fille d'un misérable squatter américain ?

— C'est vrai, murmura-t-elle en laissant tomber sa tête dans ses mains.

— Et s'il le faisait jamais, ce qui est impossible, tu consentirais donc à suivre cet homme, et à abandonner dans ce désert ton père et ta mère qui n'ont que toi et que ton départ ferait mourir de désespoir ! Voyons, Diana, réponds, tu consentirais donc à cela ?

— Oh ! jamais, jamais, ma mère ! cria-t-elle avec délire ; oh ! c'est vous que j'aime plus que tout !

— Bien, chère enfant, voilà comme je voulais te voir, je suis heureuse que mes paroles aient trouvé le chemin de ton cœur ; cet homme est bon, il nous a rendu de grands services, nous lui devons de la reconnaissance, mais rien de plus.

— Oui.... oui.... ma mère ! murmura-t-elle avec des sanglots dans la voix.

— Tu ne dois voir en lui qu'un ami, qu'un frère, continua-t-elle fermement.

— Je tâcherai..., ma mère.

— Tu me le promets ? »

La jeune fille hésita un instant ; tout à coup elle releva la tête, et d'une voix sonore :

« Je vous remercie, ma mère, lui dit-elle ; je vous jure, non pas de l'oublier, cela me serait impossible, mais de si bien cacher mon amour que, excepté vous, nul ne le soupçonnera jamais.

— Viens dans mes bras, mon enfant ! tu comprends tes devoirs, tu es noble et bonne ! »

La mère et la fille s'embrassèrent avec effusion. En ce moment James entra.

« Mistress ! dit-il, le maître revient, mais plusieurs personnes l'accompagnent.

— Essuie tes yeux et suis-moi, mon enfant ; allons voir qui nous arrive. »

Et se penchant à l'oreille de sa fille :

« Quand nous serons seules nous parlerons de lui, lui dit-elle tout bas.

— Oh ! ma mère ! s'écria Diana avec bonheur, que vous êtes bonne et que je vous aime ! »

Elles sortirent et regardèrent dans la plaine. En effet, à une assez grande distance encore, on apercevait une troupe de quatre ou cinq personnes, en tête desquelles marchaient John Bright et son fils Williams.

« Qu'est-ce que cela signifie ? dit mistress Bright avec inquiétude.

— Nous allons bientôt le savoir, ma mère ; rassurez-vous, ils semblent marcher trop tranquillement pour que nous ayons rien à craindre. »

XXII

IVON

Le comte et ses deux compagnons avaient, ainsi que nous l'avons dit, attendu le choc des Indiens ; il fut terrible.

Pendant un instant, il y eut mêlée horrible à l'arme blanche ; puis les Indiens reculèrent pour reprendre haleine et recommencer de nouveau.

Dix cadavres gisaient aux pieds des trois hommes toujours immobiles et fermes comme une masse de granit.

« Vive Dieu ! s'écria le comte en essuyant d'un revers de sa main droite la sueur mêlée de sang qui coulait en larges gouttes sur son front ; vive Dieu ! le beau combat !

— Oui, dit insoucieusement Balle-Franche, mais il est mortel.

— Qu'importe, si nous mourons bien !

— Hum ! je ne suis pas de cet avis, tant qu'il reste une chance, il faut la saisir.

— Mais il ne nous en reste pas.

— Peut-être ; laissez-moi faire.

— Je ne demande pas mieux ; cependant je vous avoue que je trouve ce combat charmant.

— Il est fort agréable en effet, mais il le sera bien plus encore si plus tard nous le pouvons raconter.

— C'est ma foi vrai, je n'y songeais pas.

— Oui, mais j'y ai songé, moi. »

Le Canadien se pencha vers Ivon et murmura quelques mots à son oreille.

« Oui, répondit le Breton, mais pourvu que je n'aie pas peur.

— A la grâce de Dieu ! dit en souriant le chasseur ; vous ferez ce que vous pourrez, est-ce convenu ?

— Convenu.

— Alerte ! compagnons, s'écria le comte, voici l'ennemi. »

En effet, les Indiens étaient prêts à attaquer de nouveau.

Natah-Otann et le Bison-Blanc voulaient absolument s'emparer du comte vivant et sans blessure ; ils avaient en conséquence donné l'ordre aux guerriers de ne pas se servir de leurs armes à feu, de se contenter de parer les coups qu'il leur porterait, mais de le prendre à tout prix.

Pendant les quelques minutes de répit que les assiégeants avaient donné aux blancs, les autres Indiens étaient accourus afin de prendre part au combat, de façon que les chasseurs, enveloppés de tous les côtés, faisaient face à une quarantaine d'hommes au moins.

Il fallait être fou, ou doué d'une aveugle témérité, pour prétendre résister à une pareille masse d'ennemis. Cependant les trois blancs ne paraissaient pas songer à demander quartier.

Au moment où Natah-Otann allait donner le signal de l'attaque, le Bison-Blanc, qui jusqu'à ce moment était demeuré sombre et pensif à l'écart, s'interposa.

« Un instant, dit-il.

— A quoi bon ? répondit le chef.

— Laissez-moi faire une tentative, peut-être reconnaîtront-ils que toute lutte est impossible et consentiront-ils à accepter nos propositions.

— J'en doute, murmura Natah-Otann en secouant la tête, ils paraissent bien résolus.

— Laissez-moi essayer, vous savez combien il est nécessaire pour la réussite de nos projets que nous nous emparions de cet homme.

— Malheureusement, si nous n'y prenons garde, il se fera tuer.

— C'est ce que je veux éviter.

— Faites donc, mais je suis convaincu que vous échouerez.

— Qui sait ? voyons toujours. »

Le Bison-Blanc fit quelques pas en avant, il se trouva ainsi à cinq ou six mètres du comte. Arrivé là, il s'arrêta.

« Que voulez-vous ? dit le jeune homme ; si malgré moi votre qualité de Français ne s'était pas présentée à mon esprit, je vous aurais envoyé déjà une balle dans la poitrine.

— Tirez ! qui vous arrête ? répondit mélancoliquement le proscrit ; croyez-vous que je craigne la mort ?

— Assez de discours, retirez-vous, ou je fais feu. »

Et il le coucha en joue.

« Je veux vous dire un mot.

— Dites vite, et partez.

— Je vous offre, à vous et à vos compagnons, la vie sauve, si vous voulez vous rendre. »

Le comte partit d'un éclat de rire.

« Allons donc ! s'écria-t-il en haussant les épaules ; nous prenez-vous pour des niais ? Nous étions les hôtes de vos compagnons, et ils ont impudemment violé le droit des gens à notre égard.

— Ainsi, c'est votre dernier mot ?

— Le dernier, pardieu ! Il y a donc bien longtemps que vous vivez avec les Indiens, que vous avez oublié que nous autres Français nous mourons plutôt que de commettre une lâcheté ?

— Que votre sang retombe sur votre tête !

— Ainsi soit-il, odieux renégat qui combattez avec les sauvages contre nos frères. »

Cette sanglante insulte frappa le vieillard au cœur ; il lança au jeune homme un regard horrible, devint pâle comme la mort, et se retira en chancelant comme un homme ivre, et en murmurant à demi-voix :

« Oh ! ces nobles !

— Eh bien ? lui demanda Natah-Otann.

— Il refuse, répondit-il d'une voix brève.

— J'en étais sûr. Maintenant à nous. »

Portant à ses lèvres son long sifflet de guerre, fait d'un tibia humain, il en tira un son aigu et prolongé auquel les Indiens répondirent par un hurlement épouvantable en se précipitant comme une légion de démons sur les trois hommes, qui les reçurent sans reculer d'un pouce.

La mêlée recommença terrible, échevelée ; les trois hommes avaient pris leurs rifles par le canon et s'en servaient comme de massues.

Ivon faisait des prodiges de valeur, élevant et abaissant son rifle avec la régularité d'un balancier, assommant un homme à chaque coup et murmurant à chaque fois :

« Ouf ! encore un ; sainte Vierge ! je sens la peur qui va me prendre. »

Cependant le cercle se rétrécissait autour des trois hommes ; les Indiens qui tombaient étaient remplacés par d'autres, que d'autres poussaient incessamment par derrière !

Les chasseurs se fatiguaient de frapper, leurs bras ne se baissaient plus avec la même vigueur, leurs coups manquaient de régularité, le sang leur montait à la tête, leurs yeux s'injectaient, ils avaient des bourdonnements dans les oreilles.

« Nous sommes perdus ! murmura le comte.

— Courage ! hurla Balle-Franche en brisant le crâne d'un Indien.

— Ce n'est pas le courage qui me manque, ce sont les forces, répondit le jeune homme d'une voix haletante.

— En avant ! en avant ! répétait Natah-Otann en bondissant comme un démon autour des trois hommes.

— A présent, Ivon ! à présent, cria Balle-Franche.

— Adieu ! » s'écria le Breton.

Et, faisant tournoyer sa terrible massue autour de sa tête, il se précipita au plus épais des Indiens.

« Suivez-moi, comte, reprit Balle-Franche.

— Allons ! vive Dieu ! » cria celui-ci.

Les deux hommes exécutèrent d'un côté opposé la manœuvre tentée par le Breton.

Ivon, cet homme si poltron que vous connaissez, semblait en ce moment avoir complètement oublié la peur d'avoir peur, ainsi qu'il le disait lui-même, qui le talonnait sans cesse ; il semblait, comme Briarée avoir cent bras pour renverser les nombreux assaillants qu'il trouvait sans cesse renaissants sur ses pas, frappant sans relâche en pointant tout droit devant lui et s'ouvrant une large trouée.

Heureusement pour le Breton, la plupart des guerriers s'étaient élancés à la poursuite d'un gibier plus important que lui, c'est-à-dire sur le comte et le Canadien, qui de leur côté redoublaient des efforts déjà prodigieux.

Toujours combattant, Ivon était parvenu jusqu'à l'entrée du bois, à trois ou quatre mètres de l'endroit où le cheval de son maître, celui du chasseur et le sien étaient attachés.

C'était ce que voulait probablement le Breton ; car, dès qu'il se vit en ligne droite avec les chevaux, au lieu, comme il l'avait fait jusque-là, de pousser en avant, il commença à reculer pas à pas, de façon à arriver auprès d'eux.

Cependant il combattait toujours avec cette résolution froide qui distingue la race bretonne et qui la rend si redoutable.

Puis tout à coup, lorsqu'il se jugea assez près des montures qu'il convoitait, Ivon asséna un dernier coup à l'Indien le plus proche, l'envoya, le crâne fendu, rouler à dix pas, prit son élan et, par un bond de panthère, il s'élança sur le cheval du comte qui était le moins éloigné, tira la bride à lui, la dégagea de la pierre qui la retenait, enfonça les éperons dans les flancs du noble animal, et partit comme un trait en renversant deux Indiens qui s'étaient audacieusement jetés au devant de lui.

« Hourra ! sauvé ! sauvé ! » cria-t-il d'une voix de tonnerre en disparaissant dans les bois, où les Pieds-Noirs n'osèrent le suivre.

Les Peaux-Rouges demeurèrent stupéfaits d'un pareil trait d'adresse et d'une si prodigieuse fuite.

Le cri poussé par Ivon était sans doute un signal convenu entre lui et Balle-Franche, car aussitôt qu'il l'entendit, le chasseur, par un mouvement brusque, arrêta le bras du comte qui se levait pour frapper.

« Que faites-vous, mordieu ! s'écria celui-ci en se détournant avec colère.

— Je vous sauve ! répondit froidement le chasseur ; jetez votre arme..... Nous nous rendons, cria-t-il.

— Vous m'expliquerez votre conduite, n'est-ce pas ? reprit le comte.

— Soyez tranquille, vous m'approuverez.

— Soit donc. »

Et il laissa tomber son fusil.

Les Indiens, que la défense héroïque des chasseurs maintenait à distance, se précipitèrent sur eux dès qu'ils les virent désarmés.

Natah-Otann et le Bison-Blanc accoururent.

Les deux hommes étaient déjà renversés sur le sable.

Le chef s'interposa.

« Monsieur le comte, dit-il, vous êtes mon prisonnier, et vous aussi, Balle-Franche. »

Le jeune homme haussa les épaules avec dédain.

« Comptez ce que vous coûte votre victoire, » répondit le chasseur avec un sourire ironique en désignant du doigt les nombreux cadavres qui jonchaient la plaine.

Natah-Otann feignit de ne pas entendre cette réponse.

« Si vous me donnez votre parole d'honneur de ne pas vous échapper, messieurs, dit le Bison-Blanc, vous allez être déliés et vos armes vous seront rendues.

— Est-ce encore un piège que vous nous tendez ? répondit le comte avec hauteur.

— Bah ! fit Balle-Franche en lançant à son compagnon un regard significatif, donnons notre parole pour vingt-quatre heures ; nous verrons après.

— Vous entendez, messieurs, dit le jeune homme, ce chasseur et moi nous vous engageons notre parole pour vingt-quatre heures : cela vous convient-il ? Il est bien entendu qu'au bout de ce temps, nous sommes maîtres de la reprendre.

La mêlée recommença terrible. (Page 111, col. 1.)

— Ou de l'engager de nouveau, ajouta le Canadien avec un sourire; que risquons-nous de le faire?»

Les deux chefs échangèrent quelques mots à voix basse.

« Nous acceptons, » dit enfin Natah-Otann.

Sur un geste de lui, les liens des prisonniers furent coupés.

Ils se relevèrent.

« Hum! fit Balle-Franche en s'étirant avec volupté, cela fait du bien d'avoir la jouissance de ses membres. Bah! je savais bien qu'ils ne me tueraient pas encore cette fois-ci.

— Voici vos armes et vos chevaux, messieurs, dit le chef.

— Permettez, répondit le comte en tirant froidement sa montre de son gousset; il est sept heures et demie; jusqu'à demain soir à pareille heure vous avez notre parole.

— Parfaitement, dit le Bison-Blanc en s'inclinant.

— Et maintenant, où nous conduisez-vous, s'il vous plaît? fit le chasseur d'un air narquois.

— Au village.

— Merci! »

Les deux hommes se mirent en selle et suivirent les Indiens, qui n'attendaient plus qu'eux pour partir.

Dix minutes plus tard, cette plaine, où pendant la journée s'étaient passés tant d'événements, était redevenue calme et silencieuse.

Nous laisserons le comte et le chasseur retourner sous bonne escorte au village, et nous nous mettrons sur la piste du Breton.

Après son départ du champ de bataille, Ivon avait lancé son cheval tout droit devant lui, ne se souciant pas de perdre un temps précieux à cher-

De nombreux cadavres jonchaient la plaine. (Page 111, col. 2.)

cher une route; pour le moment, toutes lui étaient bonnes, pourvu qu'elles l'éloignassent des ennemis auxquels il avait si providentiellement échappé.

Pourtant, après avoir galopé pendant environ une heure à travers bois, rassuré par le silence complet qui régnait autour de lui, il ralentit peu à peu le pas de sa monture et prit une allure plus modérée.

Il était grand temps que cette idée lui vînt, car

le pauvre cheval, si durement malmené, commençait à être à bout de forces.

Le Breton profita du moment de trêve qu'il donnait à sa bête pour mettre ses armes en état.

« Je ne suis pas brave, disait-il tout bas; mais, vive Dieu! comme dit mon pauvre maître, le premier gredin qui tente de me barrer le passage, je lui brûle la cervelle, aussi vrai que je me nomme Ivon. »

Et il l'aurait fait ainsi qu'il le disait, le digne homme, nous en sommes garant.

Après s'être avancé encore pendant quelques pas, Ivon regarda autour de lui, arrêta son cheval et mit pied à terre.

« A quoi bon aller plus loin maintenant, fit-il en reprenant son soliloque, mon cheval a besoin de repos; moi-même, je ne serais pas fâché de me délasser un peu. Bah! autant ici qu'ailleurs. »

Sur ce, il ôta la selle à son cheval, prit la valise de son maître, qu'il porta au pied d'un arbre, et se mit en devoir d'allumer du feu.

« Comme la nuit vient vite dans ce scélérat de pays, murmura-t-il; il est à peine huit heures, et il fait noir comme dans un four. »

Tout en discourant ainsi tout seul, il avait ramassé une assez grande quantité de bois sec; il revint à la place qu'il avait choisie pour passer la nuit, empila ce bois, frotta une allumette, plaça le feu sous le brasier qu'il avait préparé, s'agenouilla et commença à souffler de toute la force de ses poumons pour le faire prendre.

Au bout d'un instant, il releva la tête afin de respirer, mais il poussa un cri d'effroi et manqua de tomber à la renverse.

Il avait aperçu, à trois pas de l'autre côté du brasier, deux individus qui le considéraient silencieusement.

Le premier moment de surprise passé, le Breton bondit sur ses pieds en armant ses pistolets.

« Sacrebleu! s'écria-t-il, vous m'avez fait bien peur; mais c'est égal, nous allons voir.

— Que mon frère se rassure, répondit une voix douce en mauvais anglais; nous ne lui voulons point faire mal. »

En sa qualité de Breton, Ivon écorchait l'anglais presque aussi bien que le français. En entendant ces paroles, il pencha le corps en avant et regarda.

« Oh! fit-il, l'Indienne.

— Oui, c'est moi, » répondit Fleur-de-Liane en s'avançant.

Son compagnon la suivit; Ivon reconnut le Loup-Rouge.

« Soyez la bienvenue, dit-il, à mon misérable campement.

— Merci, répondit-elle.

— Comment se fait-il que vous soyez ici?

— Et vous? reprit-elle, en répondant à une question par une autre.

— Oh! moi, dit-il en hochant la tête, c'est une triste histoire.

— Que veut dire mon frère? demanda le Loup-Rouge.

— Bon! bon! fit le Breton en hochant la tête, cela me regarde, ce sont mes affaires et non les vôtres; dites-moi d'abord ce qui vous amène vers moi, je verrai après si je puis vous confier ce qui nous est arrivé à mon maître et à moi.

— Mon frère est prudent, répondit Fleur-de-Liane, il a raison, la prudence est bonne dans la prairie.

— Hum! j'aurais voulu que mon maître vous entendît parler ainsi, peut-être ne serait-il pas où il est. »

Fleur-de-Liane fit un geste d'effroi.

« Ooah! lui serait-il arrivé mal? » dit-elle d'une voix entrecoupée.

Ivon la regarda.

« Vous semblez vous intéresser à lui.

— Il est brave! s'écria-t-elle avec feu, ce matin il a tué le couguar qui menaçait Fleur-de-Liane; elle a un cœur, elle se souvient, ajouta-t-elle d'un ton pénétré.

— C'est vrai, c'est parfaitement vrai, jeune fille, il vous a sauvé la vie; c'est égal, contez-moi d'abord comment il se fait que nous nous rencontrions ici au fond de ce bois.

— Écoutez donc, puisque vous le voulez absolument. »

Le Breton s'inclina affirmativement; à toutes ses qualités, Ivon joignait celle d'être têtu comme une mule andalouse; une fois que le digne homme s'était mis une chose dans la tête, rien ne pouvait l'en faire démordre; nous devons convenir, du reste, qu'en ce moment il avait mille excellentes raisons pour se méfier des Indiens.

Fleur-de-Liane continua.

« Après que l'Œil-de-Verre eut si bravement tué le couguar, dit-elle d'une voix émue, le grand chef Natah-Otann se courrouça contre Fleur-de-Liane et lui ordonna de retourner au village avec le Loup-Rouge.

— Je sais tout cela, interrompit Ivon, j'y étais, voilà justement pourquoi il me paraît extraordinaire que vous vous trouviez ici, en ce moment, au lieu d'être sur la route de votre village. »

L'Indienne fit une de ces petites moues qui lui étaient habituelles et la rendaient si séduisante.

« L'homme pâle est curieux comme une vieille femme, fit-elle avec un accent de mauvaise humeur; pourquoi veut-il connaître les secrets de Fleur-de-Liane? elle a dans le cœur un petit oiseau qui lui chante de douces chansons et l'attire malgré elle sur les pas de l'homme pâle qui l'a sauvée.

— Ah! fit le Breton qui comprit à peu près ce que la jeune fille voulait dire, ceci est autre chose!

— Au lieu de retourner au village, reprit le Loup-Rouge, Fleur-de-Liane a voulu retourner auprès de l'Œil-de-Verre. »

Le Breton réfléchit pendant assez longtemps; les deux Indiens le considéraient en silence, attendant patiemment qu'il lui plût de s'expliquer.

Au bout de quelques minutes, il releva la tête, et fixant son œil gris pétillant de malice sur la jeune fille :

« Alors vous l'aimez? articula-t-il nettement.

— Oui, répondit-elle en baissant les yeux.

— Fort bien; alors écoutez attentivement ce que je vais vous dire: je me trompe fort, ou cela vous intéressera prodigieusement »

Les deux auditeurs se penchèrent vers lui et prêtèrent l'oreille avec soin.

Ivon raconta alors, dans les plus grands détails, la conversation de son maître avec les deux chefs, l'altercation qui s'était élevée entre eux, le combat qui en était résulté, et la façon dont il s'était échappé.

« Si je me suis sauvé, dit-il en terminant, Dieu m'est témoin que ce n'a pas été dans le but de préserver ma vie; bien que je sois très-poltron, je n'hésiterai pourtant jamais à sacrifier ma vie pour lui, mais Balle-Franche m'a conseillé d'agir ainsi, afin que je puisse tâcher de leur trouver du secours à tous deux.

— Bon ! s'écria vivement la jeune fille, l'homme pâle est brave, que veut-il faire?

— Je veux sauver mon maître, pardieu ! fit résolûment le Breton, seulement je ne sais pas comment m'y prendre.

— Fleur-de-Liane le sait, elle aidera le visage pâle.

— Est-ce bien vrai, ce que vous me promettez là, jeune fille ? »

L'Indienne sourit.

« Le visage pâle suivra Fleur-de-Liane et le Loup-Rouge, dit-elle, ils le conduiront dans un endroit où il trouvera des amis.

— Bon ! et quand ferez-vous cela, ma belle fille? demanda-t-il le cœur palpitant de joie.

— Aussitôt que le visage pâle sera prêt à se mettre en route.

— Tout de suite ! mille dieux ! tout de suite ! » s'écria le Breton en se levant précipitamment et courant à son cheval.

Fleur-de-Liane et le Loup-Rouge avaient laissé leurs montures cachées à peu de distance dans le fourré.

Dix minutes plus tard, Ivon et ses deux guides quittaient la clairière où avait eu lieu leur rencontre.

Il était minuit à peu près au moment où ils se remettaient en marche.

« Mon pauvre maître ! murmura le Breton, parviendrai-je à le sauver ! »

XXIII

PLAN DE CAMPAGNE.

La nuit était noire, sombre et toute chargée d'orages.

Le vent sifflait avec de lugubres murmures à travers les branches. A chaque rafale de la brise, les arbres secouaient leurs têtes humides et faisaient pleuvoir de courtes ondées qui grésillaient sur les buissons.

Le ciel avait une teinte d'acier sinistre et menaçante.

Tel était le silence de ce désert qu'on y entendait la chute d'une feuille desséchée ou le froissement de la branche touchée au passage par quelque animal invisible.

Ivon et ses guides s'avançaient avec précaution à travers le bois, cherchant leur route dans les ténèbres, à demi couchés sur leurs chevaux, afin d'éviter les branches qui leur fouettaient à chaque pas le visage, sondant de l'œil le terrain qu'ils foulaient, mais que, dans l'obscurité, il leur était presque impossible de reconnaître.

Grâce aux méandres sans nombre qu'ils étaient contraints de suivre, près de deux heures s'écoulèrent avant qu'ils sortissent du bois; enfin ils débouchèrent dans la plaine et se trouvèrent presque instantanément sur les bords du Missouri.

Le fleuve, grossi par les pluies et les neiges, roulait bruyamment ses eaux jaunâtres.

Les fugitifs suivirent les rives en remontant vers le sud-ouest. Maintenant qu'ils avaient trouvé le fleuve, toute incertitude avait cessé pour eux, leur route était clairement et nettement tracée sans qu'ils redoutassent de se perdre.

Arrivés à un certain endroit où une pointe de sable s'avançait de quelques mètres dans le lit du fleuve et formait une espèce de cap, à l'extrémité duquel, malgré l'obscurité, grâce à la transparence des eaux, on distinguait les objets à une certaine distance, le Loup-Rouge fit signe à ses compagnons de s'arrêter, et lui-même mit pied à terre.

Fleur-de-Liane et le Breton imitèrent ce mouvement.

Ivon n'était pas fâché de prendre quelques instants de repos et surtout de se renseigner avant d'aller plus loin.

Dans le premier moment, entraîné malgré lui par un mouvement irréfléchi du cœur qui le poussait à sauver le plus tôt possible son maître, par tous les moyens qui se présenteraient à lui, il n'avait pas hésité à suivre ses deux étranges conducteurs; mais, avec la réflexion, sa méfiance était revenue plus vive et plus forte, et le Breton voulait ne s'engager davantage avec les gens qu'il avait rencontrés que sur des renseignements positifs et des preuves irrécusables de leur loyauté.

Leur qualité d'Indiens appartenant à la même tribu et au même village que l'homme dont son maître était prisonnier, suffisait amplement pour justifier la méfiance que le digne Breton éprouvait à leur égard, d'autant plus que, depuis qu'il voyageait avec eux, rien n'était venu lui prouver le dévouement dont ils avaient fait parade à ses yeux, et qu'au contraire ils avaient tous deux constamment gardé un morne silence.

Comme beaucoup de gens, dont pourtant la majeure partie de l'existence s'est écoulée en Amérique, Ivon ne connaissait les Indiens que par les récits mensongers faits par leurs ennemis, avant d'entrer au désert; malheureusement, depuis son arrivée dans les prairies, une suite fatale de faits étaient venus donner raison à ces récits et raffermir le Breton dans la mauvaise opinion qu'il s'était formée de la race rouge.

Aussitôt qu'il eut mis pied à terre et débarrassé de la bride son cheval afin qu'il pût brouter les jeunes pousses d'arbres, Ivon s'approcha résolûment du Loup-Rouge et lui frappa sur l'épaule.

L'Indien, dont les yeux étaient avidement fixés sur le fleuve, se retourna vers lui.

« Que veut l'homme pâle? lui demanda-t-il.

— Causer un peu avec vous, chef.

— Le moment n'est pas bon pour parler, répondit sentencieusement l'Indien, les visages pâles sont comme l'oiseau moqueur, il faut toujours que leur langue soit en mouvement; que mon frère attende quelques instants ! »

Ivon ne comprit pas l'épigramme, ou s'il la comprit, il la dédaigna; il avait son idée, il insista avec cet entêtement de mulet qui formait le côté saillant de son caractère.

« Non, dit-il, il faut que nous causions tout de suite. »

L'Indien réprima un geste d'impatience.

« Les oreilles du Loup-Rouge sont ouvertes, fit-il, *la pie bavarde* peut s'expliquer. »

Les Peaux-Rouges ne parviennent que difficilement à prononcer les noms des étrangers avec lesquels les hasards de la chasse ou du commerce les mettent en rapport, aussi ont-ils l'habitude à ces noms d'en substituer d'autres, tirés du caractère ou de l'apparence physique de l'individu qu'ils veulent désigner.

Ivon était appelé par les Indiens pieds-noirs la Pie-Bavarde, nom dont nous nous dispenserons de discuter ici le plus ou le moins de justesse.

Le Breton ne parut pas se choquer de ce que lui disait le Loup-Rouge, absorbé par la pensée qui le chagrinait, toute autre considération lui devenait indifférente.

« Vous m'avez promis de sauver l'Œil-de-Verre, dit-il.

— Oui, répondit laconiquement le chef.

— J'ai accepté vos propositions sans discuter; voilà trois heures que je vous suis sans rien dire; mais avant d'aller plus loin, je ne serais pas fâché de connaître les moyens que vous comptez employer pour le sortir des mains de ses ennemis.

— Mon frère est-il sourd? demanda l'Indien.

— Je ne crois pas, répondit Ivon assez blessé de cette question.

— Alors qu'il écoute.

— C'est ce que je fais.

— Mon frère n'entend rien?

— Pas la moindre des choses, je dois en convenir. »

Le Loup-Rouge haussa les épaules.

« Les visages pâles sont des renards sans queue, dit-il avec mépris, plus faibles que des enfants dans le désert; que mon frère regarde, » ajouta-t-il en étendant le bras vers le fleuve.

Ivon suivit la direction qui lui était indiquée, en écarquillant les yeux et plaçant sa main en abat-jour, afin de concentrer les rayons visuels.

« Eh bien! demanda l'Indien au bout d'un instant, mon frère a vu?

— Rien du tout! fit résolûment le Breton; je veux que le diable me torde le cou s'il m'est possible de distinguer quoi que ce soit.

— Alors que mon frère attende quelques minutes, comme je le lui ai dit déjà, reprit l'Indien toujours impassible; au bout de ce temps il verra et il entendra.

— Hum! murmura le Breton médiocrement satisfait de cette explication; que verrai-je et qu'entendrai-je dans quelques minutes?

— Mon frère saura. »

Ivon voulut insister, mais le chef le prit par le bras, l'emmena vivement en arrière et le cacha avec lui derrière un bouquet d'arbres, où Fleur-de Liane était déjà abritée.

« Silence! » murmura le Loup-Rouge d'un ton tellement impératif que le Breton, convaincu de la gravité de la situation, remit à un moment plus opportun la suite des questions qu'il se proposait d'adresser au chef.

Quelques moments s'écoulèrent.

Le Loup-Rouge et Fleur-de-Liane, le corps penché en avant, écartant avec soin les feuilles, regardaient avidement dans la direction du fleuve, en retenant leur respiration.

Ivon, intrigué malgré lui par cette façon d'agir, imitait tous leurs mouvements.

Bientôt un bruit frappa ses oreilles, mais si faible, si léger, que dans le premier moment il crut s'être trompé; cependant le bruit augmenta peu à peu, ressemblant au son de deux rames frappant l'eau avec précaution; puis un point noir, d'abord presque imperceptible, mais qui grandit peu à peu, parut sur le fleuve.

Il ne resta plus de doute au Breton, ce point noir était une pirogue.

Arrivée à une certaine distance, le bruit cessa tout à coup de se faire entendre, et la pirogue demeura immobile, à peu près à égale distance des deux rives.

En ce moment le cri de la pie s'éleva dans le silence, répété à trois reprises différentes, avec une perfection telle que le Breton leva instinctivement la tête vers les branches supérieures de l'arbre derrière lequel il s'abritait.

A ce signal, la barque recommença à s'avancer vers le cap, où elle aborda au bout de quelques instants.

Mais avant de descendre à terre, la personne qui la montait leva deux fois sa pagaie en l'air.

Le cri de la pie s'éleva de nouveau, modulé trois fois.

Alors la personne placée dans la pirogue, parfaitement renseignée, à ce qu'il paraît, sauta sur le sable, tira l'embarcation à demi hors de l'eau et marcha résolûment dans la direction du bouquet d'arbres qui servait d'observatoire aux compagnons d'Ivon et à lui-même.

Ceux-ci jugeant inutile d'attendre plus longtemps, quittèrent leur abri et s'avancèrent au devant du nouveau venu après avoir recommandé au Breton de ne pas se montrer sans leur autorisation.

Celui-ci n'avait garde de le faire; seulement, avec cette prudence qui le distinguait, il arma ses pistolets, en prit un de chaque main, et, rassuré par cette précaution, il attendit plus tranquille ce qui allait arriver.

Le nouvel acteur qui venait d'entrer si à l'improviste en scène, et que le lecteur a déjà reconnu sans doute, était mistress Margaret, celle que les Indiens nommaient la Louve-Menteuse des prairies; elle avait quitté depuis une heure à peine le major Melvil, avec lequel elle avait eu dans le fort Mackensie la longue conversation à laquelle nous avons assisté.

Bien qu'elle ne s'attendît pas à rencontrer Fleur-de-Liane en cet endroit, elle ne parut cependant nullement étonnée de la voir, et lui fit de la tête un signe amical, auquel la jeune fille répondit par un sourire.

« Quoi de nouveau ? demanda-t-elle en se tournant vers l'Indien.

— Beaucoup de choses, répondit celui-ci.

— Parle. »

Le Loup-Rouge raconta alors tout ce qui s'était passé pendant la chasse, de quelle façon il l'avait appris et comment Ivon s'était échappé pour chercher des sauveurs pour son maître.

Margaret écouta ce long récit sans laisser paraître aucune trace d'émotion sur son visage impassible, étoilé de rides et flétri par la misère. Lorsque le Loup-Rouge eut fini de parler, elle réfléchit quelques minutes, puis relevant la tête :

« Où est ce visage pâle ? dit-elle.

— Ici, répondit l'Indien en désignant le bouquet d'arbres.

— Qu'il vienne. »

Le chef se mit en devoir d'obéir; mais le Breton avait entendu ce dernier mot prononcé en anglais, et jugeant que c'était à lui qu'il s'adressait, il sortit de sa cachette, après avoir repassé ses pistolets à sa ceinture, et rejoignit le groupe.

En ce moment les premières lueurs du jour commençaient à paraître, l'obscurité se dissipait rapidement, et une ligne rougeâtre qui se dessinait à l'extrême limite de l'horizon indiquait que le soleil ne tarderait pas à se lever.

La Louve fixa sur le Breton son œil fauve avec une fixité qui semblait vouloir sonder les replis les plus secrets de son cœur.

Ivon n'avait rien à se reprocher, au contraire ; aussi il supporta bravement ce regard.

La Louve, satisfaite sans doute de l'examen muet qu'elle avait fait subir au Breton, adoucit alors l'expression dure de son visage, et d'une voix qu'elle tâcha de rendre conciliatrice, elle lui adressa enfin la parole.

« Écoute bien, lui dit-elle.

— J'écoute.

— Tu es dévoué à ton maître?

— Jusqu'à la mort, répondit fermement le Breton.

— Bien. Ainsi je puis compter sur toi?

— Oui.

— Tu comprends, n'est-ce pas, que nous ne sommes pas assez forts, à nous quatre, pour sauver ton maître?

— Cela me paraît difficile, en effet.

— Nous aussi nous voulons nous venger de Natah-Otann.

— Fort bien.

— Depuis longtemps, nos mesures sont prises pour atteindre ce but à un moment donné ; ce moment est arrivé, mais nous avons des auxiliaires qu'il faut prévenir.

— C'est juste. »

Elle ôta une bague de son doigt.

« Prends cet anneau ; tu sais te servir d'une pagaie, je suppose ?

— Je suis Breton, c'est-à-dire marin.

— Monte donc dans la pirogue qui est là, et, sans perdre un instant, descends le fleuve jusqu'à ce que tu arrives à un fort.

— Hum ! Est-ce bien loin ?

— Tu l'atteindras dans moins d'une heure, si tu fais diligence.

— Soyez tranquille.

— Dès que tu seras au fort, tu demanderas à parler au major Melvil, tu lui présenteras cette bague et tu lui raconteras les événements dont tu as été témoin.

— Est-ce tout ?

— Non, le major te donnera un détachement de soldats avec lesquels tu viendras nous rejoindre au défrichement de John Bright ; pourras-tu le retrouver ?

— Je pense que oui, d'autant plus qu'il est, je crois, sur la rive du fleuve.

— Et que tu dois passer devant pour aller au fort.

— Et la pirogue, qu'en ferai-je?

— Tu l'abandonneras.

— Quand dois-je partir ?

— A l'instant ; le soleil est levé déjà depuis plus d'une demi-heure, il faut se hâter.

— Et vous, qu'allez-vous faire?

— Nous allons, je te l'ai dit, au défrichement du Squatter, où nous t'attendrons. »

Le Breton réfléchit une minute.

« Écoutez à votre tour, dit-il, je n'ai pas l'habitude de discuter les ordres qu'on me donne lorsque je les crois justes ; je ne suppose pas que vous ayez eu l'intention, dans une circonstance aussi grave, de vouloir vous moquer d'un pauvre diable que la douleur rend à moitié fou et qui sacrifierait avec joie sa vie pour sauver celle de son maître.

— Tu as raison.

— Je vais donc vous obéir.

— Tu devrais l'avoir déjà fait.

— C'est possible, mais j'ai un dernier mot à dire.

— J'écoute.

— Si vous me trompez, si vous ne m'aidez pas

réellement, ainsi que vous vous y engagez, à sauver mon maître, je suis poltron, c'est connu, mais, foi d'Ivon Kergollec, qui est mon nom, je vous brûlerai la cervelle; quand même vous seriez cachée dans les entrailles de la terre, j'irais vous chercher pour accomplir mon serment. Vous m'entendez, n'est-ce pas?
— Parfaitement; maintenant, as-tu fini?
— Oui.
— Alors, pars.
— C'est ce que je fais, adieu!
— Au revoir! »

Le Breton s'inclina une dernière fois, s'avança vers la barque, la remit à l'eau, sauta dedans, prit la pagaie et s'éloigna d'un train qui faisait supposer qu'il ne tarderait pas à arriver à sa destination.

Ses ex-compagnons le suivirent des yeux jusqu'à ce qu'il eut disparu à un coude du fleuve.

« Et nous, dit Fleur-de-Liane, qu'allons-nous faire?
— Aller au défrichement, afin de nous concerter avec John Bright. »

Margaret monta sur le cheval d'Ivon, Fleur-de-Liane et le Loup-Rouge reprirent chacun le leur, et tous trois s'éloignèrent au galop.

Par une heureuse coïncidence, ce jour était celui choisi par le squatter pour donner du repos à sa famille.

Il était, ainsi que nous l'avons dit, sorti, accompagné de son fils Williams, afin d'aller faire une tournée dans ses propriétés.

Après une course assez longue, pendant laquelle, à la vue des belles et riches terres qu'il possédait, des magnifiques essences qui poussaient dans ses bois, le squatter s'était extasié à plusieurs reprises avec cette expression de jubilation que seuls connaissent les propriétaires, de fraîche date surtout, les promeneurs se préparaient à reprendre le chemin de leur forteresse, lorsque tout à coup Williams lui aperçevoir à son père trois cavaliers qui se dirigeaient vers eux à toute bride.

« Hum! fit John Bright, des Indiens; mauvaise rencontre; dissimulons-nous derrière ce taillis et tâchons de savoir ce qu'ils nous veulent.
— Arrêtez, père, répondit le jeune homme, je crois que cette précaution est inutile.
— Pourquoi cela, garçon?
— Parce que, dans ces cavaliers, il y a deux femmes.
— Ce n'est pas une raison, cela, fit le squatter qui, depuis l'assaut des Peaux-Rouges, était devenu excessivement prudent, vous savez que, dans ces maudites tribus, les femmes se battent aussi bien que les hommes.
— C'est vrai; mais tenez, les voilà qui déploient une robe de bison en signe de paix. »

En effet, un des cavaliers faisait flotter au vent une robe de bison.

« Vous avez raison, garçon, reprit le squatter au bout d'un instant; attendons-les, d'autant plus que, si je ne me trompe, je crois reconnaître parmi eux une ancienne connaissance.

— La femme qui nous a sauvés, n'est-ce pas?
— Juste; pardieu! la rencontre est bizarre. Pauvre femme, je suis heureux de la revoir. »

Dix minutes plus tard, les cavaliers les avaient rejoints.

Après les premières salutations, la Louve prit la parole :
« Me reconnaissez-vous, John Bright? lui dit-elle.
— Certes, oui, je vous reconnais, ma digne femme, répondit-il avec effusion; bien que je ne vous aie vue que peu d'instants et dans une terrible circonstance, votre souvenir n'est pas sorti de ma mémoire ni de mon cœur; soyez tranquille, je n'ai qu'un désir, c'est que vous me procuriez l'occasion de vous le prouver. »

Un éclair de joie passa dans l'œil de la Louve.
« Parlez-vous sérieusement? lui dit-elle.
— Mettez-moi à l'épreuve, répondit-il vivement.
— Bien; je ne m'étais pas trompée sur vous; je suis heureuse de ce que j'ai fait, je vois que le service que je vous ai rendu n'est pas tombé dans un terrain ingrat.
— Parlez.
— Pas ici; ce que j'ai à vous dire est trop long et trop sérieux pour que nous puissions nous entretenir convenablement en cet endroit.
— Voulez-vous venir chez moi, là nous ne craindrons pas d'être dérangés.
— Si vous y consentez.
— Comment, si j'y consens, ma digne femme, mais la maison, tout ce qu'elle contient et les maîtres par-dessus le marché, tout est à vous, vous le savez bien. »

Margaret sourit tristement.
« Merci, » dit-elle en lui tendant la main.
John Bright la serra joyeusement.
« Allons, dit-il, puisque nous n'avons plus rien à faire ici, partons.
— Partons, » répondit Margaret.

Ils reprirent le chemin de l'habitation.

Le retour fut silencieux; chacun, absorbé par ses pensées, marchait sans songer à adresser la parole à ses compagnons.

Ils n'étaient plus qu'à une faible distance de l'habitation, lorsque tout à coup ils virent déboucher d'un bois épais, qui s'étendait sur la droite, une vingtaine au moins de cavaliers revêtus, autant qu'on pouvait le distinguer d'aussi loin, du costume de coureurs des bois.

« Qu'est-ce là! s'écria John Bright avec étonnement, en tirant la bride et arrêtant son cheval.
— Eh! fit la Louve, sans répondre au squatter, le Français a fait diligence.
— Que voulez-vous dire?
— Je vous expliquerai tout cela plus tard; quant à présent, bornez-vous à donner l'hospitalité à ces braves gens et à les bien recevoir.
— Hum! fit John Bright avec défiance, je ne demande pas mieux, mais encore faut-il que je sache qui ils sont et ce qu'ils me veulent.
— Ce sont des Américains comme vous, John Bright, c'est moi qui ai demandé au commandant

du fort, où ils sont en garnison, de les envoyer ici au plus vite.

— De quel fort et de quelle garnison parlez-vous, ma bonne femme? sur mon âme, je ne sais ce que vous voulez-dire.

— Comment, depuis que vous êtes ici, vous ne connaissez pas vos voisins?

— J'ai donc des voisins? fit-il d'un ton de mauvaise humeur.

— A dix kilomètres au plus, se trouve le fort Mackensie, commandé par un brave officier, nommé le major Melvil. »

A cette explication, le visage du squatter se dérida; ce n'était pas un concurrent, mais un défenseur qu'il avait pour voisin; donc, tout était pour le mieux.

« Oh! oh! j'irai lui présenter mes respects, dit-il; c'est une connaissance à ne pas négliger dans le désert, que celle du commandant d'un fort. »

Le major Melvil avait expédié immédiatement le détachement demandé par sa sœur; mais réfléchissant que des soldats ne pourraient aussi bien que des chasseurs exécuter le coup de main qu'on méditait, il avait envoyé une vingtaine de coureurs des bois et d'engagés résolus et aguerris, sous les ordres d'un officier de confiance qui, depuis longtemps, était au service de la société des Pelleteries, connaissait à fond le désert et était au courant des ruses des astucieux ennemis qu'il aurait à combattre.

Au pied de la colline, les deux troupes se rejoignirent. John Bright, bien qu'il ignorât encore dans quel but on lui envoyait ce détachement, reçut avec affabilité les renforts qui lui arrivaient.

Ivon rayonnait; le digne Breton, maintenant qu'il pouvait disposer d'un si grand nombre de bons rifles, se croyait certain de sauver son maître; tous ses soupçons avaient disparu; il se confondait en remercîments et en excuses auprès de la Louve des prairies et de ses deux amis indiens.

Aussitôt que chacun fut casé dans l'habitation, que les chasseurs se furent installés convenablement, John Bright revint près de ses hôtes, et après leur avoir offert des rafraîchissements:

« Maintenant, dit-il, j'attends votre explication. »

Comme nous verrons bientôt se développer le plan qui fut arrêté dans cette réunion, nous croyons inutile de le détailler ici.

XXIV

LE CAMP DES PIEDS-NOIRS.

Deux jours se sont écoulés depuis les événements que nous avons rapportés dans notre précédent chapitre.

C'est le soir au village des Kenhàs.

Le tumulte est grand; tout se prépare pour une expédition.

La nuit est claire, étoilée.

De grands feux, allumés devant chaque calli, répandent d'immenses lueurs rougeâtres qui éclairent tout le village.

Il y a quelque chose d'étrange et de saisissant dans l'aspect que présente le village, où grouille et foisonne une population empressée aux reflets fantastiques des flammes des brasiers.

Le comte de Beaulieu et Balle-Franche, libres en apparence, causent entre eux à voix basse, assis sur le sol nu, le dos appuyé au mur d'un calli.

Depuis longtemps déjà est écoulé le terme fixé par le comte pour rester prisonnier sur parole; cependant les chefs indiens se sont contentés de lui enlever ses armes, ainsi qu'au chasseur, sans paraître autrement s'inquiéter d'eux.

Sur la grande place du village, deux immenses feux sont allumés. Autour du premier, placé devant la loge du conseil, sont assis le Bison-Blanc, Natah-Otann, le Loup-Rouge et trois ou quatre autres principaux chefs de la tribu.

Autour du second, une vingtaine de guerriers fument silencieusement leur calumet.

Tel était l'aspect que présentait le village des Kenhàs le jour où nous reprenons notre récit, à neuf heures du soir environ.

« Pourquoi laisser ainsi les visages pâles errer dans le village? » demanda le Loup-Rouge.

Natah-Otann sourit.

« Les blancs ont-ils les pieds de la gazelle et les yeux de l'aigle pour retrouver leur piste perdue dans le désert?

— Mon père a raison, s'il parle de l'Œil-de-Verre, reprit le Loup-Rouge avec insistance; mais Balle-Franche a le cœur des Peaux-Rouges.

— Oui, s'il était seul, il chercherait à s'échapper, mais il n'abandonnera pas son ami.

— Celui-ci peut le suivre.

— L'Œil-de-Verre a le cœur brave, mais ses pieds sont faibles; il ne sait pas marcher dans le désert. »

Le Loup-Rouge baissa la tête d'un air convaincu et ne répliqua pas.

« L'heure est arrivée de se mettre en marche; les nations alliées se dirigent vers le rendez-vous, dit le Bison-Blanc d'une voix sombre; il est neuf heures, la chouette a chanté deux fois et la lune se lève.

— Bon! fit Natah-Otann; on va fumer les chevaux, afin de se mettre en marche aussitôt après. »

Le Loup-Rouge donna un strident coup de sifflet.

A ce signal, une vingtaine de cavaliers firent irruption au galop sur la place et se dirigèrent en caracolant vers le feu dont nous avons parlé, autour duquel une vingtaine de guerriers, nus jusqu'à la ceinture, fumaient accroupis silencieusement.

Ces hommes étaient des guerriers de la tribu qui,

soit par accident, soit par suite de combats ou de maladies, se trouvaient démontés ; les cavaliers qui en ce moment caracolaient autour d'eux étaient leurs amis, et venaient leur faire cadeau à chacun d'un cheval avant le départ de l'expédition.

Cependant, tout en faisant tourner leurs chevaux, les cavaliers arrivèrent bientôt assez près des fumeurs, qui ne semblaient pas les apercevoir; chaque cavalier choisit l'homme auquel il voulait donner son cheval, et une grêle de coups de fouet commença à tomber sur les épaules nues des guerriers impassibles.

A chaque coup qu'ils portaient, les guerriers criaient en appelant chacun leur ami par son nom.

« Un tel! tu es un mendiant et un misérable! Tu désires mon cheval, je te le donne; mais tu porteras sur tes épaules les traces sanglantes de mon fouet! »

Ce manège dura un quart d'heure environ, pendant lequel les patients, bien que le sang ruisselât sur leur corps, ne jetèrent pas un cri, ne poussèrent pas une plainte, et demeurèrent au contraire calmes et immobiles, comme ils eussent été métamorphosés en statues de bronze.

Enfin le Loup-Rouge donna un second coup de sifflet; les cavaliers disparurent alors aussi vite qu'ils étaient venus.

Les patients se levèrent comme si rien ne leur était arrivé, puis ils allèrent, le visage rayonnant et d'un pas ferme, prendre possession chacun d'un magnifique coursier tout harnaché, tenu en bride par leurs ex-bourreaux, redevenus leurs amis.

Voilà ce que les Pieds-Noirs nomment *fumer les chevaux*.

Lorsque le tumulte occasionné par cet épisode semi-sérieux, semi-burlesque, fut apaisé, un *hachesto* ou crieur public monta sur le rebord de la hutte du conseil.

Toute la population du village se rangea silencieuse sur la place.

« L'heure a sonné! l'heure a sonné! l'heure a sonné! cria le hachesto. Guerriers, à vos lances et à vos fusils! les chevaux piétinent d'impatience, vos chefs vous attendent, et vos ennemis sont endormis! Aux armes! aux armes! aux armes!

— Aux armes! » s'écrièrent tous les guerriers d'une seule voix.

Natah-Otann, suivi de guerriers montés comme lui sur des coursiers fringants, parut alors sur la place et poussa avec un accent terrible le redoutable cri de guerre des Pieds-Noirs.

A ce cri, chacun se précipita sur ses armes, se mit en selle et vint se ranger autour des chefs, qui, au bout de dix minutes à peine, se trouvèrent à la tête de cinq cents guerriers d'élite parfaitement armés et équipés.

Natah-Otann jeta un regard de triomphe autour de lui ; ses yeux tombèrent par hasard sur les deux prisonniers, qui étaient demeurés tranquillement assis, causant entre eux et indifférents en apparence à tout ce qui se passait.

A cette vue, les épais sourcils du chef se froncèrent; il se pencha vers le Bison-Blanc, qui se tenait auprès de lui, et murmura quelques mots à son oreille.

Le vieillard fit un geste d'assentiment et se dirigea vers les prisonniers, tandis que Natah-Otann, prenant la tête du détachement de guerre, donnait l'ordre du départ et s'éloignait en ne laissant sur la place qu'une dizaine de cavaliers destinés, si besoin était, à prêter main forte au Bison-Blanc.

« Messieurs, dit-il d'un ton bref, mais avec un geste courtois, veuillez monter à cheval et me suivre, s'il vous plaît.

— Est-ce un ordre que vous me donnez, monsieur? répondit le comte avec hauteur.

— Pourquoi cette question?

— Parce que j'ai l'habitude de n'obéir à personne.

— Monsieur, répondit le chef, toute résistance serait insensée et plutôt nuisible qu'utile à vos intérêts; donc, à cheval sans plus tarder.

— Le chef a raison, dit Balle-Franche en jetant un regard significatif au comte. A quoi bon nous entêter, nous ne serons pas les plus forts.

— Mais.... fit le jeune homme.

— Voilà votre cheval, interrompit vivement le chasseur. Nous obéissons au chef, » dit-il à voix haute.

Puis il ajouta tout bas :

« Êtes-vous fou, monsieur Édouard? Qui sait les chances que nous réserve le hasard pendant cette expédition maudite?

— Cependant....

— Montez, montez. »

Enfin le jeune homme, à demi convaincu, obéit au chasseur. Lorsque les prisonniers furent en selle, les cavaliers les entourèrent et les entraînèrent au galop, à la suite de la colonne qu'ils rejoignirent bientôt et dont ils prirent la tête.

Malgré la résistance du comte de Beaulieu, Natah-Otann et le Bison-Blanc n'avaient pas renoncé au plan qu'ils avaient formé de le faire passer pour Montézuma, et de le mettre à la tête des nations alliées.

Seulement ce plan s'était modifié, en ce sens que, puisque le jeune comte refusait son concours, ils le forceraient malgré lui à le leur donner. Voici de quelle façon ils comptaient agir. Ils étaient parvenus à persuader aux Indiens qui les accompagnaient à la chasse que la lutte soutenue par le comte, lutte qui les avait frappés de stupeur, à cause de l'énergique résistance de ces deux hommes qui avaient tenu si longtemps tête à cinquante guerriers, n'était qu'une ruse inventée par eux pour faire briller leur force et leur puissance aux yeux de tous.

Les Peaux-Rouges, à cause de leur ignorance, sont d'une crédulité stupide. Le grossier mensonge de Natah-Otann, qui aurait fait hausser les épaules de mépris à n'importe quel homme un peu civilisé, obtint le plus grand succès auprès de ces natures abruties, et rehaussa encore à leurs yeux la valeur personnelle du comte qu'ils virent, sans en chercher la raison, continuer en apparence à vivre en

Le Breton arma ses pistolets. (Page 114, col. 1.)

bonne intelligence avec leurs chefs et à demeurer libre dans le village.

Les choses étaient trop avancées, le jour choisi pour l'explosion du complot trop proche pour que les chefs pussent donner contre-ordre à leurs alliés, et aviser à trouver un moyen de remplacer le prophète qu'ils avaient annoncé aux grandes nations du Missouri.

Si, arrivés au rendez-vous, l'homme qu'ils attendaient ne leur était pas présenté, il était évident qu'ils se retireraient avec leurs contingents et que tout serait rompu pour ne se renouer peut-être jamais.

Donc il fallait de toute nécessité parer à cette catastrophe.

Voilà à quelle résolution s'étaient arrêtés Natah-Otann et le Bison-Blanc, résolution désespérée s'il en fut, mais que les circonstances impérieuses dans lesquelles ils se trouvaient les avaient forcés d'adopter, s'en rapportant au hasard du soin de la faire réussir.

Le comte de Beaulieu et son compagnon devaient, pendant tout le cours de l'expédition, marcher en tête des colonnes d'attaque, sans armes, il est vrai, libres en apparence, mais surveillés avec soin par dix guerriers de confiance qui ne les quitteraient point d'un pas, et leur casseraient la tête au moindre geste suspect.

Ce plan était absurde, et, avec d'autres hommes que les Indiens, l'impossibilité en aurait été reconnue en moins d'une heure; mais, par son invraisemblance même, il offrait des chances de réussite à cause de son audace et surtout de la certitude dans laquelle se croyaient les Indiens que le comte était isolé dans la prairie et n'avait point d'amis prêts à tenter de le sauver.

La fuite du Breton avait inquiété Natah-Otann pendant quelques instants; mais la rencontre faite dans le bois même où Ivon s'était réfugié en se sauvant, du corps à demi dévoré par les bêtes fauves d'un homme revêtu des habits du domestique, lui avait rendu toute sa sécurité en lui prouvant qu'il n'avait plus rien à redouter du dévouement du pauvre homme.

Trois heures avant le départ de la colonne pour le rendez-vous, le chef avait fait, sur les indications du Bison-Blanc, étrangler en secret cinq espions.

Le Loup-Rouge, dans lequel Natah-Otann et le Bison-Blanc avaient une confiance illimitée, et dont le courage ne pouvait être révoqué en doute, avait été nommé chef du détachement chargé de surveiller les prisonniers.

Les choses étaient donc aussi bien qu'il était possible qu'elles fussent.

Les deux chefs marchaient à cinquante pas en avant de leurs guerriers, en causant à voix basse entre eux et en arrêtant définitivement leurs derniers plans.

Le Bison-Blanc résuma en quelques mots la position et ses espérances.

« Notre projet est désespéré, dit-il; un hasard peut le faire échouer, un hasard le faire réussir; tout dépend du premier assaut. Si, comme je le crois, nous surprenons la garnison américaine et nous nous emparons du fort Mackensie, nous n'aurons plus besoin de ce comte qu'il nous sera facile de faire disparaître, en disant qu'il est remonté au ciel parce que nous sommes vainqueurs! sinon, ma foi, nous verrons : tout sera décidé dans quelques heures. D'ici là, courage et prudence. »

Natah-Otann ne répondit pas et jeta un regard sur Fleur-de-Liane, qui trottait insoucieuse en apparence sur le flanc de la colonne qu'elle avait demandé à suivre, permission que le chef lui avait accordée avec joie.

Les guerriers s'avançaient en une longue ligne, suivant silencieusement une de ces *sentes* aux méandres infinis, tracés depuis des siècles dans les prairies par les pieds des bêtes fauves.

De loin, aux reflets argentés de la lune, ils semblaient un immense serpent déroulant ses énormes anneaux dans la plaine.

La nuit était transparente et douce; le ciel, pailleté de millions d'étoiles, laissait ruisseler sur le paysage des flots d'une lumière mélancolique en harmonie avec la nature grandiose et primitive du désert.

Vers quatre heures du matin, Natah-Otann fit halte au sommet d'une colline boisée, dans le centre d'une clairière immense, où tout le détachement s'engloutit et disparut sans laisser de traces.

Le fort Mackensie se dressait, sombre et majestueux, à une portée de canon à peu près un peu sur la gauche.

Les Indiens avaient conduit leur marche avec tant de prudence, que la garnison américaine n'avait donné aucun signe d'inquiétude.

Natah-Otann fit tendre une tente dans laquelle il pria courtoisement ses prisonniers d'entrer.

Ceux-ci obéirent.

« A quoi bon tant de politesse? dit le comte.

— N'êtes-vous pas mon hôte? » répondit le chef avec un sourire ironique; et il se retira.

Le comte et son compagnon, demeurés seuls, se laissèrent aller sur un monceau de fourrures destinées à leur servir de lit.

« Que faire? murmura le comte avec découragement.

— Dormir, répondit insoucieusement le chasseur. Je me trompe fort, ou bientôt nous aurons du nouveau.

— Dieu vous entende!

— Amen! fit Balle-Franche en riant. Bah! nous n'en mourrons pas encore cette fois-ci.

— Je l'espère, reprit le comte pour dire quelque chose.

— Et moi j'en suis sûr. Il serait curieux, ma foi! s'écria en riant le chasseur, que, moi qui cours le désert depuis si longtemps, je sois tué par ces brutes rouges. »

Le jeune homme ne put s'empêcher d'admirer intérieurement l'aplomb naïf avec lequel le Canadien émettait une aussi incroyable opinion.

En ce moment, les prisonniers entendirent un léger bruit auprès d'eux.

« Silence! » dit Balle-Franche.

Ils prêtèrent attentivement l'oreille. Une voix harmonieuse chanta alors avec une mélodie pleine de douceur et de mélancolie la charmante chanson des Pieds-Noirs, qui commence par ces vers :

Nu biim nitcha umadea,
Tanesohtupa evarouri,

Tapitschaco tanctschtupa,
Edaiare menadii, etc., etc[1].

« Oh ! murmura le comte avec joie, je reconnais cette voix, mon ami.

— Et moi aussi, pardieu ! C'est celle de Fleur-de-Liane.

— Que veut-elle dire ?

— Pardieu ! fit Balle-Franche, c'est un avertissement qu'elle nous donne.

— Croyez-vous ?

— Fleur-de-Liane vous aime, monsieur Édouard.

— Pauvre enfant, et moi aussi je l'aime ; mais, hélas !

— Bah ! après la pluie le beau temps.

— Si je pouvais la voir.

— A quoi bon ? Elle saura bien, quand il le faudra, se rendre visible. Allez, sauvages ou civilisées, toutes les femmes sont les mêmes. Mais, attention, voilà quelqu'un. »

Ils se rejetèrent sur leurs fourrures, où ils feignirent de dormir.

Un homme avait doucement levé le rideau de la tente. A la lueur du rayon lunaire qui passa par l'ouverture, les prisonniers reconnurent le Loup-Rouge.

L'Indien regarda un instant au dehors ; puis, rassuré probablement par la tranquillité qui régnait aux environs, il laissa retomber le rideau de la tente et fit quelques pas dans l'intérieur.

« Le jaguar est fort et courageux, dit-il à voix haute, comme s'il se parlait à lui-même ; le renard est rusé ; mais l'homme dont le cœur est grand, est plus fort que le jaguar et plus rusé que le renard, lorsqu'il a entre les mains des armes pour se défendre. Qui dit que l'Œil-de-Verre et la Balle-Franche se laisseront égorger comme de timides gazelles ? »

Et, sans regarder les prisonniers, le chef laissa tomber à ses pieds deux fusils auxquels pendaient des poires à poudre, des sacs à balles et deux longs couteaux ; puis il ressortit de la tente d'un pas aussi calme et aussi tranquille que s'il avait fait la chose la plus simple du monde.

Les prisonniers se regardaient avec étonnement.

« Que pensez-vous de cela ? murmura Balle-Franche stupéfait.

— C'est un piége, répondit le comte.

— Hum ! piége ou non, les armes sont là et je m'en empare. »

Le chasseur saisit les fusils et les couteaux qu'il cacha immédiatement sous les fourrures.

A peine les armes étaient-elles en sûreté, que le rideau de la tente fut levé de nouveau.

Les prisonniers eurent à peine le temps de reprendre leur place.

L'homme qui entrait en ce moment était Natah-Otann ; il tenait à la main une branche de bois d'*ocote*, ou bois de chandelle, qui éclairait son visage soucieux et lui donnait une expression encore plus sombre et plus sinistre.

Le chef creusa le sol avec son couteau, planta sa torche en terre et s'avança vers les prisonniers qui nonchalamment appuyés sur le coude, le regardaient approcher sans faire un mouvement.

« Messieurs, dit Natah-Otann, je viens vous demander un moment d'entretien.

— Parlez, monsieur ; nous sommes vos prisonniers, et, comme tels, contraints de vous entendre sinon de vous écouter, répondit sèchement le comte en s'accommodant sur ses fourrures, tandis que Balle-Franche se levait nonchalamment et allait allumer sa pipe à la torche de bois de chandelle.

— Depuis que vous êtes mes prisonniers, messieurs, reprit le chef, vous n'avez pas eu, que je sache, à vous plaindre de la façon dont je vous ai traités.

— C'est selon ; d'abord, je n'admets pas que je sois légalement votre prisonnier.

— Oh ! monsieur le comte, dit Natah-Otann avec un sourire railleur, vous parlez de légalité à un pauvre Indien ? Vous savez bien que nous ignorons ce mot, nous autres.

— C'est juste ; continuez.

— Je viens vous trouver....

— Pourquoi ? interrompit le comte avec impatience, expliquez-vous.

— J'ai un marché à vous proposer.

— A moi ?

— Oui.

— Hum ! je vous avouerai franchement que votre manière de traiter les affaires ne me donne pas grande confiance. »

L'Indien fit un geste.

« C'est égal, reprit le comte, voyons toujours ce marché.

— Monsieur, je ne voudrais pas être obligé de vous faire garrotter de nouveau, comme vous l'avez été lorsqu'on vous a pris.

— Je vous en suis obligé.

— Mais j'ai en ce moment absolument besoin de tous mes guerriers, et je ne puis laisser personne pour vous garder, ainsi que votre compagnon.

— Ce qui veut dire ?...

— Que je vous demande votre parole de ne pas vous échapper d'ici vingt-quatre heures.

— Mais ce n'est pas un marché, cela.

— Attendez, j'y arrive.

— Bon, j'attends.

— En revanche, je m'engage, moi....

— Ah ! fit le comte d'un ton goguenard, voyons un peu à quoi vous vous engagez, vous ; ce doit être curieux.

— Je m'engage, reprit le chef toujours froid et impassible, à vous rendre votre liberté dans vingt-quatre heures.

— Et à mon compagnon ? »

L'Indien baissa affirmativement la tête.

Le comte de Beaulieu partit d'un formidable éclat de rire.

« Et si nous n'acceptons pas ? dit-il.

— Si vous n'acceptez pas ?

---

[1]. Je te confie mon cœur, au nom du maître de la vie, je suis malheureux et personne n'a pitié de moi, et pourtant le maître de la vie est grand pour moi.

— Oui.

— Mais vous accepterez, fit-il avec un sourire ironique.

— C'est possible ; mais supposez un instant le contraire.

— Au point du jour vous serez tous deux attachés au poteau et torturés jusqu'au coucher du soleil.

— Oh ! oh ! est-ce votre dernier mot ?

— Le dernier ; dans une demi-heure je viendrai chercher votre réponse. »

Et il se détourna pour sortir.

Le comte bondit comme un jaguar, et se trouva debout devant le chef, son fusil d'une main et son couteau de l'autre.

« Un moment ! cria-t-il.

— *Ooah !* fit le chef en se croisant les bras sur sa large poitrine et les regardant d'un air railleur, vos précautions étaient prises, il me semble.

— Pardieu ! fit Balle-Franche en ricanant, je crois que maintenant c'est à nous à faire nos conditions, hein ?

— Peut-être, reprit Natah-Otann froidement ; mais je n'ai pas de temps à perdre en vaines paroles, laissez-moi passer, messieurs. »

Balle-Franche se jeta vivement devant la porte la crosse à l'épaule.

« Allons donc, chef, s'écria-t-il, cela ne peut finir ainsi, vous le savez bien ; nous ne sommes pas de vieilles femmes que l'on effraye, que diable ! nous autres avant d'être attachés au poteau nous vous tuerons. »

Le chef haussa dédaigneusement les épaules.

« Vous êtes fou, répondit-il ; allons, livrez-moi passage, vieux chasseur, et ne m'obligez pas à vous y contraindre.

— Non, non, chef, reprit en riant ironiquement Balle-Franche, nous ne nous quitterons pas ainsi ; tant pis pour vous, il ne fallait pas venir vous jeter dans la gueule du loup. »

Natah-Otann fit un geste d'impatience.

« Vous le voulez, dit-il ; eh bien ! voyez. »

Portant alors à ses lèvres le sifflet de guerre fait d'un tibia humain qu'il portait suspendu à son cou, il en tira un son aigu et saccadé.

Tout à coup, avant même que les deux Européens pussent se rendre compte de ce qui se passait, les parois de la tente furent fendues, les Pieds-Noirs bondirent dans l'intérieur, le comte et Balle-Franche furent saisis et désarmés.

Le sachem, les bras toujours croisés sur la poitrine, avait assisté muet, impassible, à ce qui s'était passé.

Les Kenhàs, les yeux fixés sur le chef, le tomahawk levé, semblaient attendre de lui un dernier ordre, un dernier signe.

Il y eut un instant d'inquiétude ou plutôt d'anxiété suprême ; si brave qu'ils fussent, l'attaque dont ils étaient victimes avait été si brusque, si rapide, que malgré eux les deux blancs se sentaient intérieurement frissonner.

Pendant quelques secondes le chef jouit de son triomphe ; puis levant la main avec un geste de suprême commandement :

« Allez, dit-il, rendez leurs armes à ces guerriers, ils sont les hôtes de Natah-Otann ! »

Les Pieds-Noirs se retirèrent aussi subitement qu'ils étaient apparus, en laissant toutefois tomber à terre les fusils et les couteaux dont ils s'étaient prestement emparés.

« Eh bien, demanda le chef avec une légère ironie, me comprenez-vous, enfin ? Me croyez-vous toujours en votre pouvoir ?

— C'est bien, monsieur, répondit sèchement le comte encore tout froissé de la lutte qu'il avait soutenue, je suis contraint de reconnaître l'avantage que le hasard vous donne sur moi ; toute résistance serait inutile ; je consens à me soumettre, quant à présent, à votre volonté, mais à deux conditions.

— Elles sont acceptées d'avance, monsieur le comte, répondit en s'inclinant Natah-Otann.

— Ne vous avancez pas ainsi, monsieur, vous ne savez pas encore ce que je veux vous demander.

— J'attends que vous vous expliquiez, monsieur le comte.

— Puisqu'il le faut, je marcherai en tête de vos tribus, mais seul, sans armes et sans que vous puissiez, sous aucun prétexte, m'imposer dans la sombre tragédie que vous préparez un autre rôle que celui-là. »

Le chef fronça le sourcil.

« Et si je refuse, monsieur le comte, dit-il d'une voix sourde.

— Si vous refusez, répondit M. de Beaulieu de son air le plus tranquille et de son ton le plus calme, j'emploierai pour vous y contraindre un moyen sûr et d'une efficacité incontestable.

— C'est-à-dire, monsieur le comte ? demanda-t-il.

— C'est-à-dire, monsieur, que je me ferai sauter la cervelle devant tous vos guerriers. »

Le chef lui lança un regard de vipère.

« C'est bien, dit-il au bout d'un instant, j'accepte ; voyons maintenant l'autre condition.

— La voici : vainqueur ou vaincu, et je souhaite que la seconde hypothèse se réalise plutôt que la première....

— Merci, interrompit le chef avec un salut ironique.

— Après la bataille, quelle qu'en soit l'issue, continua le comte, vous vous mesurerez loyalement avec moi à armes égales.

— Oh ! oh ! mais c'est ce que vous autres blancs vous nommez un duel, que vous me proposez là, monsieur le comte.

— Oui ; cela vous déplaît-il ?

— A moi ? non certes, et j'accepte de grand cœur, d'autant plus que nous autres Indiens du sang, nous avons l'habitude de nous livrer très-souvent de semblables combats pour vider nos querelles personnelles.

— Ainsi vous acceptez mes conditions ?

— Je les accepte, monsieur le comte.

— Mais qui me garantira, reprit le jeune homme, la véracité de vos paroles ?

— Moi, monsieur ? dit une voix forte.

Les trois hommes se retournèrent.

Le Bison-Blanc se tenait froid et immobile sur le seuil de la tente.

A l'aspect imprévu de cet homme étrange, dont les traits respiraient en ce moment une imposante majesté, le jeune comte se sentit dominé malgré lui et s'inclina sans répondre.

« Messieurs, reprit Natah-Otann, vous êtes libres dans l'enceinte du camp.

— Merci, répondit Balle-Franche d'un ton bourru; mais je n'ai rien promis, moi.

— Vous ! fit le chef avec insouciance, partez ou restez, peu m'importe. »

Après avoir cérémonieusement salué M. de Beaulieu, les deux chefs se retirèrent.

XXV

AVANT L'ATTAQUE.

Après avoir quitté la tente, les deux chefs marchèrent quelques minutes aux côtés l'un de l'autre sans échanger une parole : tous deux semblaient plongés dans de profondes réflexions causées sans doute par les sérieux évènements qui se préparaient, événements dont l'issue déciderait du sort des tribus indiennes de cette partie du continent américain.

Tout en marchant, et sans y songer, ils avaient atteint un point élevé du monticule d'où la vue planait à une grande distance dans toutes les directions sur la prairie.

La nuit était calme et embaumée, il n'y avait plus un souffle dans l'air, pas un nuage au ciel dont le bleu profond était émaillé d'une profusion d'étoiles brillantes; un silence imposant régnait dans ce désert où cependant, en ce moment, étaient embusqués plusieurs milliers d'hommes qui n'attendaient qu'un mot ou qu'un signe pour s'entr'égorger.

Machinalement, les deux hommes s'arrêtèrent et jetèrent un regard rêveur sur le paysage grandiose qui se déroulait à leurs pieds.

A trois portées de fusil au plus, couché sur le bord du fleuve, dont les eaux semblaient aux rayons de la lune un large ruban d'argent, le fort Mackensie, sombre et silencieux, détachait en vigueur sa noire silhouette, en projetant au loin l'ombre épaisse de ses constructions massives; un léger souffle de vent courait mystérieusement sur la cime feuillue des arbres et faisait frissonner sourdement leurs branches, puis, bien loin en arrière, servant de cadre sublime à ce tableau grandiose, les crêtes chenues des hautes montagnes et des mornes dentelés fermaient l'horizon.

« Au lever du soleil, murmura Natah-Otann, répondant plutôt à ses propres pensées que dans l'intention d'adresser la parole à son compagnon, cette orgueilleuse forteresse sera en mon pouvoir! Les Peaux-Rouges commanderont enfin en maîtres là où en ce moment règnent encore leurs oppresseurs.

— Oui, répondit machinalement le Bison-Blanc, demain vous serez maître du fort; mais saurez-vous le conserver? Vaincre n'est rien, maintes fois les Blancs ont été battus par les Peaux-Rouges, et cependant ils les ont asservis, courbés sous le joug, décimés et dispersés comme les feuilles qu'emporte le vent d'automne.

— Il n'est que trop vrai, dit le chef en soupirant, il en a toujours été ainsi depuis le premier jour que les Blancs ont posé le pied sur cette malheureuse terre; quelle est donc cette mystérieuse influence qui les a constamment protégés contre nous?

— Vous-mêmes, mon enfant, répondit le Bison-Blanc en hochant tristement la tête; vous êtes vos plus grands ennemis; vous ne pouvez, hélas! imputer à d'autres qu'à vous-mêmes vos continuelles défaites, acharnés à vous entre-détruire dans de futiles querelles, à guerroyer continuellement comme les bêtes fauves de vos forêts les uns contre les autres, les Blancs ont pris soin de cimenter secrètement vos haines héréditaires dont ils ont habilement profité pour vous vaincre en détail.

— Oui, vous me l'avez dit déjà bien souvent, mon père, aussi vous le voyez, j'ai mis à profit vos conseils, tous les Indiens missouris sont unis maintenant, ils obéissent au même chef, marchent sous un seul *totem;* aussi, croyez-le, cette union sera féconde en bons résultats, nous chasserons ces loups pillards de nos frontières, nous les renverrons dans leurs villes de pierre, et désormais seul le moksens du Peau-Rouge foulera nos prairies natales, et l'écho des mornes, des rives du Missouri, ne s'éveillera qu'au rire joyeux des Peaux-Rouges et ne répétera que le vaillant cri de guerre des Pieds-Noirs.

— Nul plus que moi ne sera heureux d'un tel résultat; mon plus ardent désir est de voir libres les hommes chez lesquels j'ai reçu une aussi fraternelle hospitalité; mais, hélas! qui peut prévoir l'avenir? Ces sachems que vous êtes parvenu, à force de soins et de patience, à réunir, à rallier pour cette œuvre nationale, ces chefs s'agitent sourdement, ils craignent de vous obéir, ils jalousent le pouvoir qu'eux-mêmes vous ont donné sur eux, craignez mon fils, que tout à coup, sans motif apparent, ils ne vous abandonnent.

— Je ne leur en donnerai pas le temps, mon père; depuis plusieurs jours déjà je connais toutes leurs menées, je suis leurs projets; jusqu'à présent, la prudence m'a fermé la bouche, je ne voulais pas risquer le succès de mon entreprise, mais dès que je serai maître de cette forteresse qui est là, croyez-le, je parlerai haut, car ma voix aura acquis une autorité, mon pouvoir une force que les plus turbulents seront contraints de reconnaître, la victoire me fera grand et redoutable, j'écraserai du pied ceux qui conspirent dans l'ombre, et n'hésiteraient pas à se tourner contre moi si j'éprouvais une défaite. Allez, mon père, que tout soit prêt pour l'assaut dès que j'en donnerai le signal ; visitez les postes, surveillez les mouvements de l'ennemi, dans deux heures je pousserai mon cri de guerre. »

Le Bison-Blanc le considéra un instant avec une expression singulière, où l'amitié, la crainte et l'admiration luttaient tour à tour, et lui posant la main sur l'épaule :

« Enfant, lui dit-il avec émotion, tu es un fou, mais un fou sublime ; l'œuvre de régénération que tu médites est impossible aujourd'hui ; mais, soit que tu triomphes, soit que tu succombes, ta tentative n'aura pas été inutile ; ton passage sur la terre laissera une longue trace lumineuse, qui, un jour peut-être, servira de phare à ceux qui te succéderont pour accomplir enfin l'affranchissement de ta race. »

Après quelques secondes d'un silence plus éloquent que de vaines paroles, les deux hommes tombèrent dans les bras l'un de l'autre et restèrent liés pendant quatre à cinq minutes dans une chaleureuse étreinte : ils se séparèrent enfin, et Natah-Otann demeura seul.

Le jeune chef ne se dissimulait en aucune façon les difficultés de sa position ; il reconnaissait la justesse des observations de son père adoptif ; mais maintenant il était trop tard pour reculer, il fallait pousser en avant, coûte que coûte.

Nous avons longuement expliqué, dans un précédent chapitre, les raisons secrètes qui avaient en quelque sorte poussé Natah-Otann à presser l'exécution de ses projets, maintenant que le moment était venu de descendre enfin dans la lice, toute hésitation avait cessé, toute crainte s'était évanouie dans le cœur du jeune chef, pour faire place à une résolution froide et inébranlable, qui lui laissait toute la lucidité nécessaire pour jouer habilement et sans faiblir la partie suprême dont allait dépendre le sort de sa race.

Après que le Bison-Blanc l'eut laissé seul, Natah-Otann s'assit sur une pointe de roche, et, les coudes sur les genoux, la tête dans les mains, il fixa les yeux sur la plaine et s'oublia dans une sérieuse contemplation.

Depuis longtemps déjà il rêvait ainsi, n'ayant plus qu'une vague intuition des objets extérieurs qui l'entouraient, lorsqu'une main s'appuya doucement sur son épaule.

Le chef tressaillit comme s'il avait reçu une commotion électrique et releva vivement la tête.

« *Ochtl!* fit-il avec une émotion qu'il ne put maîtriser, Fleur-de-Liane ici, à cette heure ! »

La jeune fille sourit doucement.

« Pourquoi mon frère est-il étonné? répondit-elle de sa voix douce et harmonieuse ; le chef ne sait-il pas que Fleur-de-Liane aime à errer ainsi pendant la nuit dans la savane, lorsque la nature sommeille et que la voix du Grand-Esprit se fait plus facilement entendre ; nous autres jeunes femmes, nous aimons à rêver la nuit à la lueur mélancolique qui pleut doucement des étoiles et semble parfois, dans le brouillard, donner un corps à nos pensées ? »

Le chef soupira sans répondre.

« Vous souffrez? lui demanda doucement Fleur-de-Liane, vous, le premier sachem de notre nation, le guerrier le plus renommé de nos tribus, quelle raison est assez forte pour vous arracher un soupir ? »

Le chef saisit la main mignonne que lui abandonna la jeune fille, et la pressa tendrement entre les siennes.

« Fleur-de-Liane, lui dit-il enfin, ignorez-vous donc pourquoi je souffre quand je suis auprès de vous ?.

— Comment le saurais-je, Natah-Otann? Bien que mes frères me nomment *la vierge des belles amours*, que l'on me suppose en relation avec les génies de l'air et des eaux, hélas! je ne suis qu'une jeune fille ignorante ; je voudrais connaître la cause de votre chagrin, peut-être alors parviendrais-je à vous guérir.

— Non, répondit le chef en secouant la tête, cela n'est pas en votre pouvoir, enfant ; pour cela, il faudrait que les battements de votre cœur répondissent à ceux du mien, que ce petit oiseau qui chante si mélodieusement dans le cœur des jeunes filles et leur murmure tant de douces paroles à l'oreille, se fût approché de vous. »

La jeune fille sourit en rougissant, elle baissa les yeux, et faisant un effort pour dégager sa main que Natah-Otann conservait toujours dans les siennes :

« Ce petit oiseau dont parle mon frère, je l'ai vu, son chant s'est déjà fait entendre près de moi. »

Le chef se releva brusquement, et fixant un regard étincelant sur la jeune fille :

« Eh quoi! s'écria-t-il avec agitation, vous aimez! Un des jeunes guerriers de notre nation a su toucher votre cœur et vous inspirer de l'amour ? »

Fleur-de-Liane secoua sa charmante tête d'un air mutin, pendant qu'un frais sourire entr'ouvrait ses lèvres de corail.

« Je ne sais si ce que j'éprouve est ce que vous nommez de l'amour, » dit-elle.

Natah-Otann avait, par un pénible effort, renfermé en lui l'émotion qui faisait trembler ses membres.

« Pourquoi n'en serait-il pas ainsi? reprit-il d'un air pensif, les lois de la nature sont immuables, nul ne peut s'y soustraire, l'heure de cette enfant devait sonner ; de quel droit trouverais-je mauvais ce qui arrive ? n'ai-je pas dans le cœur un sentiment sacré qui le remplit et devant lequel tout autre doit s'éteindre ?... Un homme dans la position où je me trouve plane trop au-dessus des passions vulgaires, le but qu'il se propose est trop grand pour qu'il lui soit permis de se laisser dominer par l'amour énervant d'une femme, celui qui prétend devenir le sauveur et le régénérateur d'un peuple n'appartient plus à l'humanité, soyons digne de la tâche que nous nous sommes proposée, oublions, s'il est possible, la passion insensée et sans espoir qui nous dévore ; cette jeune fille ne peut jamais être à moi, tout nous sépare, je serai pour elle ce que je n'aurais jamais dû cesser d'être, un père ! »

Il laissa tomber avec accablement sa tête sur sa poitrine et demeura quelques instants absorbé dans de sombres méditations.

Fleur-de-Liane le considérait avec une expression de tendre pitié, elle n'avait qu'imparfaitement entendu ce qu'avait murmuré le chef, et n'avait rien compris à ses paroles, mais elle éprouvait pour lui une profonde amitié, elle souffrait de le voir souffrir, cherchant vainement quelle consolation elle pourrait lui adresser ; elle attendait avec inquiétude qu'il se rappelât sa présence et lui adressât la parole.

Enfin il releva la tête.

« Ma sœur ne m'a pas nommé celui de nos jeunes guerriers qu'elle préfère aux autres.

— Le sachem ne l'a-t-il pas deviné ? répondit-elle timidement.

— Natah-Otann est un chef ; s'il est le père de ses guerriers, il n'espionne ni leurs actes, ni leurs pensées.

— Celui dont je parle à mon frère n'est pas un guerrier kenhà, reprit-elle.

— Ah ! fit-il avec étonnement en lui jetant un regard scrutateur ; serait-ce un des visages pâles qui sont les hôtes de Natah-Otann ?

— Mon frère veut dire ses prisonniers, murmura-t-elle.

— Que signifient ces paroles, jeune fille ? est-ce à vous, enfant née d'hier, à chercher à expliquer mes actions. Ah ! ajouta-t-il en fronçant le sourcil, je comprends maintenant pourquoi les chefs à face pâle avaient des armes, lorsque je les ai visités il y une heure, il est inutile que ma fille me dise le nom de celui qu'elle aime, je le sais à présent. »

La jeune fille courba la tête en rougissant.

« Acht'sett ! — c'est bien — reprit-il d'une voix rude ; ma sœur est libre de placer ses affections comme il lui plaît, seulement son amour ne devrait pas la porter à trahir les siens pour les faces pâles. Elle est une fille des Kenhàs. Est-ce pour me donner cette nouvelle que Fleur-de-Liane m'est venue trouver ici ?

— Non, répondit-elle craintivement, c'est une autre personne qui m'a ordonné de me rendre près de vous, où elle doit se rendre elle-même bientôt, ayant, dit-elle, à me révéler devant le sachem un important secret.

— Un important secret ? reprit Natah-Otann ; que voulez-vous dire, de quelle femme parle ma sœur ?

— Je parle de celle qu'on nomme la Louve des prairies ; elle a toujours été pour moi douce, bonne et affectueuse, malgré la haine qu'elle porte aux Indiens.

— C'est étrange ! murmura le chef ; ainsi vous l'attendez ?

— Je l'attends.

— Ainsi c'est cette femme qui t'a donné rendez-vous ici ?

— C'est elle.

— Mais cette femme est folle ! s'écria le chef, ne le sais-tu pas, pauvre enfant ?

— Ceux que le Grand-Esprit veut protéger, il leur enlève la raison, afin qu'ils ne sentent pas la douleur, » répondit-elle doucement.

Depuis quelques instants un froissement presque imperceptible se faisait dans le feuillage ; ce bruit, si faible qu'il fût, l'oreille exercée du chef l'aurait saisi, s'il n'avait pas été entièrement absorbé par son entretien avec la jeune fille.

Tout à coup les branches s'écartèrent violemment ; plusieurs individus, conduits par la Louve des prairies, s'élancèrent sur le chef, et, avant qu'il fût remis de la surprise que lui causait cette brusque attaque, il était renversé sur le sol et solidement garrotté.

« La folle ! s'écria-t-il.

— Oui ! oui ! la folle ! répéta-t-elle d'une voix saccadée ; je tiens enfin ma vengeance ! Je la tiens ! merci, ajouta-t-elle en s'adressant aux deux ou trois hommes qui l'accompagnaient ; maintenant je me charge de le garder ; il n'échappera pas, allez ! »

Ces hommes se retirèrent sans répondre, bien qu'ils portassent le costume des Indiens, une peau de panthère adaptée à leur visage les rendait méconnaissables et les masquait complètement.

Sur la pointe de la colline, il ne restait plus que trois personnes : Fleur-de-Liane, Margaret et Natah-Otann, qui se tordait pour briser ses liens en poussant des cris sourds et inarticulés.

La Louve couvait des yeux son ennemi renversé à ses pieds avec une expression de joie impossible à rendre.

Fleur-de-Liane, immobile auprès du chef, le regardait d'un œil triste et pensif.

« Oui, disait la Louve avec une expression de haine satisfaite, rugis, panthère, mords ces liens que tu ne peux rompre ; je te tiens, enfin ; à mon tour de te torturer, de te rendre les souffrances dont tu m'as abreuvée. Oh ! je ne serai jamais suffisamment vengée de toi, assassin de toute ma famille Dieu est juste ! dent pour dent, œil pour œil, misérable ! »

Elle ramassa alors un poignard tombé à terre auprès d'elle, et commença à le piquer par tout le corps.

« Réponds, voyons, ne sens-tu pas le froid de l'acier pénétrer dans tes chairs, reprit-elle ? Oh ! je voudrais te tuer mille fois s'il était possible de te donner mille fois la mort ! »

Le chef laissa errer sur ses lèvres un sourire de dédain ; la Louve, exaspérée, leva son poignard pour le frapper ; Fleur-de-Liane lui retint le bras.

Margaret se retourna avec un mouvement de tigre ; mais, reconnaissant la jeune fille, elle laissa échapper l'arme de sa main tremblante, et son visage prit une expression de douceur et de tendresse infinie.

« Toi ! toi ici ! s'écria-t-elle ; pauvre enfant, tu n'as pas oublié le rendez-vous que je t'avais donné ; c'est Dieu qui t'envoie !

— Oui, reprit la jeune fille, le Grand-Esprit voit tout ; ma mère est bonne, Fleur-de-Liane l'aime, pourquoi martyriser ainsi l'homme qui a servi de père à l'enfant abandonnée et sans famille ; le chef a toujours été bon pour Fleur-de-Liane, ma mère lui pardonnera. »

Margaret regarda la douce enfant avec une expression de stupeur folle ; puis tout à coup ses traits se décomposèrent et elle éclata d'un rire strident et saccadé.

« Comment ! s'écria-t-elle d'une voix vibrante, c'est toi, toi Fleur-de-Liane, qui intercèdes pour cet homme !

— Il a servi de père à Fleur-de-Liane, répondit simplement la jeune fille.

— Mais tu ne le connais donc pas ?

— Il a toujours été bon.

— Tais-toi, enfant ; ne prie pas la Louve, dit le chef d'une voix sombre ; Natah-Otann est un guerrier, il saura mourir.

— Non, il ne faut pas que le chef meure, » dit résolûment l'Indienne.

Natah-Otann ricana.

« C'est moi qui suis vengé, dit-il.

— Chien, s'écria la Louve en lui frappant le visage de son talon ; tais-toi, ou je t'arrache ta langue de vipère. »

L'Indien sourit avec mépris.

« Ma mère va me suivre, dit la jeune fille ; je détacherai le chef afin qu'il rejoigne ses guerriers qui vont combattre. »

Elle ramassa le poignard et s'agenouilla auprès du prisonnier.

A son tour la Louve l'arrêta.

« Avant de rompre ses liens, écoute-moi, enfant, dit-elle.

— Après, répondit la jeune fille ; un chef doit être auprès de ses guerriers dans le combat.

— Écoute-moi cinq minutes, reprit la Louve avec insistance ; je t'en supplie, Fleur-de-Liane, au nom de tout ce que j'ai fait pour toi ; puis, lorsque j'aurai cessé de parler, eh bien, si tu le veux encore, tu délivreras cet homme ; je te jure que je ne m'y opposerai pas. »

La jeune fille lui lança un long regard.

« Parle, dit-elle de sa voix douce et sympathique, Fleur-de-Liane écoute. »

Un soupir de soulagement s'échappa de la poitrine oppressée de la Louve.

Il y eut un instant de silence.

On n'entendait que les rugissements sourds du prisonnier.

« Tu as raison, jeune fille, dit enfin la Louve d'une voix triste, cet homme a pris soin de ton enfance, il a été bon pour toi, il t'a élevée avec soin ; tu vois que je lui rends justice, n'est-ce pas ? Mais jamais il ne t'a raconté comment tu étais tombée entre ses mains.

— Jamais ! murmura l'enfant d'une voix mélancolique.

— Eh bien, reprit la Louve, ce secret qu'il n'a pas osé te révéler, je vais te le dire, moi. Par une nuit comme celle-ci, à la tête d'une troupe de guerriers féroces, celui que tu nommes ton père a attaqué ton père véritable, s'est emparé de lui et de toute ta famille, et pendant que tes deux frères, par l'ordre de ce monstre qui est là, brûlaient tout vivants sur un brasier, ton père, attaché sur un arbre près d'eux, était écorché tout vif.

— Horreur ! s'écria la jeune fille en se levant subitement.

— Et si tu ne me crois pas, continua-t-elle d'une voix stridente, arrache de ton cou ce sachet fait de la peau de ton malheureux père, et tu trouveras dedans tout ce qui reste de lui. »

D'un mouvement fébrile la jeune fille arracha le sachet, qu'elle serra d'une main convulsive.

« Oh ! s'écria-t-elle, non, non, c'est impossible, tant d'atrocités ne peuvent être commises. »

Soudain ses larmes se séchèrent, elle regarda fixement la Louve, et avec un accent terrible :

« Vous, vous, s'écria-t-elle, comment savez-vous cela ? celui qui vous l'a dit en a menti.

— J'étais présente, dit froidement la Louve.

— Vous étiez présente, vous ? vous avez assisté à cette terrible exécution ?

— Oui, j'y ai assisté.

— Pourquoi ! s'écria-t-elle avec fureur ; répondez, pourquoi ?

— Pourquoi, répondit-elle avec un accent de majesté suprême, pourquoi ? parce que je suis ta mère, enfant ! »

A cette révélation inattendue, les traits de la jeune fille se décomposèrent, la voix lui manqua, ses yeux semblèrent prêts à sortir de leur orbite, son corps fut agité de mouvements convulsifs ; pendant un instant elle essaya d'articuler un cri, puis tout à coup elle éclata en sanglots et tomba dans les bras de Margaret en s'écriant avec un accent déchirant :

« Ma mère ! ma mère !

— Enfin ! rugit la Louve d'une voix délirante, je te retrouve et tu es bien à moi. »

Pendant quelques instants, la mère et la fille, tout à leur tendresse, oublièrent le monde entier.

Natah-Otann voulut profiter de l'occasion de saisir la chance de salut que lui offrait le hasard. Sans faire de bruit, il commença à rouler sur lui-même pour gagner la lèvre de la descente de la colline.

Soudain la jeune fille l'aperçut ; elle se redressa comme si un serpent l'avait piquée et courut à lui.

« Arrête, Natah-Otann ! » lui dit-elle.

Le chef demeura immobile à l'accent de la jeune fille ; il avait cru comprendre qu'il était perdu ; avec ce fatalisme qui fait le fond du caractère indien, il se résigna.

Pourtant il se trompait.

Fleur-de-Liane, les yeux ardents, le front pâle, promenait un regard égaré de sa mère à l'homme étendu à ses pieds, se demandant intérieurement s'il lui appartenait bien à elle, comblée des bienfaits du chef, de venger sur lui la mort de son père ; elle sentait que son bras était trop faible, son cœur trop tendre pour une telle action.

Pendant plusieurs secondes les trois acteurs de cette scène terrible demeurèrent ainsi plongés dans un sinistre silence, que troublaient seules les sourdes et mystérieuses rumeurs de la nuit.

La jeune fille appuya le canon d'un pistolet sur le front de Natah-Otann. (Page 129, col. 2.)

Natah-Otann ne redoutait pas la mort; seulement, il tremblait de laisser inachevée la tâche glorieuse qu'il s'était imposée ; il était honteux de s'être ainsi laissé tomber dans un piége grossier, tendu par une créature à moitié folle; le cou tendu en avant, les sourcils froncés, il suivait avec anxiété, sur le visage de la jeune fille, les sentiments qui, tour à tour, s'y reflétaient comme sur un miroir, afin de calculer les chances qui lui restaient encore de sauver une vie si précieuse à ceux qu'il voulait rendre libres.

Bien qu'il fût résigné à son sort, comme tous les hommes d'élite, il ne s'abandonnait pas et luttait au contraire jusqu'au dernier moment.

Fleur-de-Liane releva enfin la tête; son beau visage avait pris une expression étrange, son front rayonnait, ses yeux bleus si doux semblaient jeter des éclairs.

« Ma mère, dit-elle d'une voix mélodieusement accentuée, donnez-moi ces pistolets que vous tenez à la main.

— Qu'en veux-tu faire, enfant? demanda la Louve dominée malgré elle.

— Venger mon père ; n'est-ce pas pour cela que vous m'avez fait venir ici ? »

Sans répondre, la Louve lui remit ses armes.

La jeune fille saisit vivement les pistolets, s'approcha lentement du chef et s'agenouilla devant lui.

Natah-Otann la regarda venir calme et souriant.

Fleur-de-Liane tendit le bras et appuya le canon d'un pistolet sur le front du sachem.

Pendant quelques secondes, ils demeurèrent ainsi face à face.

« Tue-moi, enfant! » dit doucement le chef.

La jeune fille hocha tristement la tête, se releva d'un bond, puis, d'un geste rapide comme la pensée, elle lança les pistolets dans le précipice.

17

« Malheureuse ! s'écria mistress Margaret, que fais-tu ?

— Je venge mon père ! répondit-elle avec un accent de suprême majesté.

— Mais, malheureuse, c'est l'assassin de ton père !

— Je le sais, vous me l'avez dit ; cet homme, malgré ses crimes, a été bon pour moi, il a pris soin de mon enfance, il a obéi au sentiment de haine que sa race nourrit contre les visages pâles en assassinant mon père, mais il l'a remplacé auprès de moi, autant que cela lui a été possible, et il a presque changé sa nature indienne pour me protéger ; le Grand-Esprit nous jugera, lui dont l'œil est incessamment fixé sur la terre.

— Malheureuse ! malheureuse ! » s'écria la Louve en se tordant les mains avec désespoir.

La jeune fille s'était penchée sur le chef et avait tranché les liens qui le retenaient ; Natah-Otann avait bondi comme un jaguar et s'était aussitôt trouvé debout. La Louve fit un mouvement comme pour s'élancer sur lui, mais elle s'arrêta :

« Tout n'est pas dit encore ! s'écria-t-elle, oh ! oui, coûte que coûte, j'aurai ma vengeance ! »

Et elle s'élança dans le fourré, où elle disparut.

« Natah-Otann, reprit la jeune fille en se tournant vers le chef qui se tenait auprès d'elle calme et impassible comme si rien d'extraordinaire ne se fût passé, je laisse la vengeance au Grand-Esprit, une femme ne peut que pleurer, adieu ; je t'aimais comme ce père que tu m'as ravi, je ne me sens pas la force de te haïr, je tâcherai de t'oublier.

— Pauvre enfant, répondit avec émotion le sachem, je dois te paraître bien coupable, hélas ! Aujourd'hui seulement, je comprends l'atrocité de l'action dont je me suis rendu coupable, peut-être parviendrai-je à obtenir un jour ton pardon. »

Fleur-de-Liane sourit tristement.

« Ton pardon ne dépend pas de moi, dit-elle, le Wacondah seul peut t'absoudre. »

Et, après lui avoir lancé un dernier et mélancolique regard, elle s'éloigna à pas lents et s'enfonça toute pensive dans la forêt.

Natah-Otann la suivit longtemps des yeux.

« Les chrétiens auraient-ils donc raison ? murmura-t-il lorsqu'il fut seul ; les anges existeraient-ils en effet ? »

Il secoua la tête à plusieurs reprises, et après avoir attentivement regardé le ciel dont les étoiles commençaient à pâlir :

« Voici l'heure ! dit-il d'une voix sourde, serai-je vainqueur ! »

XXVI

LE LOUP-ROUGE.

Il nous faut maintenant, pour l'intelligence des faits qui vont suivre, faire quelques pas en arrière et retourner dans la tente qui servait d'habitation provisoire au comte de Beaulieu et à Balle-Franche.

Les deux blancs avaient été assez décontenancés de la façon dont l'entretien s'était terminé, cependant le comte était trop gentilhomme pour ne pas reconnaître loyalement que, dans cette circonstance, le beau rôle n'avait pas été pour lui, et que l'avantage était resté au sachem, dont malgré lui il ne pouvait s'empêcher d'admirer la hardiesse et surtout l'habileté ; quant à Balle-Franche, le digne chasseur ne voyait pas si loin ; furieux de l'échec qu'il avait subi et surtout du peu de cas que le chef semblait faire de sa personne, il roulait dans sa tête les plus épouvantables projets de vengeance tout en se mordant les poings avec rage.

Le comte se divertit pendant quelques instants à observer le manège de son compagnon, qui marchait de long en large dans la tente, grommelait à voix basse, fermait les poings, levait les yeux au ciel et frappait la crosse de son rifle à terre avec un désespoir comique ; mais bientôt le jeune homme n'y tint plus et partit d'un franc éclat de rire.

Le chasseur s'arrêta tout interdit et jeta un regard circulaire dans la tente, afin de découvrir la cause d'une gaieté aussi insolite dans un moment aussi grave.

« Que se passe-t-il donc, monsieur Édouard, dit-il enfin, pourquoi riez-vous ainsi ? »

Naturellement cette question, faite d'un air effaré, n'eut d'autre résultat que d'occasionner chez le comte un redoublement d'hilarité.

« Eh ! mon ami, dit-il, je ris des mines singulières que vous faites et des exercices excentriques auxquels vous vous livrez depuis près de vingt minutes.

— Oh ! monsieur Édouard, répondit Balle-Franche, pouvez-vous plaisanter ainsi ?

— Eh ! mon ami, vous me semblez prendre cette question bien à cœur, jamais je ne vous avais vu vous affecter autant, on croirait que vous avez perdu cette magnifique confiance qui vous faisait mépriser tous les périls.

— Non, non, monsieur Édouard, vous vous trompez, mon opinion est faite depuis longtemps, voyez-vous, il m'est prouvé que jamais ces diables rouges ne parviendront à me tuer ; seulement je suis furieux d'avoir été si complétement pris pour dupe par eux, c'est humiliant pour mon amour-propre, et je me creuse la tête pour trouver le moyen de leur jouer un bon tour.

— Faites, mon ami ; si cela était possible, je vous aiderais ; mais, quant à présent du moins, je suis contraint de demeurer neutre, j'ai les bras liés.

— Comment ! fit Balle-Franche avec étonnement, vous allez rester ici pour servir leurs diaboliques jongleries ?

— Il le faut, mon ami, n'ai-je pas donné ma parole ?

— Certes vous l'avez donnée, je ne sais trop comment ; vous auriez pu faire autrement ; mais une parole donnée à un Indien ne compte pas, monsieur Édouard : les Peaux-Rouges sont des brutes qui n'entendent rien au point d'honneur; dans un cas pareil, je vous certifie que Natah-Otann ne se croirait aucunement lié envers vous.

— C'est possible, mon ami, bien que je ne sois pas de votre avis; ce chef n'est pas un homme ordinaire, il est doué d'une haute intelligence.

— A quoi cela lui sert-il? à rien, sinon à être plus fourbe et plus traître que ses compatriotes; croyez-moi, ne faites pas tant de cérémonies avec lui, prenez congé à la française, comme ils disent dans le sud, et plantez-les là, les Peaux-Rouges seront les premiers à vous approuver.

— Mon ami, répondit sérieusement le comte, il est inutile de nous étendre davantage sur ce sujet, nous autres, gentilshommes, notre parole, une fois donnée, nous en sommes esclaves, quel que soit l'homme à qui nous l'ayons engagée, et la couleur de sa peau.

— A votre aise, monsieur Édouard, agissez comme bon vous semblera, je ne me reconnais le droit de vous donner ni des avis, ni des conseils, vous êtes meilleur juge que moi de la conduite qu'il vous plaît de suivre; ainsi, soyez tranquille, je ne vous en parlerai plus.

— Merci, mon ami.

— Tout cela est fort bon, mais maintenant qu'allons-nous faire?

— Comment? qu'allons-nous faire? qu'allez-vous faire, voulez-vous dire?

— Non, monsieur Édouard, j'ai dit justement ce que je voulais dire, vous comprenez bien que je ne vais point vous abandonner seul dans ce nid de serpents, n'est-ce pas?

— C'est ce qu'au contraire vous allez faire à l'instant, mon ami.

— Moi! fit le chasseur avec un gros rire.

— Oui, vous, mon ami, il le faut.

— Bah! pourquoi donc cela, puisque vous restez, vous.

— Voilà justement pourquoi. »

Le chasseur réfléchit un instant.

« Vous savez que je ne comprends pas du tout, reprit-il.

— C'est pourtant bien clair, dit le comte.

— Hum, c'est possible, mais pas pour moi.

— Comment, vous ne comprenez pas qu'il faut que nous nous vengions?

— Oh! ça, par exemple, je le comprends, monsieur Édouard.

— Comment voulez-vous que nous y parvenions si vous vous obstinez à rester ici.

— Puisque vous y restez, vous, dit obstinément le chasseur.

— Mais moi, mon ami, c'est bien différent, je reste parce que j'y suis tenu par ma parole, au lieu que vous, vous êtes libre d'aller et de venir, vous devez donc en profiter pour quitter le camp; aussitôt dans la prairie, rien ne vous sera plus facile que de vous mettre en rapport avec quelques-uns de nos amis, il est évident que mon brave Ivon, malgré la poltronnerie dont il se croit affligé, travaille en ce moment activement à ma délivrance; voyez-le, entendez-vous avec lui, je ne puis partir d'ici, c'est vrai, mais je ne puis non plus empêcher mes amis de me délivrer; s'ils y parviennent, ma parole sera dégagée, et rien ne s'opposera à ce que je les suive. Me comprenez-vous, maintenant?

— Oui, monsieur Édouard, mais je vous avoue que je ne puis me décider à vous laisser ainsi, seul, au milieu de ces diables rouges.

— Que cela ne vous inquiète pas, Balle-Franche, je ne cours aucun danger en demeurant avec eux, ils ont pour moi trop de respect pour que j'aie rien à redouter de leur part; d'ailleurs, Natah-Otann saurait me protéger si besoin était. Ainsi, croyez-moi, mon ami, partez au plus vite, vous me servirez mieux en vous éloignant qu'en vous obstinant à rester ici, où votre présence, en cas de danger, me serait plus nuisible qu'utile.

— Vous en savez beaucoup plus long que moi sur tout cela, monsieur le comte; puisque vous l'exigez, je vais partir, » dit le chasseur en hochant tristement la tête.

« Surtout, soyez prudent, ne vous exposez pas à vous faire tuer en quittant le camp. »

Le chasseur sourit avec dédain.

« Vous savez bien que les Peaux-Rouges ne peuvent rien sur moi, fit-il.

— C'est juste; je l'avais oublié, dit en riant le jeune homme; allons, adieu, mon ami, ne demeurez pas ici davantage, partez, et bonne chance!

— Au revoir, monsieur Édouard; est-ce que vous ne me donnerez pas une poignée de main avant que nous nous séparions, sans savoir si nous nous reverrons jamais?

— Une poignée de main! fit le comte, embrassons-nous, mon ami, ne sommes-nous pas frères?

— A la bonne heure! » s'écria joyeusement le chasseur en se jetant dans les bras que lui ouvrait M. de Beaulieu.

Les deux hommes, après s'être chaleureusement embrassés, se séparèrent enfin; le comte se laissa aller sur l'amas de fourrures qui lui servait de lit, et le chasseur, après s'être assuré que ses armes étaient en état, fit un dernier signe d'adieu au jeune homme et sortit de la tente.

Balle-Franche, le rifle sous le bras, la tête haute et le regard provocateur, traversa lentement le camp. Les Indiens ne semblaient nullement se préoccuper de la présence du chasseur parmi eux, et ils le laissèrent tranquillement s'éloigner.

Celui-ci, lorsqu'il se trouva à environ deux portées de fusil du camp, ralentit sa marche et se mit à réfléchir sur ce qu'il était le plus à propos de faire pour délivrer le comte; après quelques minutes de réflexion, son parti fut pris, et il se dirigea vers l'établissement du squatter en ce pas relevé particulier aux hommes habitués à parcourir le désert, et qui est plus rapide que le trot d'un cheval.

Lorsque Balle-Franche atteignit le défrichement, John Bright était en grande conférence avec Ivon et les partisans expédiés par le major Melvil. L'arrivée du chasseur fut saluée par un hourra de plaisir.

Les Américains étaient assez embarrassés. Mistress Margaret, quelque détaillés que fussent les renseignements qu'elle était parvenue à se procurer sur les intentions de Natah-Otann et sur les mouvements des Indiens, n'avait pu faire au major qu'un rapport fort incomplet, par la raison toute simple que les sachems du grand conseil des nations alliées tenaient leurs délibérations tellement secrètes que le Loup-Rouge, malgré toute sa finesse, n'avait pu surprendre qu'une faible partie du plan qu'ils se proposaient de suivre.

Les batteurs d'estrade, expédiés dans toutes les directions, avaient fait sur les mouvements des Pieds-Noirs des rapports effrayants ; les Indiens paraissaient, cette fois, résolus à frapper un grand coup ; toutes les nations du Missouri avaient répondu à l'appel de Natah-Otann, les tribus arrivaient les unes après les autres se joindre aux confédérés, dont le nombre qui, dans le principe, était à peine d'un millier, atteignait maintenant le chiffre effrayant de quatre mille, et menaçait de ne pas s'arrêter là.

Le fort Mackensie était enveloppé de toutes parts d'ennemis invisibles, qui avaient complétement coupé les communications avec les autres établissements de la société des pelleteries, et rendaient la position du major extrêmement critique.

Aussi les chasseurs étaient-ils fort perplexes, et de puis plusieurs heures qu'ils étaient réunis en conseil, ils n'avaient encore trouvé que des moyens insuffisants ou impraticables pour débloquer la forteresse.

Les blancs ne sont parvenus à s'imposer en Amérique qu'au moyen de la division qu'ils ont su semer parmi les peuples autochtones de ce continent ; partout où les aborigènes sont demeurés unis, les Européens ont échoué, témoin les Araucanos du Chili, dont la petite mais vaillante république a su, jusqu'à ce jour, faire respecter son indépendance ; les Seminoles de la Louisiane qui, dans ces derniers temps seulement, ont été vaincus après une guerre acharnée faite dans toutes les règles, et tant d'autres nations indiennes qu'il nous serait facile de citer, si besoin était, à l'appui de ce que nous avançons.

Cette fois, les Peaux-Rouges paraissaient avoir compris l'importance d'une union franche et énergique. Les divers chefs des nations alliées avaient, en apparence du moins, oublié toutes leurs haines et leurs jalousies de tribu à tribu, pour détruire l'ennemi commun. Aussi les Américains, malgré leur bravoure à toute épreuve, tremblaient à la seule pensée de la guerre d'extermination qu'ils allaient avoir à soutenir contre des ennemis exaspérés par de longues vexations, lorsqu'ils se comptaient et reconnaissaient combien ils étaient faibles et peu nombreux, comparés aux masses qui se préparaient à les écraser.

Le conseil, un instant interrompu à l'arrivée de Balle-Franche, fut repris aussitôt, et la discussion continua.

« By God ! s'écria John Bright avec colère en frappant du poing sur sa cuisse, je dois avouer que je n'ai pas de chance, tout tourne contre moi ; à peine suis-je installé ici, où tout me faisait présager un avenir des plus confortables, que me voilà malgré moi entraîné dans une guerre contre ces païens endiablés. Qui sait comment cela finira? il est évident pour moi que nous y laisserons tous nos chevelures. By God ! belle perspective pour un homme tranquille, qui ne songe qu'à élever honorablement sa famille par son travail.

— Ce n'est pas de cela qu'il s'agit en ce moment, dit Ivon ; il s'agit de délivrer mon maître, coûte que coûte. Comment! vous avez peur de vous battre, vous dont c'est à peu près le métier, et qui n'avez pas fait autre chose de votre vie, tandis que moi, qui suis connu pour un insigne poltron, je ne crains pas de risquer ma chevelure pour sauver mon maître.

— Vous ne me comprenez pas, master Ivon ; je ne dis pas que je redoute de combattre les Peaux-Rouges ; Dieu me garde de craindre ces païens que je méprise ! Seulement, je crois qu'il peut être permis à un honnête et laborieux cultivateur, tel que je suis, de déplorer les suites d'une guerre avec ces démons ! Je sais trop ce que ma famille et moi nous devons à votre maître, pour hésiter à voler à son secours, quoi qu'il doive en résulter. Le peu que je possède, c'est lui qui me l'a donné, je ne l'ai pas oublié, by God ! et quand je devrais être tué, je ferai mon devoir.

— A la bonne heure ! voilà qui est parlé, s'écria Ivon avec joie ; je savais bien que vous ne reculeriez pas.

— Malheureusement, objecta Balle-Franche, tout cela ne vous avance pas à grand'chose ; je ne vois guère comment nous pourrons servir nos amis ; ces démons rouges tombent sur nous plus nombreux que les sauterelles au mois de juillet : nous aurons beau en tuer beaucoup, ils finiront par nous accabler sous le nombre. »

Cette triste vérité, parfaitement comprise des assistants, les plongea dans une morne douleur. On ne discute pas une impossibilité matérielle, il faut la subir. Les Américains se sentaient sous le coup d'une catastrophe imminente, et leur désespoir s'augmentait en raison de leur impuissance. Tout à coup, le cri : Aux armes! poussé à plusieurs reprises en dehors, les fit bondir sur leurs siéges ; chacun s'empara de ses armes et se précipita au dehors.

Le cri d'appel qui avait rompu la conférence avait été jeté par William, le fils du squatter.

John Bright avait continué à occuper le sommet de la colline sur laquelle il avait campé à son arrivée dans le désert ; seulement cette colline, grâce aux travaux exécutés par les Américains, était devenue une véritable forteresse, capable non-seulement de résister à un coup de main tenté par des maraudeurs, mais même en état de tenir en échec des forces considérables.

Tous les yeux se dirigèrent vers la prairie, dont le paysage accidenté se déroulait dans un rayon de cinq ou six lieues de tous les côtés ; les chasseurs reconnurent avec une épouvante secrète que William ne s'était pas trompé ; une nombreuse troupe de guerriers indiens, revêtus de leurs grands costumes de guerre, galopait dans la campagne et s'approchait rapidement du défrichement.

« Diable ! murmura Balle-Franche entre ses dents, cela se gâte. Allons, je dois en convenir, ces païens maudits ont fait d'énormes progrès dans la tactique militaire ; si cela continue, ils nous en remontreront bientôt.

— Vous croyez ? répondit John Bright avec inquiétude.

— Pardieu ! reprit le chasseur, il est évident pour moi que nous allons être attaqués ; je connais maintenant le plan des Peaux-Rouges aussi bien que s'ils me l'avaient expliqué eux-mêmes.

— Ah ! fit curieusement Ivon.

— Jugez-en, continua le chasseur ; les Indiens veulent attaquer à la fois tous les postes occupés par les blancs, afin de les mettre dans l'impossibilité de se porter secours les uns aux autres ; c'est excessivement logique de leur part ; de cette façon ils auront bon marché de nous et nous massacreront en détail. Hum ! l'homme qui les commande est un rude adversaire pour nous. Mes garçons, il faut prendre gaiement notre parti ; nous sommes perdus, cela est aussi évident pour moi que si le couteau à scalper était déjà dans nos chevelures, il ne nous reste plus qu'à nous faire bravement tuer. »

Ces paroles, prononcées du ton tranquille et placide habituel au coureur des bois, fit courir un frisson de terreur dans les veines des assistants.

« Moi seul peut-être, ajouta insouciamment Balle-Franche, j'échapperai au sort commun.

— Bah ! fit Ivon, vous, vieux chasseur ; pourquoi donc !

— Dame ! dit-il avec un sourire railleur, parce que vous savez bien que les Indiens ne peuvent pas me tuer.

— Ah ! fit Ivon, stupéfait de cette réponse, en regardant son ami avec admiration.

— C'est comme cela, » termina Balle-Franche en posant à terre la crosse de son rifle et s'appuyant sur le canon.

Cependant, nous l'avons dit, les Peaux-Rouges avançaient rapidement ; la troupe se composait de cent cinquante cavaliers au moins, la plupart armés de fusils, ce qui prouvait que c'étaient des cavaliers d'élite ; en tête de la troupe, à dix pas en avant à peu près, galopaient deux cavaliers, des chefs probablement.

Arrivés à portée et demie des retranchements, les Indiens s'arrêtèrent, puis, après s'être pendant quelques instants concertés entre eux, un cavalier se détacha du groupe, fit caracoler son cheval, et lorsqu'il ne fut plus qu'à portée de pistolet des palissades, il déploya une robe de bison.

« Eh ! eh ! master John Bright, dit Balle-Franche d'un air narquois, comme chef de la garnison, ceci s'adresse à vous : les Peaux-Rouges demandent à parlementer.

— Aoh ! fit l'Américain, j'ai bien l'envie, pour toute réponse, d'envoyer une balle à ce rascal qui parade là-bas, et il leva son rifle.

— Gardez-vous en bien ! reprit le chasseur ; vous ne connaissez pas les Peaux-Rouges, tant que le premier coup de feu n'est pas tiré, il y a moyen de traiter avec eux.

— Dites donc, vieux chasseur, dit Ivon, si vous faisiez une chose ?

— Quoi donc, mon prudent ami ? répondit le Canadien.

— Dame ! puisque vous ne craignez pas d'être tué par les Peaux-Rouges, si vous alliez les trouver, vous, peut-être pourriez-vous arranger les choses ?

— Tiens ! mais c'est une idée cela, on ne sait pas ce qui peut arriver : j'y vais, cela vaudra peut-être mieux, après tout ; m'accompagnez-vous, Ivon ?

— Pourquoi pas ! répondit celui-ci ; avec vous je n'ai pas peur.

— Eh bien ! voilà qui est convenu ; ouvrez-nous la porte, master John Bright, surtout veillez bien pendant notre absence, et au premier mouvement suspect, faites feu sur les païens.

— Soyez tranquille, vieux chasseur, dit celui-ci en lui donnant une cordiale poignée de main ; je ne voudrais pas, pour un penny, qu'il vous arrivât malheur, car, by God ! vous êtes un homme.

— Je le crois, fit en riant le Canadien, mais ce que je vous en dis est plutôt pour ce brave garçon que pour moi, je vous assure que je suis bien rassuré sur mon compte.

— C'est égal, je surveillerai avec soin ces démons.

— Cela ne peut pas nuire. »

La porte fut ouverte, Balle-Franche et Ivon descendirent la colline et se dirigèrent vers le cavalier qui les attendait fièrement campé sur sa monture.

« Ah ! ah ! murmura Balle-Franche dès qu'il fut assez rapproché du cavalier pour le reconnaître, je crois que nos affaires ne sont pas aussi mauvaises que je le supposais d'abord.

— Pourquoi donc ? demanda Ivon.

— Pardieu ! regardez ce guerrier ; ne reconnaissez-vous pas le Loup-Rouge ?

— C'est vrai, c'est en effet lui. Eh bien ?

— Eh bien ! tout me porte à croire que le Loup-Rouge n'est pas autant notre ennemi qu'il en a l'air.

— Bah ! vous en êtes sûr ?

— Silence ! nous verrons bientôt. »

Les trois hommes se saluèrent courtoisement à la mode indienne, en appuyant la main droite sur le cœur et en avançant la main gauche ouverte, les doigts écartés et la paume en dehors.

« Mon frère est le bienvenu parmi ses amis les faces pâles, dit Balle-Franche ; vient-il s'asseoir au feu du conseil et fumer le calumet dans mon wigwam.

— Le chasseur décidera : le Loup-Rouge vient en ami, répondit l'Indien.

— Bon, dit le Canadien ; le Loup-Rouge redoutait-il donc une trahison de la part de ses amis, qu'il s'est fait suivre d'un si grand nombre de guerriers ? »

Le Pied-Noir sourit avec finesse.

« Le Loup-Rouge est un chef parmi les Kenhàs,

dit-il, sa langue n'est pas fourchue, les paroles que soufflent sa poitrine sortent de son cœur. Le chef veut servir ses amis pâles.

— Ah! reprit Balle-Franche, le chef a bien parlé, ses paroles ont agréablement résonné à mon oreille; que désire mon frère?

— S'asseoir au feu du conseil des visages pâles, afin de leur expliquer les raisons qui le conduisent ici.

— Bon! Mon frère viendra-t-il seul parmi les blancs?

— Non! une autre personne accompagnera le chef.

— Et quelle est cette personne dans laquelle un aussi grand chef que mon frère place sa confiance.

— La Louve des prairies. »

Balle-Franche réprima un mouvement de joie.

« Bon! reprit-il, mon frère peut venir avec la Louve, les visages pâles les recevront bien.

— Mon frère le chasseur annoncera la visite de ses amis.

— Oui, chef, je vais à l'instant même m'acquitter de cette commission. »

La conférence était finie; les trois hommes se séparèrent après s'être de nouveau salués.

Balle-Franche et Ivon se hâtèrent de regagner les retranchements.

« Victoire! s'écria le chasseur en arrivant, nous sommes sauvés! »

Chacun s'empressa autour de lui, avide d'apprendre les détails de la conférence; le Canadien satisfit à la curiosité générale sans perdre un instant.

« Aoh! fit John Bright, si la vieille dame est avec eux nous sommes sauvés en effet, » et il se frotta joyeusement les mains.

Après avoir si malheureusement échoué dans le guet-apens qu'elle avait tendu à Natah-Otann, loin de se décourager, mistress Margaret avait, au contraire, senti augmenter sa soif de vengeance, et sans perdre un temps inutile à regretter l'échec qu'elle avait subi, elle avait immédiatement dressé ses batteries, résolue à frapper un grand coup, arrivée enfin à ce degré de rage où l'on est complétement aveuglé par la haine et où l'on marche en avant, quelles qu'en doivent être les conséquences.

Dix minutes après avoir quitté le sachem, elle était sortie du camp en compagnie du Loup-Rouge, qui, d'après ses ordres, avait emmené les guerriers placés sous ses ordres, et ils s'étaient dirigés vers le défrichement du squatter.

A peine Balle-Franche avait-il donné à ses amis les renseignements que ceux-ci lui demandaient, que mistress Margaret et le Loup-Rouge entraient dans la forteresse, où ils étaient reçus avec la plus grande affabilité par les Américains et surtout par John Bright, joyeux de voir que son défrichement n'était pas menacé et que l'orage se détournait de lui pour aller fondre ailleurs.

Nous reviendrons maintenant au fort Mackensie, où se passaient en ce moment même des événements de la plus haute importance.

XXVII

L'ASSAUT.

Le Bison-Blanc et Natah-Otann avaient pris leurs dispositions stratégiques avec une habileté remarquable.

A peine les deux chefs eurent-ils établi leur camp dans la clairière, qu'ils se mirent en rapport avec les sachems des autres nations campés non loin d'eux, afin de combiner leurs mouvements de façon à agir avec ensemble et à attaquer les Américains de tous les côtés à la fois.

Bien que les Peaux-Rouges soient excessivement rusés, cependant les Américains étaient parvenus à les tromper complétement, grâce à l'obscurité et au silence qui régnaient dans le fort, derrière les parapets duquel on n'apercevait pas reluire la baïonnette d'une sentinelle.

Laissant leurs chevaux, qui leur devenaient inutiles, cachés dans les bois, les Indiens s'étaient étendus à plat ventre et, rampant dans les hautes herbes comme des reptiles, ils s'étaient mis en devoir de traverser l'espace qui les séparait des remparts.

Tout était encore morne et silencieux en apparence, et en réalité deux mille guerriers intrépides se glissaient sournoisement dans l'ombre, pour donner l'assaut à une forteresse derrière laquelle quarante hommes résolus n'attendaient qu'un signal pour commencer l'attaque.

Lorsque tous les ordres avaient été donnés, que les derniers guerriers, moins ceux affectés à la garde des prisonniers, avaient eu quitté la colline, Natah-Otann, dont l'œil perspicace avait découvert une certaine hésitation de mauvais augure dans l'esprit des chefs alliés, avait résolu de tenter auprès du comte une dernière démarche, afin d'obtenir son concours. Nous avons vu ce qui était résulté.

Demeuré seul, Natah-Otann donna le signal de l'attaque, les Indiens roulèrent comme un ouragan sur les flancs de la colline, et se précipitèrent vers le fort en brandissant leurs armes et en poussant leur cri de guerre.

Tout à coup une puissante détonation se fit entendre, et le fort Mackensie apparut ceint, comme un nouveau Sinaï, de fumée et d'éclairs éblouissants.

La bataille était commencée.

La plaine était envahie, aussi loin que la vue pouvait s'étendre, par de forts détachements de guerriers indiens qui tous, convergeant dans un même sens, marchaient résolûment du côté du fort en déchargeant continuellement leurs fusils contre lui; de l'endroit où la chaîne des collines touche le Missouri, on voyait arriver sans cesse de nouveaux piékann.

Ils venaient au galop, par troupes de trois jusqu'à vingt hommes à la fois; leurs chevaux étaient couverts d'écume, ce qui faisait présumer qu'ils avaient fourni une longue traite; les Pieds-Noirs étaient en grand costume, chargés de toutes sortes d'ornements et d'armes, l'arc et le carquois sur le dos, le fusil à la main, munis de leurs talismans, la tête couronnée de plumes dont quelques-unes étaient de magnifiques plumes d'aigle, noires et blanches, avec le grand plumet retombant.

Ils étaient assis sur de belles housses de peaux de panthère doublées de rouge; ils avaient la partie supérieure du corps nue, sauf une longue bande de peau de loup passée en sautoir par-dessus l'épaule; leurs boucliers étaient ornés de plumes et de drap de plusieurs couleurs.

Ces hommes, ainsi accoutrés, avaient quelque chose d'imposant et de majestueux qui saisissait l'imagination et inspirait la terreur.

Plusieurs d'entre eux franchirent sur-le-champ les hauteurs, pressant du fouet leurs chevaux fatigués, afin d'arriver promptement sur le lieu du combat, chantant et faisant entendre leurs cris de guerre.

C'était aux environs du fort et sur la colline que la lutte semblait la plus acharnée. Les Pieds-Noirs, à l'abri derrière les hautes palissades plantées pendant la nuit, répondaient au feu des Américains par un feu non moins vif, s'excitant avec de grands cris à résister courageusement à l'attaque de leurs implacables ennemis.

Du reste, la défense était aussi vigoureuse que l'attaque, et le combat ne paraissait pas devoir finir de si tôt.

Déjà de nombreux cadavres jonchaient çà et là la plaine, des chevaux échappés galopaient dans toutes les directions, et les cris de douleur des blessés se mêlaient par intervalles aux cris de défi des assaillants.

Natah-Otann, aussitôt le signal donné, s'était élancé en courant vers la tente où se tenait son prisonnier.

« Le moment est arrivé ! lui dit-il.

— Je suis prêt, répondit le comte; marchez, je me tiendrai constamment à vos côtés.

— Venez donc, alors. »

Ils sortirent et s'élancèrent ensemble en tête des combattants.

Ainsi qu'il l'avait dit, M. de Beaulieu était sans armes, relevant fièrement la tête à chaque balle qui sifflait à son oreille, et souriant à la mort qu'il appelait intérieurement peut-être; malgré son mépris pour la race blanche, l'Indien ne put s'empêcher d'admirer ce courage si franchement et si noblement stoïque.

« Vous êtes un homme, dit-il au comte.

— En avez-vous douté? » répondit simplement celui-ci.

Cependant, d'instant en instant, la lutte devenait plus acharnée.

Les Indiens s'élançaient, en rugissant comme des lions, contre les palissades du fort et se faisaient tuer sans reculer d'un pas.

Leurs corps jonchaient les fossés, qu'ils comblaient presque.

Les Américains, obligés de faire face de tous les côtés, se défendaient avec l'impassibilité méthodique et résolue d'hommes qui savent qu'ils n'ont pas de secours à attendre, et qui, sans arrière-pensée, ont fait le sacrifice de leur vie.

Dès le commencement du combat, le Bison-Blanc s'était, avec un détachement choisi, emparé de la colline qui domine le fort Mackensie, ce qui augmentait encore la position de plus en plus précaire des défenseurs de la place, qui se trouvaient ainsi exposés à découvert à un feu terrible et bien dirigé qui leur faisait, vu leur petit nombre, éprouver des pertes irréparables.

Le major Melvil, debout au pied du mât de pavillon, les bras croisés sur la poitrine, le front pâle et les lèvres serrées, voyait tomber ses hommes les uns après les autres, en frappant du pied avec rage de ne pouvoir leur venir en aide.

Tout à coup un cri d'agonie terrible partit de l'intérieur des habitations, et les femmes des soldats et des engagés de la compagnie se précipitèrent en tumulte dans la cour en fuyant à demi folles de terreur un ennemi invisible encore.

Les Indiens, guidés par le Bison-Blanc, avaient tourné la forteresse et découvert une entrée secrète que le major ne croyait connue que de lui seul, et qui en cas d'attaque sérieuse et de défense impossible devait servir à la garnison pour opérer sa retraite.

Dès ce moment les Américains se virent perdus; ce ne fut plus une bataille; mais un massacre.

Le major, suivi par quelques hommes résolus, s'élança dans les habitations.

Les Indiens escaladaient de toutes parts les palissades privées de défenseurs.

Les quelques Américains qui survivaient s'étaient groupés autour du mât de pavillon, au sommet duquel flottait le drapeau étoilé des États-Unis, et tâchaient de vendre leur vie le plus cher possible, redoutant surtout de tomber vivants entre les mains de leurs féroces ennemis.

Les Indiens répondaient aux hourras de leurs ennemis par leur terrible cri de guerre, et bondissaient comme des coyotes en brandissant au-dessus de leurs têtes leurs armes sanglantes.

« Bas les armes ! s'écria Natah-Otann en arrivant sur le lieu de l'action.

— Jamais ! » répondit le major en s'élançant sur lui à la tête des soldats qui lui restaient.

Alors la mêlée recommença plus ardente et plus implacable.

Les Indiens commencèrent à se jeter de tous les côtés, lançant des torches incendiaires sur les toits qui pétillaient et prenaient immédiatement feu.

Le major Melvil comprit que la victoire lui échappait définitivement, et il tâcha d'opérer sa retraite.

Mais ce n'était pas chose facile; escalader les palissades, il n'y fallait pas songer; la seule issue était la porte, mais devant cette porte les Pieds-Noirs, habilement massés, repoussaient à coup de lance ceux qui tentaient de profiter de l'issue qu'elle offrait.

Cependant il n'y avait pas à choisir; le major rallia ses soldats pour un suprême effort et se précipita tête baissée avec une furie incroyable sur l'ennemi, dans l'espoir de faire une trouée.

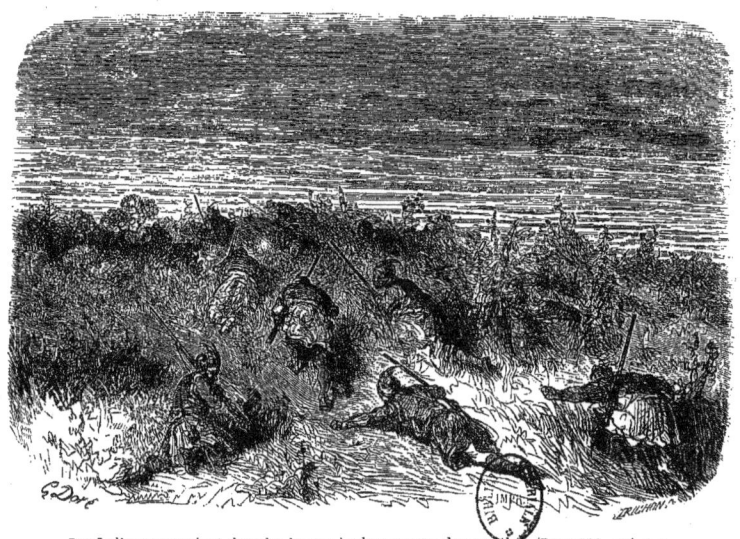
Les Indiens rampaient dans les hautes herbes comme des reptiles. (Page 134, col. 2.)

Le choc fut terrible; ce ne fut plus une bataille, mais une boucherie, pied contre pied, poitrine contre poitrine, où les hommes se saisissaient à bras le corps, s'entre-tuaient à coups de poignard ou se déchiraient avec les ongles et les dents; ceux qui tombaient ne se relevaient pas, les blessés étaient achevés aussitôt.

Cet affreux carnage dura un quart d'heure environ; les deux tiers des Américains succombèrent; le reste parvint à s'ouvrir passage et s'enfuit poursuivi de près par les Indiens, qui commencèrent alors une horrible chasse à l'homme.

Jamais, jusqu'à ce jour, les Peaux-Rouges n'avaient combattu les blancs avec autant d'acharnement et de ténacité, la présence au milieu d'eux du comte désarmé et souriant qui, bien que s'élançant au plus fort de la mêlée aux côtés de leur chef, semblait invulnérable, car les balles passaient près de lui sans l'atteindre, les électrisait, et ils croyaient bien réellement que Natah-Otann leur avait dit vrai, qu'il était bien ce Moctekuzoma qu'ils attendaient depuis si longtemps, et dont la présence allait enfin leur rendre pour toujours cette liberté que les blancs leur avaient ravie.

Aussi avaient-ils constamment les yeux fixés sur le jeune homme, le saluant de bruyants cris de joie, et redoublant d'efforts pour en finir avec leurs ennemis.

Natah-Otann se précipita vers le drapeau américain, l'enleva par la hampe, et l'agitant au-dessus de sa tête:

« Victoire! victoire! » cria-t-il avec joie!

Les Pieds-Noirs répondirent par des hurlements à ce cri et se répandirent de tous les côtés pour commencer le pillage.

Quelques hommes seulement étaient demeurés dans le fort.

Parmi eux se trouvait le major.

Le vieux soldat n'avait pas voulu survivre à sa défaite.

Les Indiens se précipitèrent vers lui avec de grands cris pour le massacrer.

Le vieillard demeura calme, il ne fit pas un geste pour se défendre.

« Arrêtez, s'écria le comte; et se tournant vers Natah-Otann: Laisserez-vous de sang-froid assassiner ce brave soldat? lui dit-il.

— Non, répondit le sachem, s'il consent à me rendre son épée.

— Jamais! s'écria le vieillard avec énergie; et par un geste sublime il brisa sur son genou son arme rougie jusqu'à la poignée, en jeta les morceaux aux pieds du chef, et, se croisant les bras, il lança un regard de souverain mépris à son vainqueur en lui disant: Tuez-moi, maintenant, je ne puis plus me défendre.

Ce ne fut plus une bataille, mais un massacre. (Page 135, col. 2.)

— Bien ! s'écria le comte, » et sans calculer la portée de son action, il s'élança vers le major et lui serra cordialement la main.

Natah-Otann considéra un instant les deux hommes avec une expression indéfinissable.

« Oh ! murmura-t-il à part lui avec douleur, nous aurons beau les battre, nous ne les vaincrons jamais ; ces hommes sont plus forts que nous, ils sont nés pour être nos maîtres. »

Puis étendant la main au-dessus de sa tête :
« Assez, dit-il d'une voix forte.

— Assez, répéta le comte, respectez les vaincus. »

Ce que n'aurait pu obtenir le sachem, malgré le respect que les Indiens avaient pour lui, le comte l'obtint instantanément ; grâce à la vénération superstitieuse qu'il leur inspirait, ils s'arrêtèrent et le carnage cessa enfin.

Les Américains furent désarmés en un clin d'œil, et les Peaux-Rouges demeurèrent maîtres du fort.

Natah-Otann prit alors son totem des mains du guerrier qui le portait, puis après l'avoir à plusieurs reprises élevé en l'air, il le planta à la place du drapeau américain aux applaudissements frénétiques de la foule, qui, enivrée de joie, n'osait encore croire à son triomphe.

Le Bison-Blanc n'avait pas perdu un instant pour s'assurer la paisible possession d'une conquête qui avait coûté tant de sang et d'efforts aux confédérés.

Lorsque les sachems eurent rétabli un peu d'ordre parmi leurs guerriers, que l'incendie qui menaçait le fort eut été éteint, enfin que toutes les précautions furent prises pour éviter un retour offensif des Américains, bien que cette hypothèse parût peu probable, Natah-Otann et le Bison-Blanc se retirèrent dans l'appartement qui précédemment servait au major ; le comte les y suivit.

« Enfin, s'écria le jeune chef avec joie, nous avons donc prouvé à ces fiers Américains qu'ils ne sont pas invincibles.

— Votre faiblesse faisait leur force, répondit le Bison-Blanc ; vous avez bien débuté, maintenant il faut continuer ; ce n'est pas tout de vaincre, il faut savoir profiter de la victoire.

— Pardonnez-moi de vous interrompre, messieurs, dit le comte, mais je crois que l'heure est venue de régler nos comptes.

— Que voulez-vous dire, monsieur ? demanda le Bison-Blanc avec hauteur.

— Je vais m'expliquer, monsieur, reprit le comte, et se tournant vers Natah-Otann : Vous me rendrez cette justice de convenir, dit-il, que j'ai tenu scrupuleusement la promesse que je vous avais faite et la parole que je vous avais donnée ; malgré la douleur et le dégoût que j'éprouvais, je n'ai pas failli une seule fois, toujours vous m'avez trouvé froid et impassible à vos côtés, est-ce vrai ? répondez, monsieur.

— C'est vrai, répondit froidement Natah-Otann.

— Bien, monsieur, à mon tour d'exiger de vous l'accomplissement des promesses que vous m'avez faites.

— Veuillez préciser, monsieur ; depuis quelques heures j'ai été acteur et témoin de faits si extraordinaires, qu'il est possible que j'aie oublié ce que vous ai promis. »

Le comte sourit avec dédain.

« Je m'attendais à une défaite, dit-il sèchement.

— Vous interprétez mal mes paroles, monsieur, je puis avoir oublié sans pour cela refuser de faire droit à vos justes réclamations.

— Soit, j'admets cela, alors je vous rappellerai les conventions stipulées entre nous.

— Vous me ferez plaisir, monsieur.

— Je me suis engagé à assister près de vous et sans armes à la bataille, à vous suivre partout et à me tenir constamment au premier rang des combattants.

— C'est vrai, monsieur, il est de mon devoir de reconnaître que vous vous êtes noblement acquitté de cette tâche périlleuse.

— Fort bien, mais je n'ai en cela fait que ce que l'honneur me commandait ; vous, de votre côté, vous deviez, quelle que fût l'issue de la bataille, me rendre la liberté et m'offrir un combat loyal, en réparation de la trahison indigne dont vous m'avez rendu victime et du rôle odieux qu'à mon insu vous m'avez contraint à jouer.

— Oh ! oh ! s'écria le Bison-Blanc en fronçant les sourcils et en frappant du poing sur la table, auriez-vous réellement fait une telle promesse, enfant ? »

Le comte se tourna vers le vieillard avec un geste de souverain mépris.

« Je crois, Dieu me pardonne, monsieur, dit-il, que vous mettez en doute l'honneur d'un gentilhomme.

— Allons donc, monsieur, répondit en ricanant le conventionnel, que venez-vous nous parler d'honneur et de gentilhomme, à nous autres, vous oubliez que nous sommes dans le désert et que vous vous adressez à des Indiens sauvages, comme vous nous appelez ; est-ce que nous reconnaissons vos sottes distinctions de caste, ici ? est-ce que nous avons adopté vos lois et vos stupides préjugés ?

— Ce que vous traitez aussi cavalièrement, monsieur, repartit vivement le comte, a été jusqu'ici la sauvegarde de la civilisation et la cause du progrès intellectuel, mais brisons là, je n'ai pas à discuter avec vous ; c'est à votre fils adoptif que je m'adresse, c'est à lui à me répondre oui ou non, je saurai ensuite ce qui me restera à faire.

— Soit, monsieur, répondit le Bison-Blanc en haussant les épaules, que mon fils adoptif réponde donc, moi aussi, suivant ce qu'il vous dira, je saurai ce qui me restera à faire.

— Permettez, dit en s'interposant Natah-Otann, cette affaire me regarde seul, je vous en voudrais mortellement, mon ami, de vous en mêler de quelque façon que ce fût. »

Le Bison-Blanc sourit avec dédain, mais il ne répondit pas.

Natah-Otann reprit :

« Monsieur le comte, dit-il, je n'userai pas de faux-fuyants avec vous, vous avez dit la vérité, je vous ai en effet promis la liberté et un combat loyal, je suis prêt à dégager ma parole.

— Oh ! oh ! fit le Bison-Blanc.

— Silence ! reprit péremptoirement le chef, silence, mon ami, laissez-moi prouver à ces Européens, si vains et si orgueilleux de leur soi-disant civilisation, que les Peaux-Rouges ne sont pas les bêtes féroces qu'ils s'imaginent, et que le code de l'honneur, pratiqué à tous les degrés de l'échelle sociale, l'est même chez les peuples qu'on s'efforce de représenter comme étant les plus barbares ; vous êtes libre, monsieur le comte ; à l'instant même, si cela vous plaît, je vous conduirai moi-même en sûreté hors de nos lignes. Quant au combat que vous désirez, je vous également prêt à vous satisfaire de la façon que vous désignerez.

— Merci, monsieur, répondit le comte en s'inclinant, je suis heureux de cette détermination.

— Maintenant que cette affaire est réglée entre nous, permettez-moi d'ajouter quelques paroles.

— Je vous écoute, monsieur.

— Suis-je de trop ? dit ironiquement le Bison-Blanc.

— Au contraire, répondit avec intention Natah-Otann, votre présence est en ce moment plus nécessaire que jamais.

— Ah ! ah ! que va-t-il donc se passer, reprit le vieillard d'un ton de sarcasme.

— Vous allez l'apprendre, dit le chef toujours froid et impassible, si vous voulez vous donner la peine de m'écouter cinq minutes.

— Soit, parlez. »

Natah-Otann parut se recueillir pendant quelques instants, puis il reprit d'une voix que, malgré tous ses efforts pour la dissimuler, une secrète émotion faisait légèrement trembler :

« Monsieur, à la suite d'événements trop longs à vous rapporter et qui probablement seraient pour vous d'un médiocre intérêt, je suis devenu le tuteur d'une enfant qui est maintenant une charmante jeune fille ; cette jeune fille à laquelle j'ai constamment prodigué les soins les plus assidus et que j'aime comme un père, vous la connaissez, je crois, elle se nomme Fleur-de-Liane. »

Le comte tressaillit imperceptiblement et fit un geste affirmatif, sans autrement répondre.

Natah-Otann continua :

« Jeté maintenant dans une expédition hasardeuse, dans laquelle je puis trouver la mort, il m'est impossible de veiller plus longtemps sur cette enfant, il me serait pénible de la laisser sans soutien et sans appui, seule, dans ma tribu, si le sort venait à trahir mes projets ; je sais qu'elle vous aime, monsieur le comte, je vous la confie franchement et loyalement, j'ai foi en votre honneur ; voulez-vous être son protecteur ? je sais que vous n'abuserez jamais du mandat que je vous aurai remis, je ne suis qu'un sauvage dégrossi, un monstre peut-être au point de vue de votre civilisation, mais croyez-le, monsieur, les leçons qu'un homme d'élite a consenti à me donner n'ont pas été toutes perdues, et mon cœur n'est pas aussi mort qu'on pourrait le supposer aux bons sentiments.

— Bien, Natah-Otann, s'écria le Bison-Blanc avec joie, bien, mon fils; maintenant je reconnais mon élève, je suis fier de toi; celui qui parvient à se dompter aussi complétement est réellement fait pour commander aux autres.

— Vous êtes content, répondit le chef, tant mieux; et vous, monsieur? j'attends votre réponse.

— J'accepte le dépôt sacré que vous me remettez, monsieur, je serai digne de votre confiance, répondit le comte avec émotion; je n'ai pas le droit de juger vos actes, mais croyez, monsieur, que, quoi qu'il arrive, il y aura toujours un homme qui défendra votre mémoire et proclamera hautement la noblesse de votre cœur. »

Le chef, sans répondre, frappa dans ses mains, la porte s'ouvrit, Fleur-de-Liane parut, amenée par une femme indienne.

« Enfant, lui dit Natah-Otann sans que rien ne vînt déceler la violence qu'il faisait à ses sentiments, votre présence parmi nous est désormais impossible, vous en connaissez les raisons; le chef des visages pâles consent à veiller dorénavant sur vous; suivez-le, et si parfois on vous rappelle votre séjour dans la tribu des Kenhàs, ne maudissez ni eux ni leur chef, car tous ont été bons pour vous. »

La jeune fille rougit, les larmes lui vinrent aux yeux, un frisson nerveux agita tous ses membres, et, sans prononcer une parole, elle alla se placer auprès du comte.

Natah-Otann sourit tristement.

« Suivez-moi, dit-il, je vais vous escorter jusqu'en dehors du camp. »

Et il sortit suivi des deux jeunes gens.

« Nous nous reverrons bientôt, n'est-ce pas, noble comte? cria le Bison-Blanc à M. de Beaulieu.

— Je l'espère, » répondit simplement celui-ci.

Guidés par Natah-Otann, le comte et sa compagne quittèrent le fort et s'engagèrent dans la prairie, passant au milieu des groupes de Peaux-Rouges qui s'écartaient respectueusement pour leur faire place.

Leur marche fut silencieuse, elle dura environ une demi-heure; enfin le chef s'arrêta :

« Ici vous n'avez plus rien à craindre, dit-il, et s'approchant d'un épais fourré dont il écarta les branches, voici deux chevaux que j'ai fait préparer pour vous, prenez aussi ces armes, peut-être en aurez-vous besoin, et maintenant, si vous voulez toujours vous battre contre moi, je suis prêt.

— Non, répondit noblement le comte, tout combat est désormais impossible entre nous, je ne puis davantage être l'ennemi d'un homme que l'honneur m'ordonne d'estimer; voilà ma main, jamais je ne la lèverai contre vous, je vous la tends franchement et sans arrière-pensée;. malheureusement, une haine trop profonde divise nos deux races pour que nous ne nous trouvions pas, dans un jour prochain, opposés l'un à l'autre; mais si je combats vos frères, je n'en demeurerai pas moins personnellement votre ami. »

— Je ne vous en demande pas davantage, répondit le chef en serrant la main qui lui était tendue, adieu! soyez heureux. »

Et, sans ajouter un mot, il se détourna et reprit à grands pas la route qu'il venait de parcourir; bientôt il disparut dans l'obscurité.

« Partons, » dit le comte à la jeune fille, qui regardait toute pensive s'éloigner l'homme que si longtemps elle avait aimé comme un père, et que maintenant elle ne se sentait pas la force de haïr.

Ils se mirent en selle et s'éloignèrent après avoir jeté en arrière un regard sur les feux épars du camp des Pieds-Noirs.

XXVIII

A CHACUN SELON SES ŒUVRES.

La nuit était sombre, froide et triste, pas une étoile ne brillait au ciel, les jeunes gens ne se dirigeaient qu'avec des difficultés extrêmes à travers les fourrés de lianes et de broussailles, dans lesquels les pieds de leurs chevaux s'enchevêtraient à chaque instant.

Ils n'avançaient qu'avec une extrême lenteur, trop préoccupés l'un et l'autre de l'étrange situation dans laquelle ils se trouvaient et des événements extraordinaires dont ils avaient été témoins et acteurs, pour rompre le silence qu'ils gardaient depuis leur sortie du fort.

Ils marchaient ainsi depuis environ une heure, lorsque tout à coup il se fit un grand bruit dans les broussailles : deux hommes s'élancèrent à la tête des chevaux, et, les saisissant par le mors, les contraignirent à s'arrêter.

Fleur-de-Liane poussa un cri de frayeur.

« Holà! brigands, s'écria le comte d'une voix forte en armant un pistolet; arrière, ou je vous brûle!

— Sacrebleu! n'en faites rien, monsieur le comte, vous risqueriez de tuer un ami, répondit aussitôt une voix que M. de Beaulieu reconnut pour être celle du chasseur.

— Balle-Franche! dit-il avec étonnement.

— Pardieu! reprit celui-ci, croyez-vous donc que je vous avais abandonné, par hasard.

— Mon maître, mon bon maître! » s'écria le Breton en lâchant la bride du cheval de Fleur-de-Liane dont il s'était emparé, et il s'élança vers le jeune homme avec des cris de joie.

Le jeune homme, heureux de revoir son vieux serviteur, se laissait embrasser par lui et répondait avec effusion à ses caresses.

« Ah çà! reprit le comte, lorsque la première émotion causée par la surprise fut un peu calmée, que diable faites-vous là, embusqués comme des pirates de prairies?

— Venez à notre campement, monsieur Édouard, nous vous l'apprendrons.

— Soit, mais guidez-nous. »

Ils atteignirent bientôt l'entrée d'une caverne naturelle, où, à la lueur incertaine d'un feu mourant, ils aperçurent un assez grand nombre de chasseurs blancs et demi-sang, au milieu desquels le comte reconnut John Bright, son fils, sa fille et sa femme.

Le digne squatter avait laissé son défrichement sous la garde de ses deux serviteurs, et, craignant que sa femme et sa fille ne fussent pas en sûreté pendant son absence, il leur avait proposé de l'accompagner; bien que cette offre fût assez singulière, elles avaient accepté avec empressement. Fleur-de-Liane alla immédiatement se placer auprès des deux dames.

Balle-Franche, le squatter, et surtout Ivon, étaient impatients de savoir ce qui était arrivé au comte, et comment il était parvenu à s'échapper du camp des Peaux-Rouges.

M. de Beaulieu ne fit aucune difficulté de satisfaire leur curiosité, d'autant plus que lui-même avait hâte de connaître pour quelle raison ses amis étaient embusqués aussi près du camp.

Ce que les chasseurs avaient prévu était arrivé; à peine vainqueurs des Américains et maîtres du fort, la désunion avait commencé à se mettre parmi les Peaux-Rouges. Plusieurs chefs avaient été mécontents de voir, à leur préjudice, Natah-Otann, un des plus jeunes sachems des confédérés, s'attribuer les bénéfices de la victoire en s'installant, avec sa seule tribu, dans ce fort que toutes étaient parvenues à conquérir au prix de tant de sang versé et de tant d'efforts; un sourd mécontentement avait commencé à régner parmi eux, quatre ou six des plus puissants parlèrent même, deux heures à peine après la victoire, de se retirer avec leurs guerriers, et de laisser Natah-Otann continuer la guerre comme il l'entendrait avec les blancs.

Le Loup-Rouge n'avait éprouvé que peu de difficultés pour commencer l'œuvre de défection qu'il méditait; aussi, à peine la nuit venue, s'était-il introduit dans le camp avec ses guerriers, et s'était-il occupé à attiser ce feu qui ne faisait que couver, mais qui devait bientôt devenir une flamme dévorante, grâce aux moyens de corruption dont le chef disposait.

De tous les agents destructeurs introduits par les Européens en Amérique, le plus terrible et le plus efficace est, sans contredit, l'eau-de-vie et toutes les liqueurs fortes en général. A part les Comanches, dont la sobriété est proverbiale, et qui ont constamment refusé de boire autre chose que l'eau de leurs rivières, tous les Indiens raffolent des liqueurs fortes.

L'ivresse, chez les peuplades primitives, est terrible et atteint les proportions d'une folie furieuse.

Le Loup-Rouge, qui brûlait de se venger de Natah-Otann, et qui, de plus, obéissait aveuglément aux insinuations de mistress Margaret, avait conçu un plan atroce, qu'un cerveau indien était seul capable d'enfanter.

John Bright avait apporté avec lui dans le désert une assez forte provision de wiskey; le Loup-Rouge se l'était fait donner; il l'avait chargée tout entière sur des traîneaux, et était entré ainsi dans le camp.

Les Indiens, lorsqu'ils connurent l'espèce de marchandise qu'il apportait avec lui, n'hésitèrent pas à lui faire une chaleureuse réception.

Le chef, tout en les endoctrinant et leur représentant Natah-Otann comme un homme qui n'agissait que pour des motifs personnels et dans le but d'assouvir son ambition effrénée, leur abandonna généreusement les liqueurs qu'il avait amenées avec lui.

Les Peaux-Rouges acceptèrent avec empressement le cadeau que leur faisait le Loup-Rouge, et, sans perdre un instant, ils firent de copieuses libations. Lorsque le Loup-Rouge vit les Indiens arrivés au degré d'ivresse où il les voulait, il se hâta de prévenir ses alliés afin de tenter un hardi coup de main en s'emparant du fort par surprise.

Les chasseurs montèrent immédiatement à cheval et se dirigèrent vers la forteresse, à deux cents pas de laquelle ils s'embusquèrent, afin d'être prêts au premier signal.

Natah-Otann, en traversant le camp après avoir escorté les jeunes gens, s'aperçut de l'effervescence qui régnait parmi ses alliés; plusieurs épithètes mal sonnantes frappèrent désagréablement son oreille; bien qu'il ne supposât pas que les Américains, après la rude défaite qu'ils avaient subie dans la journée, fussent en état de reprendre immédiatement l'offensive, cependant sa connaissance approfondie du caractère de ses compatriotes lui fit soupçonner une trahison, et il résolut de redoubler de prudence, afin d'éviter un conflit dont les suites désastreuses seraient incalculables pour la réussite de ses projets; agité par un sombre pressentiment, le jeune chef doubla le pas afin d'atteindre plus vite le fort; mais au moment où, après avoir ouvert la porte, il se préparait à entrer, une lourde main s'appesantit sur son épaule pendant qu'une voix rude prononçait ces quelques paroles à son oreille :

« Natah-Otann est un traître! »

Le chef se retourna comme si un serpent l'avait piqué, et, brandissant sa lourde hache autour de sa tête, il en assena un coup terrible à ce hardi interlocuteur; mais celui-ci éluda le coup en se jetant de côté, et, levant sa hache à son tour, il en assena du tranchant un coup au chef qui le para du manche de son arme; ils se précipitèrent alors à corps perdu l'un sur l'autre.

Il y avait quelque chose de singulièrement effrayant dans ce combat acharné, que se livraient ces deux hommes, muets comme des fantômes, et chez lesquels la colère ne se trahissait que par les sifflements sourds de leur respiration.

« Meurs, chien! » s'écria tout à coup Natah-Otann, dont la hache venait enfin de s'enfoncer dans le crâne de son adversaire, qui roula sur le sol avec un cri d'agonie.

Le chef se pencha vers lui.

« Le Loup-Rouge ! s'écria-t-il ; je m'en doutais. »

Soudain un bruit presque imperceptible dans l'herbe lui rappela la situation critique où il se trouvait ; il fit un bond prodigieux en arrière, entra dans le fort et en ferma vivement la porte derrière lui.

Il était temps !

A peine avait-il disparu qu'une vingtaine d'individus, lancés à sa poursuite, vinrent donner du front contre la porte en étouffant des cris de rage et de déception.

Mais l'alarme était donnée ; le combat général allait évidemment commencer.

Natah-Otann à peine entré dans le fort, reconnut avec un frémissement de douleur que cette victoire, qu'il avait si chèrement achetée, était sur le point de lui échapper.

Les Kenhās avaient fait de leur propre mouvement dans le fort ce que les autres Pieds-Noirs, poussés par le Loup-Rouge, avaient accompli dans la prairie.

Après la prise de la forteresse, ils s'étaient répandus de tous les côtés, les liqueurs fortes ne leur avaient pas longtemps échappé, ils avaient roulé les barils dans la cour et les avaient défoncés, profitant, pour se livrer à cet acte d'indiscipline inqualifiable, du sommeil du Bison-Blanc qui, rendu de fatigues, s'était assoupi pendant quelques instants, et de l'absence de Natah-Otann, les deux seuls hommes dont l'influence aurait été assez grande pour les maintenir dans le devoir.

Alors une orgie effroyable avait commencé, orgie indienne, avec ses atroces péripéties de meurtre et de massacre. Nous l'avons dit, l'ivresse pour les Peaux-Rouges, c'est la folie, la folie poussée au dernier paroxysme de la fureur et de la rage ; il y avait eu une épouvantable scène de carnage, à la suite de laquelle les Indiens étaient tombés les uns sur les autres et s'étaient endormis pêle-mêle au milieu de la cohue.

« Oh ! murmura le chef avec désespoir, que faire avec de pareils hommes ! »

Natah-Otann se précipita dans la chambre où il avait laissé le Bison-Blanc.

Le vieux chef dormait paisiblement à demi renversé sur un fauteuil.

« Malheur ! malheur ! s'écria le jeune homme en s'élançant vers lui et le secouant vigoureusement pour l'éveiller.

— Qu'y a-t-il ? s'écria le vieillard en ouvrant les yeux et en se redressant, qu'avez-vous ?

— J'ai que nous sommes perdus ! répliqua le chef.

— Perdus ! répondit le Bison-Blanc, que se passe-t-il donc ?

— Il se passe que les six cents hommes que nous avons ici sont ivres, que le reste de nos confédérés se tourne contre nous et que nous n'avons plus qu'à mourir.

— Mourons alors, mais mourons en braves, » fit le vieillard en se levant.

Il demanda à Natah-Otann, qui se hâta de les lui donner, des détails circonstanciés sur ce qui se passait.

« La situation est grave, mais tout n'est pas perdu, je l'espère, dit-il ; réunissons les quelques hommes en état de combattre que nous pourrons trouver, et faisons tête à l'orage. »

En ce moment une effroyable fusillade se fit entendre mêlée à des cris de guerre et à des hourras de défi.

« La lutte suprême est engagée ! s'écria Natah-Otann.

— En avant ! » répondit le vieux chef.

Ils s'élancèrent au dehors.

La situation était des plus critiques.

Le major Melvil, profitant de l'ivresse de ses gardiens, avait brisé les portes de sa prison, et à la tête d'une vingtaine d'Américains, il avait résolûment chargé les Peaux-Rouges, pendant que les chasseurs, au dehors, tentaient l'escalade des barricades.

Les Indiens de la prairie, de leur côté, ignorant la mort du Loup-Rouge et croyant suivre son impulsion, s'avançaient en masse compacte contre le fort dans le but de l'enlever.

Natah-Otann avait à lutter à la fois contre les ennemis du dehors et contre ceux du dedans, mais il ne se désespéra pas ; il se multipliait, il était partout à la fois, encourageant les uns, gourmandant les autres, faisant passer dans le cœur de tous l'ardeur qui l'animait.

A sa voix nombre de ses guerriers se relevèrent et vinrent se joindre à lui ; alors la lutte s'organisa et la bataille devint régulière.

Cependant les chasseurs, excités par le comte et par Balle-Franche, redoublaient d'efforts ; se cramponnant aux aspérités du mur, montant les uns sur les autres avec une frénésie extrême, ils se hissaient jusqu'au sommet des palissades, qu'ils voulaient escalader ; les Américains, bien que surpris eux-mêmes lorsqu'ils comptaient surprendre leurs ennemis, se battaient avec un acharnement indicible, retournant sans cesse à l'assaut, malgré la mitraille qui les décimait, et semblaient résolus à se faire tous massacrer plutôt que de reculer d'un pas.

Pendant deux heures environ que la nuit dura, la lutte se soutint sans avantage décidé d'un côté ni de l'autre ; mais lorsque le soleil parut à l'horizon, les choses changèrent tout à coup de face.

Dans les ténèbres, il était impossible aux Indiens de reconnaître les ennemis contre lesquels ils se battaient ; mais dès que le jour commença à poindre, que l'obscurité se dissipa, ils aperçurent, combattant au premier rang de leurs ennemis et massacrant sans pitié les Peaux-Rouges, l'homme sur lequel ils comptaient le plus, que leurs chefs et leurs sorciers leur avaient annoncé devoir les conduire à la victoire et les rendre invincibles.

Alors ils hésitèrent, le désordre se mit parmi eux, et, malgré les efforts tentés par leurs chefs, ils reculèrent.

Le comte, ayant à ses côtés Balle-Franche, Ivon, le squatter et son fils, faisait des Indiens une boucherie affreuse, il se vengeait de la trahison dont ils l'avaient rendu victime, et à chaque coup les abattait comme des épis mûrs.

Le comte atteignit enfin la porte du fort; mais là il vint se choquer contre une troupe de guerriers d'élite, commandée par le Bison-Blanc, qui effectuait sa retraite en bon ordre et sans tourner visage, poursuivi de près par le major Melvil déjà presque maître de l'intérieur de la forteresse.

Il y eut un instant, nous ne dirons pas d'hésitation, mais de trêve entre les deux troupes ennemies; chacune d'elles comprenait que de la déroute de l'autre dépendait le sort de la bataille.

Tout à coup Natah-Otann apparut fou de douleur et de rage; brandissant d'une main son totem, il guidait avec les genoux un magnifique cheval avec lequel il s'était à plusieurs reprises enfoncé au plus épais des rangs ennemis dans le vain espoir de ranimer le courage des siens et de rétablir le combat; cheval et cavalier ruisselaient de sang et de sueur, sur le visage contracté du chef les ombres de la mort s'étendaient déjà, mais son front rayonnait encore d'enthousiasme; ses yeux semblaient lancer des éclairs et sa main frémissante agitait une hache rouge jusqu'à la poignée.

Une vingtaine de guerriers dévoués le suivaient, blessés comme lui, mais résolus comme lui à ne pas survivre à leur défaite.

Arrivé sur le front de bandière des Américains, Natah-Otann s'arrêta, ses sourcils se froncèrent, un sourire nerveux contracta ses lèvres, il releva un front superbe; et, se haussant sur ses étriers, il promena lentement autour de lui un regard fascinateur.

« Pieds-Noirs, mes frères, s'écria-t-il d'une voix stridente, puisque vous ne savez pas vaincre, apprenez au moins à mourir; à moi, mes fidèles! »

Et, enfonçant ses éperons dans les flancs de son coursier, qui hennit de douleur, il s'élança sur les Américains, suivi des quelques guerriers qui l'accompagnaient et avaient juré de ne pas l'abandonner. Cette faible troupe dévouée à la mort, s'engouffra dans les rangs des chasseurs où elle disparut tout entière; pendant quelques minutes ce fut une sourde lutte, une horrible boucherie, un flux et un reflux de carnage impossible à décrire, lutte de Titans de quinze hommes à demi nus contre trois cents; puis peu à peu l'agitation cessa, le calme se rétablit, les rangs des chasseurs se reformèrent.

Les héros Pieds-Noirs étaient morts, mais ils s'étaient fait de sanglantes funérailles, cent vingt Américains avaient succombé engloutissant leurs ennemis sous leurs cadavres.

Seule la troupe du Bison-Blanc résistait encore, mais, attaquée par derrière par le major Melvil et par devant par le comte, sa dernière heure avait sonné; cependant le choc fut rude, les Indiens résistèrent opiniâtrement et firent chèrement acheter aux blancs la victoire; mais pressés de tous les côtés à la fois, succombant sans profit sous les balles infaillibles des chasseurs, le désordre se mit dans leurs rangs, ils se débandèrent et la déroute commença.

Un seul homme demeura calme et impassible sur le champ de bataille.

Cet homme était le Bison-Blanc; appuyé sur sa longue épée, le front pâle et le regard fier, il défiait encore les ennemis qu'il ne pouvait plus combattre.

« Rendez-vous! s'écria Balle-Franche en s'élançant vers lui, rendez-vous, vieillard, ou je vous tue sans pitié. »

Le chef sourit avec dédain sans daigner répondre.

L'implacable chasseur saisit son rifle par le canon et le fit tournoyer au-dessus de sa tête.

Le comte lui saisit vivement le bras.

« Arrêtez, Balle-Franche, s'écria-t-il.

— Laissez faire cet homme, dit froidement le Bison-Blanc.

— Je ne veux pas qu'il vous tue, répliqua le jeune homme.

— Alors, c'est vous qui me tuerez, n'est-ce pas, monsieur le comte de Beaulieu? répondit-il d'une voix incisive.

— Non, monsieur, répondit le jeune homme avec dédain, jetez vos armes, je vous fais grâce! »

Le proscrit lui lança un regard haineux.

« Au lieu de me dire de jeter mes armes, fit-il avec ironie, pourquoi n'essayez-vous pas de me les prendre?

— Parce que j'ai pitié de votre âge, monsieur, de vos cheveux blancs.

— Pitié; avouez donc plutôt, noble comte, que vous avez peur. »

A cette insulte, le jeune homme tressaillit et son visage devint livide.

Les Américains faisaient cercle autour des deux hommes et attendaient avec anxiété ce qui allait arriver.

« Finissons-en, cria le major Melvil, tuez cette bête enragée.

— Un instant, monsieur, je vous en prie, laissez-moi terminer cette affaire.

— Puisque vous le désirez, monsieur, agissez à votre guise.

— C'est donc un combat que vous voulez? reprit le comte en s'adressant au proscrit toujours impassible.

— Oui, répondit-il les dents serrées, un combat à mort; ce ne sont pas deux hommes qui lutteront ici, ce sont deux principes; je hais votre caste, comme vous haïssez la mienne.

— Soit, monsieur. »

Le comte prit deux sabres des mains des individus les plus près de lui et en jeta un aux pieds du proscrit, celui-ci se baissa pour le ramasser; au moment où il se relevait, Ivon l'ajusta avec un pistolet et lui cassa la tête.

Le jeune homme se retourna furieux contre son domestique.

« Malheureux! s'écria-t-il, qu'as-tu fait?

— Dame, monsieur, tuez-moi si vous voulez, répondit naïvement le Breton, mais vrai, cela a été plus fort que moi, j'avais trop peur! »

Le proscrit était mort sur le coup en emportant le secret de son nom dans la tombe.

« Allons, allons, dit le major en s'interposant, il

ne faut pas en vouloir à ce pauvre garçon, il a cru bien faire, et quant à moi, je trouve qu'il a eu raison. »

L'incident n'eut pas d'autre suite.

Pendant que se passait cette scène dans la cour du fort, John Bright, qui avait hâte de rassurer sa femme et sa fille, s'était mis à leur recherche ; mais il eut beau parcourir tous les appartements et toutes les dépendances du fort où il les avait cachées quelques instants auparavant, il lui fut impossible de les découvrir nulle part.

Le pauvre squatter revint le visage bouleversé et le désespoir dans l'âme, annoncer au major la disparition de sa femme et de sa fille, enlevés probablement par les Indiens.

Sans perdre de temps, le major donna l'ordre à une dizaine de chasseurs de se mettre à la recherche des deux femmes.

Mais à l'instant où la petite troupe allait partir à leur recherche, elles arrivèrent accompagnées de Balle-Franche et de deux chasseurs américains. Margaret et sa fille étaient avec elles.

Aussitôt que Fleur-de-Liane aperçut le comte, elle jeta un cri de joie et s'élança vers lui.

« Sauvé ! » s'écria-t-elle.

Mais tout à coup elle rougit, trembla, et alla toute honteuse se réfugier auprès de sa mère.

Le comte s'approcha, lui prit la main et la lui serrant avec tendresse :

« Fleur-de-Liane, lui dit-il doucement, est-ce que maintenant que je suis libre, vous ne m'aimez plus ? »

La jeune fille releva la tête, le regarda un instant avec des yeux pleins de larmes.

« Oh, toujours ! toujours ! répondit-elle.

— Vois, ma fille, dit mistress Bright à la pauvre Diana.

— Ma mère, fit-elle d'une voix ferme, ne vous ai-je pas dit que je l'oublierai ? »

La femme du squatter hocha la tête sans répondre.

Les Indiens avaient fui sans laisser de traces.

Quelques heures plus tard, tout avait repris dans le fort son train de vie ordinaire.

Le soir même de ce jour, John Bright, pressé par sa femme, avait dit adieu au comte et au major et était retourné dans son défrichement.

L'hiver s'écoula sans incident nouveau, la rude leçon donnée aux Indiens leur avait profité.

Fleur-de-Liane, reconnue par son oncle, était restée au fort Mackensie.

L'enfant était triste, rêveuse ; souvent elle passait de longues heures appuyée sur les parapets, les regards fixés sur les campagnes et les forêts qui commençaient à reprendre leur verte parure. Sa mère et le bon major, qui la chérissaient, ne comprenaient rien à la sombre mélancolie qui la rongeait. Quand on la pressait de questions pour savoir quel était son mal, elle répondait invariablement qu'elle n'avait rien.

Cependant un jour son visage s'éclaira et son joyeux sourire reparut.

Trois voyageurs arrivaient au fort. Ces trois voyageurs étaient le comte de Beaulieu, Balle-Franche et Ivon ; ils revenaient d'une longue excursion dans les montagnes Rocheuses.

Aussitôt arrivé, le comte s'approcha de la jeune fille, et, ainsi qu'il avait fait trois mois auparavant, il lui prit la main :

« Fleur-de-Liane, lui demanda-t-il encore une fois, est-ce que vous ne m'aimez plus ?

— Oh ! toujours, répondit doucement la pauvre enfant, devenue timide depuis qu'elle avait quitté la vie du désert.

— Merci, lui dit-il, et se tournant vers le major et sa sœur qui se regardaient avec anxiété, il ajouta, sans se dessaisir de la main qu'il tenait : Major Melvil, et vous, madame, je vous demande la main de mademoiselle. »

Huit jours plus tard le mariage fut célébré, le squatter et sa famille assistèrent à la bénédiction nuptiale, un mois auparavant Diana avait épousé James. Cependant lorsque le oui fut prononcé, elle ne put retenir un soupir.

« Vous voyez bien, Ivon, que l'on n'est jamais tué par les Indiens, en voilà la preuve, dit Balle-Franche au Breton, en sortant de la cérémonie.

— Je commence à le croire, répondit celui-ci, mais c'est égal, mon ami, je ne pourrais jamais m'habituer à cet affreux pays, j'y ai trop peur !

— Farceur, va ! murmura le Canadien, il ne changera jamais ! »

. . . .

Maintenant, afin de satisfaire certains lecteurs curieux qui veulent tout savoir, nous ajouterons ceci en forme de parenthèse.

Quelques mois après le 9 thermidor, plusieurs conventionnels, malgré le rôle qu'ils avaient joué dans cette journée, n'en furent pas moins déportés à la Guyane-Française ; deux d'entre eux, Collot-d'Herbois et Billaud-Varenne parvinrent à s'échapper de Sinnamari, et s'enfoncèrent dans les déserts, où ils eurent à subir des souffrances horribles ; Collot-d'Herbois succomba, nous venons de raconter l'histoire de son compagnon.

FIN.

TABLE DES MATIÈRES.

I.	Un campement de chasse	1
II.	Découverte d'une piste	7
III.	Les émigrants	12
IV.	Natah-Otann (l'Ours-Gris)	18
V.	L'inconnue	23
VI.	La défense du camp	29
VII.	Le chef indien	36
VIII.	Le proscrit	41
IX.	Fleur-de-Liane	46
X.	Le grand conseil	53
XI.	L'hospitalité américaine	59
XII.	La Louve des prairies	64
XIII.	Arrivée au village des Kenhas. Indiens du sang	69
XIV.	La réception	74
XV.	Le Bison-Blanc	78
XVI.	L'espion	83
XVII.	Le fort Mackensie	87
XVIII.	La confession d'une mère	92
XIX.	La chasse	95
XX.	Diplomatie indienne	101
XXI.	La mère et la fille	106
XXII.	Ivon	110
XXIII.	Plan de campagne	115
XXIV.	Le camp des Pieds-Noirs	119
XXV.	Avant l'attaque	125
XXVI.	Le Loup-Rouge	130
XXVII.	L'assaut	134
XXVIII.	A chacun selon ses œuvres	139

Meurs, chien, s'écria Natah-Otann. (Page 140, col. 2.)

9249. — Imprimerie générale de Ch. Lahure, rue de Fleurus, 9, à Paris.

www.ingramcontent.com/pod-product-compliance
Lightning Source LLC
Chambersburg PA
CBHW060140100426
42744CB00007B/846